U0889655

《诗词大赛系列宝典》丛书

超级飞花令

谢兆文　杨秀芳

◆ 编著 ◆

海峡出版发行集团
海峡文艺出版社

编委会

前言

文化是民族的血脉，是人民的精神家园。2017 年，党的十九大指出：“要坚定文化自信，推动社会主义文化繁荣兴盛。”2017 年，中共中央办公厅、国务院办公厅印发的《关于实施中华优秀传统文化传承发展工程的意见》指示：“组织实施中华经典诵读工程，通过开展经典诵读、书写、讲解等文化实践活动，挖掘与诠释中华经典文化的内涵及现实意义，引领社会大众特别是广大青少年更好地熟悉诗词歌赋、亲近中华经典，更加广泛深入地领悟中华思想理念、传承中华传统美德、弘扬中华人文精神。”

2016 年以来，教育部、国家语委联合中央电视台相继举办了四届《中国诗词大会》，并在中央电视台综合频道黄金时段播出。尤其在第二届以后，活动内容逐渐升级，增设了“飞花令”“诗词接龙”等富有知识性的对抗环节。创新的方法手段，激发了全社会对古诗词情感的共鸣，使广大群众特别是广大青少年进一步熟悉诗词歌赋、亲近中华经典。

今天走进中小学校，时常会看到学生利用课余时间开展“飞花令”“诗词接龙”等文学活动。为此，一线教师迫切需要一套“接地气”的有关用书，方便指导学生阅读，提高学生古诗词的阅读量。中华诗词浩如烟海，如在唐宋诗词经典版本中，含有“人”字的就多达 5 万多句；在宋词中“东风”一词就有 1300 多句。这些名句若一一列举，既不可能，也不现实。为此，我们尝试通过“举隅”的方式精选其中一二，编写一套诗词“飞花令”“超级飞花令”“成语飞花令”与“诗词接龙”系列丛书，让诗词爱好者通过阅读，力求达到“举一反三”，拓宽视野。

福建省宁德市教育局曾根据中央电视台播出的《中国诗词大会》题库，组织人员认真研究，结合中小学实际，编写了一套诗词大会辅导资料，从 2017 年开始供本市中小学内部使用；2018 年又把它作为宁德市学生参加中央电视台第四届《中国诗词大会》“百人团”选手的辅导资料，颇有成效。2019年初，中央电视台第四届《中国诗词大会》节目播出后，有关负责同志再一次组织人员对该资料进行归类整理，并邀请福建、浙江、广东、湖北、江苏、河北、广西、重庆、新疆、山东和宁夏11个省/自治区的一线中小学教师进行充实完善，形成今天这套用书。在编写过程中，我们力求做好以下几个方面：

第一，关于寻章摘句。突出“两个重点”，兼顾“唐前宋后”。“两个重点”，即以中小学生新课标规定必背的古诗词和唐宋诗词为重点。“唐前”主要指《诗经》《楚辞》、汉魏六朝诗；“宋后”主要指元明清和少量的现代人创作的旧体诗。现代诗中毛泽东作品占有较大比例。

第二，关于“飞花令”。借鉴中央电视台第四届《中国诗词大会》“横扫千军”的模式，利用大数据库，选择唐宋诗词高频字200多个，每个高频字后列举的诗词不少于24句，与会选手只要掌握24句诗词就能够“绝地反击”。编入书中的诗句尽量避开艰深晦涩的语言，力求采用比较浅易的名篇名句。如“春风又绿江南岸，明月何时照我还”，就包含了“春”“月”“绿”“春风”“明月”这些高频字，在“飞花”时，记住这一句就可以回答不相同的五个高频字“飞花”。

第三，关于“超级飞花令”。“超级飞花令”一书共选择180多个关键词或词组，主要是唐宋诗词，其中包含灵活多样的“组合”，如：春风、杨柳、安能、江上、数字+年、数字+月、数字+花、反义词等，每个关键词后列举不少于24句诗词。为了避免个别关键词重复，有些高频词（或组合）不单独列入，而是采取“包含”列入，如：“去年”这个词，后面列举的诗句均包含“去年今日”。选手只要掌握“去年”词条下的诗句，就一并掌握了含“去”“年”“今”“日”“今日”“去年+今日”这些高频字词的诗句。

第四，关于“成语飞花令”。根据中央电视台第四届《中国诗词大会》“成语飞花令”的规则，只要诗句中有包含成语或含成语多数字的均可“飞花”。我们选择了100多个成语，分布在60篇古诗词中，并以《成语飞花令》单独成册，目的是通过学习这些“成语飞花令”让选手不仅掌握成语，而且理解整首古诗词。为此，我们对每个成语进行释义，对每首古诗词简单赏析。

第五，关于“诗词接龙”。根据中央电视台第四届《中国诗词大会》“诗词接龙”的规则，只要同音字均可接龙，我们根据商务印书馆出版的《古代汉语词典》（第二版）和《现代汉语词典》（第7版）音节表，每个音节下面收录1至10不等的诗词句，选手只要掌握该音节下一句古诗词，就可以无障碍接龙。但我们在诗词经典诗句收录过程中，发现1300多个音节中有30多个无该音节冠顶句。如：chào（仦）、chuái（膗）、dáo（捯）、dèn（扽）、diǎo（扚）、diū（丢）、ēng（鞥）、gùn（棍）等，这些在诗词中无冠顶句的音节不再列入。有些冠顶字整句紧承上句，缺上句难以理解。对这类情况，采取上文加括号予以补足。如以“棒”冠顶的“棒喝如今总不亲”，为了便于理解，必须引录上文“思量何物堪酬对”，并以括号标明。

由于缺乏编辑经验并限于水平，本书必有许多疏漏之处，恳请专家、学者、老师和广大读者批评指正。

编者

2019年4月

目录

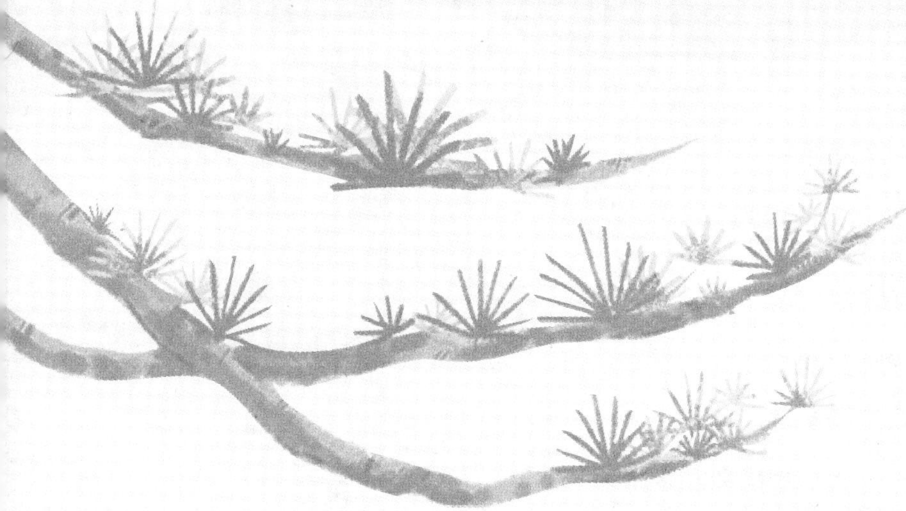

A

安能

双兔傍地走，安能辨我是雄雌。——北朝·《乐府民歌·木兰诗》

吴会非吾乡，安能久留滞。——三国魏·曹丕《杂诗》

得失不复知，是非安能觉！——晋·陶渊明《拟挽歌辞》

未尝违户庭，安能千里游。——南朝·鲍照《上浔阳还都道中作》

丈夫生世会几时？安能蹀躞垂羽翼！——南朝·鲍照《拟行路难》

安能摧眉折腰事权贵，使我不得开心颜！——唐·李白《梦游天姥吟留别》

安能以此尚论列，愿借辩口如悬河。——唐·韩愈《石鼓歌》

今晨从此过，明日安能料。——唐·白居易《清调吟》

青云已难致，碧落安能攀。——唐·白居易《和栉沐寄道友》

我自顾悠悠而若云，又安能保君皓皓之如雪。——唐·元稹《相和歌辞·决绝词》

自非仁智符天赏，安能日月共回光。——唐·张说《奉和圣制幸韦嗣立山庄应制》

有美不自蔽，安能守孤根。——唐·柳宗元《湘岸移木芙蓉植龙兴精舍》

束身视天涯，安能穷波澜。——唐·常建《赠三侍御》

安能独见闻，书此贻京洛。——唐·沈佺期《自昌乐郡溯流至白石岭下行入郴州》

感激遂弹冠，安能守固穷。——唐·孟浩然《书怀贻京邑同好》

万钉围腰莫爱渠，富贵安能润黄垆？——宋·黄庭坚《次韵子瞻以红带寄眉山王宣义》

安能十事九如意，定数岂复人能逾。——宋·白玉蟾《悲秋辞》

文不会、铺张粉饰，武又安能战守。——宋·刘克庄《念奴娇·再和》

老矣安能，为人取履，与人争屐。——宋·刘克庄《水龙吟》

不识官府严，安能事戎行。——宋·尤袤《淮民谣》

此树那宜此中种，器小安能成大用？——元·王冕《盆中树》

岁寒风致少能解，野草安能识此情。——元·王冕《素梅》

我学李白对明月，白与明月安能知！——明·唐寅《把酒对月歌》

但愿人人知此味，此味安能别苍生？——明·唐寅《爱菜词》

王蒙《葛稚川移居图》

B

白发

吾去为迟！白发时下难久居。——汉《乐府歌·东门行》

白发被两鬓，肌肤不复实。——晋·陶渊明《责子》

白发窥明镜，忧伤没余齿。——北朝·颜之推《古意》

谁知相思老，玄鬓白发生。——南朝《乐府民歌·子夜四时歌·冬歌》

白发催年老，青阳逼岁除。——唐·孟浩然《岁暮归南山》

宿昔朱颜成暮齿，须臾白发变垂髫。——唐·王维《叹白发》

君不见高堂明镜悲白发，朝如青丝暮成雪。——唐·李白《将进酒》

白发三千丈，缘愁似个长。——唐·李白《秋浦歌》

寒灯厌梦魂欲绝，觉来相思生白发。——唐·李白《寄远》

白发老闲事，青云在目前。——唐·高适《醉后赠张九旭》

白发悲花落，青云羡鸟飞。——唐·岑参《寄左省杜拾遗》

羡君无白发，走马过黄河。——唐·贾岛《逢旧识》

长歌破衣襟，短歌断白发。——唐·李贺《长歌续短歌》

青春留不住，白发自然生。——唐·杜牧《送友人》

永忆江湖归白发，欲回天地入扁舟。——唐·李商隐《安定城楼》

白发添新岁，清吟减旧朋。——唐·齐己《除夜》

白发老农如鹤立，麦场高处望云开。——唐·雍裕之《农家望晴》

羌管悠悠霜满地，人不寐，将军白发征夫泪。——宋·范仲淹《渔家傲·秋思》

门前流水尚能西！休将白发唱黄鸡。——宋·苏轼《浣溪沙·游蕲水清泉寺》

无心买酒谒青春，对镜空嗟白发新。——宋·岳飞《过张溪赠张完》

白发无情侵老境，青灯有味似儿时。——宋·陆游《秋夜读书每以二鼓尽为节》

醉里吴音相媚好，白发谁家翁媪？——宋·辛弃疾《清平乐·村居》

了却君王天下事，赢得生前身后名。可怜白发生！——宋·辛弃疾《破阵子·为陈同甫赋壮词以寄之》

而今白发三千丈，愁对寒灯数点红。——宋·向子諲《鹧鸪天·紫禁烟花一万重》

年去年来白发新，匆匆马上又逢春。——明·于谦《立春日感怀》

白发渔樵江渚上，惯看秋月春风。——明·杨慎《临江仙·滚滚长江东逝水》

白马

青骢白马紫丝缰，可怜石桥根柏梁。——汉《乐府·青骢白马》

白马饰金羁，连翩西北驰。——三国魏·曹植《白马篇》

白马金具装，横行辽水傍。——南朝·孔稚珪《白马篇》

犀渠玉剑良家子，白马金羁侠少年。——隋·卢思道《从军行》

白马高谭去，青牛真气来。——唐·王勃《散关晨度》

白马金鞍从武皇，旌旗十万宿长杨。——唐·王昌龄《青楼曲》

贵里豪家白马骄，五陵年少不相饶。——唐·崔颢《杂曲歌辞·渭城少年行》

屈盘戏白马，大笑上青山。——唐·李白《登敬亭北二小山余时送客逢崔侍御并登此地》

白马金羁辽海东，罗帷绣被卧春风。——唐·李白《春怨》

银鞍照白马，飒沓如流星。——唐·李白《侠客行》

将军发白马，旌节度黄河。——唐·李白《发白马》

侧叠万古石，横为白马矶。——唐·李白《至鸭栏驿上白马矶赠裴侍御》

荐枕青蛾艳，鸣鞭白马骄。——唐·刘长卿《少年行》

白马东北来，空鞍贯双箭。——唐·杜甫《白马》

青丝白马谁家子，粗豪且逐风尘起。——唐·杜甫《青丝》

碧山学士焚银鱼，白马却走深岩居。——唐·杜甫《柏学士茅屋》

白马紫连钱，嘶鸣丹阙前。——唐·贾至《白马》

白马驮经事已空，断碑残刹见遗踪。——唐·张继《宿白马寺》

白马披鬃练一团，今朝被绊欲行难。——唐·平曾《絷白马诗上薛仆射》

黄衫飞白马，日日青楼下。——宋·陈克《菩萨蛮·赤阑桥尽香街直》

白马芒原非路岐，征夫示起雪侵肌。——宋·王珪《一题白马馆》

白马披丝练一团，今朝被绊欲行难。——宋·王曾《献金陵牧薛大夫白马诗》

北辰渡白马，阴噎日无辉。——宋·洪皓《白马渡》

白马紫游韁，意气何飘扬。——宋·滕岑《拟白马篇》

白日

去白日之昭昭兮，袭长夜之悠悠。——战国·宋玉《九辩》

浮云蔽白日，游子不顾返。——汉·佚名《古诗十九首·行行重行行》

娱乐未终极，白日忽蹉跎。——三国魏·阮籍《咏怀》

惊风飘白日，光景驰西流。——三国魏·曹植《箜篌引》

皓天舒白日，灵景耀神州。——晋·左思《咏史》

白日沦西阿，素月出东岭。——晋·陶渊明《杂诗》

白日掩荆扉，虚室绝尘想。——晋·陶渊明《归园田居》

不惜黄金散尽，只畏白日蹉跎。——北朝·王褒《高句丽》

白日依山尽，黄河入海流。——唐·王之涣《登鹳雀楼》

白日登山望烽火，黄昏饮马傍交河。——唐·李颀《古从军行》

大将军出战，白日暗榆关。——唐·王昌龄《从军行》

桃李务青春，谁能贯白日。——唐· 李白《长歌行》

白日不照我精诚，杞国无事忧天倾。——唐·李白《梁甫吟》

白日何短短，百年苦易满。——唐·李白《短歌行》

素手青条上，红妆白日鲜。——唐·李白《子夜吴歌·春歌》

千里黄云白日曛，北风吹雁雪纷纷。——唐·高适《别董大》

思家步月清宵立，忆弟看云白日眠。——唐·杜甫《恨别》

白日放歌须纵酒，青春作伴好还乡。——唐·杜甫《闻官军收河南河北》

君看白日驰，何异弦上箭。——唐·李益《游子吟》

人无根蒂时不驻，朱颜白日相驣颓。——唐·白居易《短歌行》

三十未有二十余，白日长饥小甲蔬。——唐·李贺《南园》

老小相携来就南，南人丰年自无食。悲愁白日天地昏，路旁过者无颜色。——宋·王安石《河北民》

庭院沉沉白日斜，绿阴满地又飞花。——明·夏言《浣溪沙·庭院沉沉白日斜》

白日不到处，青春恰自来。——清·袁枚《苔》

浩荡离愁白日斜，吟鞭东指即天涯。——清·龚自珍《己亥杂诗》

白头

愿得一心人，白头不相离。——汉·卓文君《白头吟》

如何此日嗟迟暮，悲来还作白头吟。——隋·陈子良《于塞北春日思归》

勿使青衿子，嗟尔白头翁。——唐·陈子昂《登泽州城北楼宴》

一朝将聘茂陵女，文君因赠白头吟。——唐·李白《白头吟》

五起鸡三唱，清晨白头吟。——唐·李白《白头吟》

春水春来洞庭阔，白苹愁杀白头翁。——唐·杜甫《清明》

雨中黄叶树，灯下白头人。——唐·司空曙《喜外弟卢纶见宿》

天台瀑布寺，传有白头师。——唐·司空曙《寄天台秀师》

明朝独向青山郭，唯有蝉声催白头。——唐·武元衡《立秋日与陆华原于县界南馆送邹十八》

少年即见春好处，似我白头无好树。——唐·王建《春来曲》

还似今朝歌酒席，白头翁入少年场。——唐·白居易《重阳席上赋白菊》

白头岁暮苦相思，除却悲吟无可为。——唐·白居易《岁暮寄微之》

白头宫女在，闲坐说玄宗。——唐·元稹《行宫》

高歌一曲掩明镜，昨日少年今白头。——唐·许浑《秋思》

满怀多少是恩酬，未见功名已白头。——唐·杜牧《冬日题智门寺北楼》

人生岂得长无谓，怀古思乡共白头。——唐·李商隐《无题》

白头太守真愚甚，满插茱萸望辟邪。——宋·宋祁《九日置酒》

浪说闲居爱重九，黄花应笑白头翁。——宋·黄庭坚《戏答王子予送凌风菊二首·病来孤负鸬鹚杓》

已有丹青约，千秋指白头。——宋·赵佶《腊梅山禽图》

若教眼底无离恨，不信人间有白头。——宋·辛弃疾《鹧鸪天·晚日寒鸦一片愁》

长夜白头吟，新丝理故琴。——元·杨维桢《白头吟》

竹下棠梨花渐稀，白头相对语依依。——明·王恭《白头公》

君心能再回，白头应再黑。——明·徐熥《白头吟》

白头风雪上长安，短褐疲驴帽带宽。——清·吴伟业《临清大雪》

白云

秋风起兮白云飞，草木黄落兮雁南归。——汉·刘彻《秋风辞》

白云停阴冈，丹葩曜阳林。——晋·左思《招隐》

春晚绿野秀，岩高白云屯。——南朝·谢灵运《入彭蠡湖口》

惟当远人望，知在白云中。——南朝·张正见《游简寂馆》

山中何所有，岭上多白云。——南朝·陶弘景《诏问山中何所有赋诗以答》

白云满鄣来，黄尘暗天起。——北朝·刘昶《断句》

还望白云天，日暮秋风起。——隋·杨素《赠薛播州》

白云一片去悠悠，青枫浦上不胜愁。——唐·张若虚《春江花月夜》

黄河远上白云间，一片孤城万仞山。——唐·王之涣《凉州词》

北山白云里，隐者自怡悦。——唐·孟浩然《秋登兰山寄张五》

白云回望合，青霭入看无。——唐·王维《终南山》

黄鹤一去不复返，白云千载空悠悠。——唐·崔颢《黄鹤楼》

黯与山僧别，低头礼白云。——唐·李白《秋浦歌》

白云映水摇空城，白露垂珠滴秋月。——唐·李白《金陵城西楼月下吟》

白云千里万里，明月前溪后溪。——唐·刘长卿《谪仙怨·晴川落日初低》

天平山上白云泉，云自无心水自闲。——唐·白居易《白云泉》

远上寒山石径斜，白云生处有人家。——唐·杜牧《山行》

隔断红尘三十里，白云红叶两悠悠。——宋·程颢《秋月》

白云在天不可呼，明月岂肯留庭隅。——宋·苏轼《次前韵送刘景文》

黄菊篱边无怅望，白云乡里有温柔。——宋·苏轼《浣溪沙·即事》

我欲穿花寻路，直入白云深处，浩气展虹霓。——宋·黄庭坚《水调歌头·游览》

回头思照碧，人在白云中。——宋·晁补之《临江仙·常记河阳花县里》

常瞻紫气青牛去，又带白云黄鹤来。——宋·谢枋得《题东观壁》

白云在天不作雨，石罅出泉如五乳。——元·韩奕《白云泉煮茶》

白云出处从无例，独往人间竟独还。——清·龚自珍《己亥杂诗·其四》

白雪

蜀琴抽白雪，郢曲发阳春。——南朝·鲍照《玩月城西门廨中》

白雪初下天山外，浮云直向五原间。——隋·卢思道《从军行》

白鹇白如锦，白雪耻容颜。——唐·李白《赠黄山胡公求白鹇》

玉盘杨梅为君设，吴盐如花皎白雪。——唐·李白《梁园吟》

青云羞叶密，白雪避花繁。——唐·杜甫《甘园》

杨柳花飘新白雪，樱桃子缀小红珠。——唐·白居易《酬舒三员外见赠长句》

知音频有新诗赠，白雪纷纷落郢中。——唐·李山甫《答刘书记见赠》

流连白雪意，断续回风度。——唐·韦应物《司空主簿琴席》

巴歌唱者多，白雪无人和。——唐·寒山《诗三百》

寄言飞白雪，休去打青山。——唐·徐凝《杭州祝涛头》

高才擅白雪，逸翰怀青霄。——唐·高适《睢阳酬别畅大判官》

闻道仙郎歌白雪，由来此曲和人稀。——唐·岑参《和祠部王员外雪后早朝即事》

曾和郢中歌白雪，亦陪天上饮流霞。——宋·王安石《次韵乐道送花》

杨花飞白雪，枝袅绿烟斜。——宋·王安石《东门》

门前杨柳二三月，枝条绿烟花白雪。——宋·王安石《春日晚行》

年余放逐无人识，白雪关头一望时。——宋·郑文宝《过信阳军白雪驿》

香毬飞紫烟，茗花涌白雪。——宋·白玉蟾《凝翠》

掠船凉吹起青苹，萦水歌声欺白雪。——宋·葛胜仲《木兰花·与诸人泛溪作》
七碗波涛翻白雪，一杯冰雹消长日。——元·张野《满江红·寄磁下诸公》
朔风吹寒珠蕾裂，千花万花开白雪。——元·王冕《梅花》

采取铅中金白雪，却将金雪作丹田。——元·李真人《望江南·初学道》
山头堆白雪，风里卷黄沙。——明·杨守礼《三月巡边晓发夏城》
黄菊散芳丛，清泉凝白雪。——清·德隐《新秋晚眺》
拨鳞飞白雪，行鲙缕金盘。——清·纳兰性德《雄县观鱼》

宝剑

文犀六属铠，宝剑七星光。——南朝·孔稚珪《白马篇》
宝剑值千金，被服丽且鲜。——三国魏·曹植《名都篇》
陆侯持宝剑，终子系长缨。——隋·卢思道《赠别司马幼之南聘》
仙镝流音鸣鹤岭，宝剑分辉落蛟濑。——唐·骆宾王《畴昔篇》
连星入宝剑，半月上雕弧。——唐·骆宾王《久戍边城有怀京邑》
徒悬一宝剑，何处访徐公。——唐·张说《右侍郎集贤院学士徐公挽》
游人五陵去，宝剑值千金。——唐·孟浩然《送朱大入秦》
明敕星驰封宝剑，辞君一夜取楼兰。——唐·王昌龄《从军行》
不待金门诏，空持宝剑游。——唐·李白《寄淮南友人》
素车犹恸哭，宝剑谷高悬。——唐·杜甫《哭韦大夫之晋》

輶车花拥路，宝剑雪生光。——唐·李端《送王羽林往秦州》
真玉烧不热，宝剑拗不折。——唐·顾况《赠别崔十三长官》
男儿久失意，宝剑亦生尘。——唐·孟郊《送孟寂赴举》

文星落奇曜，宝剑摧修铓。——唐·孟郊《哭李观》
哀笳出长信，宝剑入延津。——唐·权德舆《大行皇太后挽歌》
重围如燕尾，宝剑似鱼肠。——唐·李贺《马诗》
戎衣挂宝剑，玉箸衔金杯。——唐·马戴《离夜》
雕戈秋日丽，宝剑晓霜霏。——唐·麹瞻《奉和九月九日登慈恩寺浮图应制》
丈夫得宝剑，束发曾书绅。——唐·窦群《题剑》
古琴蛇蚹评无价，宝剑鱼肠托有灵。——宋·陆游《赠道流》
风埃蹭蹬不自振，宝剑床头作雷吼。——宋·陆游《悲歌行》
别人怀宝剑，我有笔如刀。——宋·汪洙《神童诗》
流星飞玉弹，宝剑落秋霜。——宋·张玉娘《从军行》
羽觞浮玉瓮，宝剑捧金人。——宋·葛胜仲《临江仙》
何以壮行色，宝剑丁香结。——清·谭嗣同《别意》
安得倚天抽宝剑，把汝裁为三截？——现代·毛泽东《念奴娇·昆仑》

别离

行行重行行，与君生别离。——汉·佚名《古诗十九首·行行重行行》
双剑将别离，先在匣中鸣。——南朝·鲍照《赠故人马子乔》
自与君别离，四序纷回薄。——南朝·何逊《寄江州褚谘议》
别离短景何萧索，佳句相思能间作。——唐·李颀《放歌行答从弟墨卿》
此度别离何日见，相思一夜暝猿啼。——唐·李白《别山僧》
别离有相思，瑶瑟与金樽。——唐·李白《别韦少府》
此处别离同落叶，朝朝分散敬亭秋。——唐·李白《寄崔侍御》
积雨悲幽独，长江对别离。——唐·刘长卿《雨中过员稷巴陵山居赠别》

杨柳多短枝，短枝多别离。——唐·孟郊《横吹曲辞·折杨柳》

以汝夫妇新燕婉，使我母子生别离。——唐·白居易《母别子》

年老官高多别离，转难相见转相思。——唐·白居易《裴令公席上赠别梦得》

棠梨花映白杨树，尽是死生别离处。——唐·白居易《寒食野望吟》

门外若无南北路，人间应免别离愁。——唐·杜牧《赠别》

恐是仙家好别离，故教迢递作佳期。——唐·李商隐《辛未七夕》

悲莫悲兮生别离，登山临水送将归。——唐·武昌妓《续韦蟾句》

行看汉月愁征战，共折江花怨别离。——唐·朱放《江上送别》

别离非一处，此处最伤情。——唐·朱放《毗陵留别》

花似伊，柳似伊。花柳青春人别离。低头双泪垂。——宋·欧阳修《长相思·花似伊》

长江滚滚向东流，写不尽、别离情状。——宋·王之道《鹊桥仙·断虹霁雨》

敛愁眉，恨依依。肠断关情怨别离。——宋·赵长卿《长相思·敛愁眉》

恨君不似江楼月，南北东西，南北东西，只有相随无别离。——宋·吕本中《采桑子·恨君不似江楼月》

紫塞呼白雁，黄河绕黑山，翠袖上雕鞍，行路比别离更难。——元·张可久《梧叶儿·春日感怀闲》

谋生无奈日奔驰，有弟偏教各别离。——现代·鲁迅《别诸弟》

梦魂常向故乡驰，始信人间苦别离。——现代·鲁迅《别诸弟》

鬓发

蛾眉愁自结，鬓发没情梳。——唐·张说《三月闺怨》

后今不见数十年，鬓发颜容只如是。——唐·李颀《送王道士还山》

我年一何长，鬓发日已白。——唐·王维《叹白发》

鬓发何青青，童颜皎如练。——唐·李白《赠王汉阳》

少壮能几时，鬓发各已苍。——唐·杜甫《赠卫八处士》

干戈况复尘随眼，鬓发还应雪满头。——唐·杜甫《寄杜位》

风光欺鬓发，秋色换山川。——唐·郎士元《送彭偃房由赴朝因寄钱大郎中李十七舍人》

青春留鬓发，白日向云烟。——唐·皎然《赋颜氏古今一事，得〈晋仙传〉送颜逸》

潘岳叙年因鬓发，扬雄托谏在文章。——唐·卢纶《和王员外冬夜寓直》

初识漆鬓发，争为新文章。——唐·孟郊《吊卢殷》

宦途竟寥落，鬓发坐差池。——唐·韩愈《将归赠孟东野房蜀客》

樱桃昨夜开如雪，鬓发今年白似霜。——唐·白居易《感樱桃花，因招饮客》

无辞数相见，鬓发各苍然。——唐·白居易《新昌新居书事四十韵，因寄元郎中、张博士》

谁遣我多情，壮年无鬓发。——唐·刘驾《山中夜坐》

早凉过鬓发，秋思入柴荆。——唐·耿湋《秋夜喜卢司直严少府访宿》

老色渐来欺鬓发，闲情将欲傲簪裾。——唐·刘兼《春霁》

雪霜侵鬓发，音信隔江湖。——唐·李中《冬日书怀寄惟真大师》

身心相外尽，鬓发定中生。——唐·顾非熊《寄紫阁无名新罗头陀僧》

东门拜书始识面，鬓发幸未成老翁。——宋·黄庭坚《戏答陈元舆》

万事一身双鬓发，竹床敧卧数窗棂。——宋·陈与义《春日》

万里秋风吹鬓发，百年世事叹头颅。——宋·陆游《衰病》

堂上太夫人，鬓发今犹玄。——宋·文天祥《高沙道中》

青云一蹉跎，鬓发日已皓。——元·郑祐《送友还乡》

萧然半华鬓发，相与销魂。——元·蔡松年《汉宫春·次高子文韵》

缩将冬夜成俄顷，鬓发须眉雪欲飘。——现代·聂绀弩《夜战》

不知

不知我者，谓我何求。——先秦《诗经·王风·黍离》

山有木兮木有枝，心悦君兮君不知。——先秦《古歌·越人歌》

犹忆去时腰大小，不知今日身短长。——南朝·王筠《行路难》

登高临巨壑，不知千万里。——北朝·祖珽《望海》

不知乘月几人归，落月摇情满江树。——唐·张若虚《春江花月夜》

不知细叶谁裁出，二月春风似剪刀。——唐·贺知章《咏柳》

闺中少妇不知愁，春日凝妆上翠楼。——唐·王昌龄《闺怨》

深林人不知，明月来相照。——唐·王维《竹里馆》

黑发不知勤学早，白首方悔读书迟。——唐·颜真卿《劝学》

人面不知何处去，桃花依旧笑春风。——唐·崔护《题都城南庄》

今夜月明人尽望，不知秋思落谁家？——唐·王建《十五夜望月寄杜郎中》

五陵年少争缠头，一曲红绡不知数。——唐·白居易《琵琶行》

长恨春归无觅处，不知转入此中来。——唐·白居易《大林寺桃花》

只在此山中，云深不知处。——唐·贾岛《寻隐者不遇》

商女不知亡国恨，隔江犹唱《后庭花》。——唐·杜牧《泊秦淮》

凝恨对残晖，忆君君不知。——唐·韦庄《菩萨蛮·洛阳城里春光好》

梦里不知身是客，一晌贪欢。——五代·李煜《浪淘沙·帘外雨潺潺》

人面不知何处，绿波依旧东流。——宋·晏殊《清平乐·红笺小字》

不知天上宫阙，今夕是何年？——宋·苏轼《水调歌头·明月几时有》

意欲梦佳期，梦里关山路不知。——宋·晏几道《南乡子·新月又如眉》

常记溪亭日暮，沉醉不知归路。——宋·李清照《如梦令·常记溪亭日暮》

不知疏影畔，许我结茅无？——宋·张元干《临江仙·玉立清标消晚暑》

少年心事，不知容易鬓边华。——宋·吴潜《水调歌头·过了中秋后》

花开不知人已去，年年斗绿与争绯。——明·唐寅《孟蜀宫妓图》

陶令不知何处去，桃花源里可耕田？——现代·毛泽东《七律·登庐山》

C

沧海

东临碣石，以观沧海。——三国魏·曹操《观沧海》

精卫衔微木，将以填沧海。——晋·陶渊明《读＜山海经＞》

双鹤俱起时，徘徊沧海间。——南朝·鲍照《代别鹤操》

剖竹守沧海，枉帆过旧山。——南朝·谢灵运《过始宁墅》

天河殊未晓，沧海信悠悠。——唐·陈子昂《宿襄河驿浦》

白云愁不见，沧海飞无翼。——唐·张九龄《感遇》

白云日夕滞，沧海去来观。——唐·孟浩然《题云门山，寄越府包户曹、徐起居》

长风破浪会有时，直挂云帆济沧海。——唐·李白《行路难》

豫樟深出地，沧海阔无津。——唐·杜甫《上韦左相二十韵》

终须携手去，沧海棹鱼船。——唐·姚合《喜贾岛雨中访宿》

黄河岸畔长无事，沧海东边独有功。——唐·杨巨源《薛司空自青州归朝》

碧空人已去，沧海凤难寻。——唐·张祜《箫》

青山尽日寻黄绢，沧海经年梦绛纱。——唐·许浑《甘露寺感事贻同志》

浮名如纵得，沧海亦终归。——唐·崔涂《与友人同怀江南别业》

华山秋草多归马，沧海寒波绝洗兵。——唐·曹唐《三年冬大礼》

大舟有深利，沧海无浅波。——唐·黄滔《贾客》

数人游顶上，沧海见东边。——唐·黄滔《壶公山》

青蝇点玉原非病，沧海遗珠世所嗟。——唐·牟融《寄永平友人》

高陵易为谷，沧海俄成田。——宋·白玉蟾《长歌行》

秋鸿社燕炎凉势，沧海桑田梦觉关。——元·艾性夫《再答诸丈见和》

也不知长安尘土暗天地，也不知沧海风黑波澜翻。——元·王冕《饭牛图》

怒风鼓浪屹于城，沧海输潮开水府。——元·吴莱《风雨渡扬子江》

中天日月迁黄道，沧海风云冷翠华。——元·王逢《钱塘春感》

飘然渡沧海，不畏风波危。——清·黄遵宪《今别离》

草木

惟草木之零落兮，恐美人之迟暮。——战国·屈原《离骚》

秋风起兮白云飞，草木黄落兮雁南归。——汉·刘彻《秋风辞》

林园久不游，草木一何盛。——唐·孟浩然《晚春卧病寄张八》

江湖发秀色，草木含荣滋。——唐·李白《泾川送族弟錞》

东风动百物，草木尽欲言。——唐·李白《长歌行》

仲夏日中时，草木看欲燋。——唐·储光羲《同王十三维偶然作》

江海霁初景，草木含新色。——唐·储光羲《泛茅山东溪》

国破山河在，城春草木深。——唐·杜甫《春望》

三年笛里关山月，万国兵前草木风。——唐·杜甫《洗兵马》

山海万里别，草木十年秋。——唐·顾况《酬漳州张九使君》

禽鱼各翔泳，草木遍芬芳。——唐·韦应物《登重玄寺阁》

山川降嘉岁，草木蒙润滋。——唐·韦应物《秋集罢还途中作，谨献寿春公、黎公》

江湖经战阵，草木待仁风。——唐·畅当《奉送杜中丞赴洪州》

雪霜自兹始，草木当更新。——唐·吕温《孟冬蒲津关河亭作》

凉风从西至，草木日夜衰。——唐·白居易《秋怀》

千里何萧条，草木自悲凉。——唐·李峤《奉使筑朔方六州城率尔而作》

山川散白日，草木共青春。——宋·王安石《同应之登大宋陂》

既迁人气和，草木茂萌芽。——宋·黄庭坚《寄耿令几父过新堂邑作乃几父旧治

之地》

门无行媒迹，草木倚憔悴。——宋·黄庭坚《寄尉氏仓官王仲弓》

江声不尽英雄恨，天意无私草木秋。——宋·陆游《黄州》

西风一长啸，草木正凄凉。——宋·白玉蟾《有怀》

云间古寺陆机宅，草木萧森鹤不来。——元·王冕《素梅》

草木也知愁，韶华竟白头！——清·曹雪芹《唐多令·柳絮》

草木山川何限痛，只解征歌选色。——清·郑燮《念奴娇·宏光》

参差

参差荇菜，左右采之。——先秦《诗经·周南·关雎》

望夫君兮未来，吹参差兮谁思。——战国·屈原《九歌·湘君》

群籁虽参差，适我无非新。——晋·王羲之《兰亭修禊诗》

白日丽飞甍，参差皆可见。——南朝·谢朓《晚登三山还望京邑》

风动露滴沥，月照影参差。——南朝·沈约《咏檐前竹》

晓峰如画碧参差，藤影风摇拂槛垂。——唐·李白《别匡山》

蒲荷影参差，凫鹤雏淋涔。——唐·顾况《游子吟》

川原缭绕浮云外，宫阙参差落照间。——唐·卢纶《长安春望》

烟波澹荡摇空碧，楼殿参差倚夕阳。——唐·白居易《西湖晚归回望孤山寺赠诸客》

他日未开今日谢，嘉辰长短是参差。——唐·李商隐《樱桃花下》

流莺漂荡复参差，度陌临流不自持。——唐·李商隐《流莺》

参差连曲陌，迢递送斜晖。——唐·李商隐《落花》

带露含烟处处垂，绽黄摇绿嫩参差。——唐·顾云《咏柳》

参差烟树灞陵桥，风物尽前朝。——宋·柳永《少年游·参差烟树灞陵桥》

一夕轻雷落万丝，霁光浮瓦碧参差。——宋·秦观《春日》

月明船笛参差起，风定池莲自在香。——宋·秦观《纳凉》

翠葆参差竹径成。新荷跳雨泪珠倾。——宋·周邦彦《浣沙溪·翠葆参差竹径成》

水荇参差动绿波。一池蛇影噤群蛙。——宋·辛弃疾《鹧鸪天·水荇参差动绿波》

老来曾识渊明，梦中一见参差是。——宋·辛弃疾《水龙吟·老来曾识渊明》

凭阑怀古。残柳参差舞。——宋·姜夔《点绛唇·丁未冬过吴松作》

外湖莲子长参差，霁山青处鸥飞。——宋·张先《画堂春·外湖莲子长参差》

便觉眼前生意满，东风吹水绿参差。——宋·张栻《立春偶成》

万化参差谁信道，不与群芳同列。——宋·丘处机《无俗念·灵虚宫梨花词》

浓似春云淡似烟，参差绿到大江边。——清·纪昀《富春至严陵山水甚佳》

长安

岂知重得兮入长安，叹息欲绝兮泪阑干。——汉·蔡琰《胡笳十八拍》

南登霸陵岸，回首望长安，悟彼下泉人，喟然伤心肝。——三国魏·王粲《七哀诗》

家居长安身在蜀，何惜马蹄归不数。——晋·苏伯玉妻《盘中诗》

夜闻南城汉使度，使我流泪忆长安。——南朝·释宝月《行路难》

莫见长安行乐处，空令岁月易蹉跎。——唐·李颀《送魏万之京》

夜听胡笳折杨柳，教人意气忆长安。——唐·王翰《凉州词》

总为浮云能蔽日，长安不见使人愁。——唐·李白《登金陵凤凰台》

西忆故人不可见，东风吹梦到长安。——唐·李白《江夏赠韦南陵冰》

闻道长安似弈棋，百年世事不胜悲。——唐·杜甫《秋兴》

驱车西近长安好，宫观参差半隐霞。——唐·卢纶《寒食》

春风得意马蹄疾，一日看尽长安花。——唐·孟郊《登科后》

恐逢故里莺花笑，且向长安度一春。——唐·常建《落第长安》

回头下望人寰处，不见长安见尘雾。——唐·白居易《长恨歌》

秋风生渭水，落叶满长安。——唐·贾岛《忆江上吴处士》

长安陌上无穷树，唯有垂杨管别离。——唐·刘禹锡《杨柳枝》

新岁清平思同辇，争奈长安路远。——唐·温庭筠《清平乐·上阳春晚》

忆来惟把旧书看，几时携手入长安？——唐·韦庄《浣溪沙·夜夜相思更漏残》

冲天香阵透长安，满城尽带黄金甲。——唐·黄巢《不第后赋菊》

即今河畔冰开日，正是长安花落时。——唐·张敬忠《边词》

到日长安花似雨，故关杨柳初飞絮。——宋·苏轼《渔家傲·送张元康省亲秦川》

旅思秋光，黯黯长安路。——宋·陆游《蝶恋花·桐叶晨飘蛩夜语》

看取长安得意，莫恨春风看尽，花柳自蹉跎。——宋·辛弃疾《水调歌头·万事一杯酒》

长安路，问垂虹千柱，何处曾题。——宋·辛弃疾《沁园春·我醉狂吟》

何处是长安，湿云吹雨寒。——清·纳兰性德《菩萨蛮·榛荆满眼山城路》

正西风落叶下长安，飞鸣镝。——现代·毛泽东《满江红·和郭沫若同志》

婵娟

芳襟染泪迹，婵娟空复情。——南朝·谢朓《同谢谘议咏铜雀台》

婵娟影池竹，疏芜散风林。——南朝·谢朓《奉和随王殿下诗》

犹不如槿花，婵娟玉阶侧。——唐·李白《咏槿》

昨夜一枝生在月，婵娟可望不可折。——唐·皎然《裴端公使君清席，赋得青

桂歌送徐长史》

苍翠摇动风，婵娟带寒月。——唐·皎然《南池杂咏五首·寒竹》

烂熳绿苔前，婵娟青草里。——唐·李端《鲜于少府宅看花》

澹动光还碎，婵娟影不沉。——唐·陈羽《中秋夜临镜湖望月》

芳音何更妙，清月共婵娟。——唐·张祜《筝》

巫女暮归林淅沥，巴猿吟断月婵娟。——唐·齐己《自湘中将入蜀留别诸友》

皎洁临孤岛，婵娟入乱流。——唐·欧阳詹《旅次舟中对月寄姜公》

霜报征衣冷针指，雁惊幽梦泪婵娟。——唐·鲍溶《九日与友人登高》

躞蹀行牵金鋄重，婵娟立唱翠娥愁。——唐·殷文圭《和友人送衡尚书赴池阳副车》

鹘子背钻高力士，婵娟翻画太真妃。——唐·张保胤《又留别同院》

鲜润期栖凤，婵娟可并人。——唐·席夔《赋得竹箭有筠》

躞蹀马摇金络脑，婵娟人坠玉搔头。——唐·褚载《句》

善踏斜柯能独立，婵娟花艳无人及。——唐·毕耀《情人玉清歌》

万家笑语横青天，绮窗罗幕舞婵娟。——宋·王安石《送春》

但愿人长久，千里共婵娟。——宋·苏轼《水调歌头·明月几时有》

解箨新篁不自持，婵娟已有岁寒姿。——宋·苏轼《和文与可洋川园池》

过云闲窈窕，斜月静婵娟。——宋·毛滂《临江仙》

金鞿驰叱拨，绣袂舞婵娟。——宋·陆游《忆昔》

滟滟金盘挂寒巘，婵娟玉镜沉清溪。——宋·白玉蟾《山月轩》

人语渐微孤笛起，玉郎何处拥婵娟？——明·文征明《怀子畏》

空阔鱼龙气，婵娟帝子灵。——明·杨基《岳阳楼·春色醉巴陵》

含情慷慨谢婵娟，江上芙蓉各自怜。——清·梁启超《纪事》

尘埃

自谓绝尘埃，终始永不亏。——三国魏·嵇康《赠秀才》

夹林非吾有，朱宫生尘埃。——三国魏·阮籍《咏怀》

超逍遥兮绝尘埃。福亦不至兮祸不来。——晋·石崇《思归叹》

耶娘妻子走相送，尘埃不见咸阳桥。——唐·杜甫《兵车行》

网丝结宝琴，尘埃被空樽。——唐·岑参《春遇南使，贻赵知音》

美人为我弹五弦，尘埃忽静心悄然。——唐·韦应物《五弦行》

微雨洒高林，尘埃自萧散。——唐·韦应物《雨夜感怀》

今日见名如见面，尘埃壁上破窗前。——唐·白居易《感化寺见元九·刘三十二题名处》

燕雀来鹰架，尘埃满箭鞘。——唐·贾岛《老将》

自想归时路，尘埃复几重。——唐·姚合《过无可上人院》

城市不可留，尘埃秽仙骨。——唐·李群玉《别尹炼师》

礼乐封疆添礼乐，尘埃时节勿尘埃。——唐·贯休《送郑使君》

埋没剑中生紫气，尘埃瑟上动清商。——唐·窦庠《酬谢韦卿二十五兄俯赠辄敢书情》

未达谁能多叹息，尘埃争损得男儿。——唐·李咸用《秋望》

种植今如此，尘埃永不侵。——唐·刘得仁《题从伯舍人道正里南园》

道德文章吾事落，尘埃波浪此生浮。——宋·王安石《次韵昌叔怀灊楼读书之乐》

欲挹天河聊自洗，尘埃满面鬓眉黄。——宋·苏轼《和子由次王巩韵，如囊之句，可为一噱？》

衰老更禁新卧病，尘埃时拂旧题名。——宋·陆游《马上作》

弦管未嫌惊鹭起，尘埃无奈污花何。——宋·陆游《自真珠园泛舟至孤山》

江海一生真可羡，尘埃永昼何堪说。——宋·侯置《满江红》

夹道苍松六月寒，尘埃只隔白云间。——宋·艾申《疏山》
娱老林房世路赊，尘埃飞不到袈裟。——宋·白珽《题如镜净讲师房》
半生奔走负山斋。何地不尘埃。——元·许有壬《木兰花慢·次韵马廷彦山居》
云雾为屏雪作宫，尘埃无路可能通。——明·高启《咏梅》
自是软红惊十丈，天教到此洗尘埃。——清·纳兰性德《南海子》
千古同惜长沙傅，空白汨罗步尘埃。——现代·毛泽东《七律·咏贾谊》

踟蹰

爱而不见，搔首踟蹰。——先秦《诗经·邶风·静女》
使君从南来，五马立踟蹰。——汉《乐府歌·陌上桑》
路远莫致倚踟蹰，何为怀忧心烦纡。——汉·张衡《四愁诗》
银鞍何煜耀，翠盖空踟蹰。——汉·辛延年《羽林郎》
马为立踟蹰，车为不转辙。——汉·蔡琰《悲愤诗》
欲还绝无蹊，揽辔止踟蹰。——三国魏·曹植《赠白马王彪·并序》
微幽兰之芳蔼兮，步踟蹰于山隅。——三国魏·曹植《洛神赋》
徘徊不忍去，徙倚步踟蹰。——晋·潘安《悼亡诗》
远望无所见，涕泣起踟蹰。——晋·繁钦《定情诗》
易阳春草出，踟蹰日已暮。——南朝·谢朓《江上曲》

紫骝嘶入落花去，见此踟蹰空断肠。——唐·李白《采莲曲》
踟蹰仙女处，犹似望天河。——唐·储光羲《官庄池观竞渡》
可怜绝胜秦罗敷，使君五马谩踟蹰。——唐·岑参《玉门关盖将军歌》

踟蹰为故人，且复停归船。——唐·元结《刘侍御月夜宴会》

踟蹰复踟蹰，世路今悠悠。——唐·戴叔伦《感怀》

踟蹰立马缘何事，认得张家歌吹声。——唐·白居易《利仁北街作》

踟蹰历阳道，乡思满南枝。——唐·储嗣宗《早春》

踟蹰金霞白，波上日初丽。——唐·常建《湖中晚霁》

秋原何处携壶。停骖访古踟蹰。——宋·苏轼《清平乐·秋词》

谁人题作踟蹰岭，不到山心不当游。——宋·陈著《游雪窦杖锡》

山长水阔，思君不见，踟蹰搔首。——元·白朴《水龙吟·送张大经御史，就用公九日韵，兼简》

富户踟蹰聚议，此户彼户，一斛两斛商量捐。——清·吴嘉纪《凄风行，伤饥灶也》

踟蹰张冠道，恍若塞上行。——现代·毛泽东《五律·张冠道中》

惆怅

夜夜安得寐，惆怅以自怜。——三国魏·曹操《秋胡行》

芳树似佳人，惆怅余何极。——南朝·江孝嗣《北戍琅琊城》

披衣坐惆怅，当户立徘徊。——南朝·刘孝绰《夜不得眠》

真心独感人，惆怅令人老。——唐·张说《代书答姜七崔九》

依迟动车马，惆怅出松萝。——唐·王维《别辋川别业》

苦战竟不侯，当年颇惆怅。——唐·李白《赠张相镐》

不须论早晚，惆怅又离群。——唐·刘长卿《送裴二十一》

却寻樵径去，惆怅绿溪东。——唐·刘长卿《过横山顾山人草堂》

荣枯咫尺异，惆怅难再述。——唐·杜甫《自京赴奉先县咏怀五百字》

平生独往愿，惆怅年半百。——唐·杜甫《立秋后题》

曲终月已落，惆怅东斋眠。——唐·岑参《秋夕听罗山人弹三峡流泉》

瞻望阳台云，惆怅不敢前。——唐·岑参《阻戎泸间群盗》

临流兴不尽，惆怅水云间。——唐·郎士元《送韦湛判官》

旧山东望远，惆怅暮花飞。——唐·李端《题崔端公园林》

一吟相思曲，惆怅江南春。——唐·刘禹锡《酬令狐相公亲仁郭家花下即事见寄》

秋山念君别，惆怅桂花时。——唐·杜牧《句溪夏日送卢霈秀才归王屋山将欲赴举》

斗鸡走狗五陵道，惆怅输他轻薄儿。——唐·罗隐《所思》

惆怅孤帆连夜发，送行淡月微云。——宋·苏轼《临江仙·送钱穆父》

惆怅沙河十里春，一番花老一番新。——宋·苏轼《戏赠》

落英满地君方见，惆怅春光又一年。——宋·苏轼《梦中绝句》

惆怅立马行人，一枝最爱，竹外横斜好。——宋·辛弃疾《念奴娇·参》

惆怅画檐双燕舞。东风吹散灵雨。——宋·辛弃疾《河渎神·女诫效花间体》

旧书空满架，惆怅负明时。——宋·陆游《病中雨夜》

我是人间惆怅客，知君何事泪纵横。——清·纳兰性德《浣溪沙》

蹉跎

人生若浮寄，年时忽蹉跎。——晋·张华《轻薄篇》

年事以蹉跎，生平任浩荡。——南朝·何逊《入西塞示南府同僚》

不惜黄金散尽，只畏白日蹉跎。——北朝·王褒《高句丽》

青轩桃李能几何，流光欺人忽蹉跎。——唐·李白《前有一樽酒行》
蹉跎江浦生华发，牢落寒原会素车。——唐·权德舆《哭张十八校书》
石鼓之歌止于此，呜呼吾意其蹉跎。——唐·韩愈《石鼓歌》
莫学尔兄年五十，蹉跎始得掌丝纶。——唐·白居易《喜敏中及第，偶示所怀》
身名身事两蹉跎，试就先生问若何。——唐·白居易《问韦山人山甫》
艳阳时节又蹉跎，迟暮光阴复若何。——唐·白居易《春晚咏怀赠皇甫朗之》
吟君新什慰蹉跎，屈指同登耳顺科。——唐·刘禹锡《和乐天耳顺吟兼寄敦诗》

昔岁陪游旧迹多，风光今日两蹉跎。——唐·李商隐《寄在朝郑曹独孤李四同年》
蹉跎岁月心仍切，迢递江山梦未通。——唐·罗隐《魏博罗令公附卷有回》
男儿三十尚蹉跎，未遂青云一桂科。——唐·杜荀鹤《辞郑员外入关》
曾向春窗分绰约，误回秋水照蹉跎。——唐·鲍溶《古鉴》
蹉跎冠盖谁相念，二十年中尽苦辛。——唐·薛能《春日旅舍书怀》
蹉跎远入犬羊中，荏苒将成白首翁。——唐·许棠《成纪书事》
莫把少年空倚赖，须知孤立易蹉跎。——唐·罗邺《秋夕寄友人》
去日奔轮不啻过，凌烟勋业已蹉跎。——宋·陆游《对酒戏作》
四海交朋常隔阔，一生光景易蹉跎。——宋·陆游《自规》
东归轻舟下江沱，回首岁月悲蹉跎。——宋·陆游《题严州王秀才山水枕屏》

应俗愈疏身老大，读书渐废意蹉跎。——宋·陆游《舟中作》
老来功业已蹉跎，买得生涯复不多。——宋·辛弃疾《和任师见寄之韵》
劝君速悟勿蹉跎，壶中别有佳时节。——元·谭处端《踏莎行·才见春花》
别来音问每蹉跎，两地关情感慨多。——明·于谦《悼内》
极目中原暮色深，蹉跎负尽百年心。——清·梁启超《东归感怀》

春风

日暮天无云，春风扇微和。——晋·陶渊明《拟古》

摇荡春风媚春日，念尔零落逐寒风。——南朝·鲍照《梅花落》

昨暝春风起，今朝春气来。——北朝·宗懔《早春》

春林花多媚，春鸟意多哀。春风复多情，吹我罗裳开。——南朝《乐府民歌·子夜四时歌·春歌》

两地惜春风，何时一携手。——隋·张碧兰《寄阮郎》

不知细叶谁裁出，二月春风似剪刀。——唐·贺知章《咏柳》

惟有门前镜湖水，春风不改旧时波。——唐·贺知章《回乡偶书》

羌笛何须怨杨柳，春风不度玉门关。——唐·王之涣《凉州词》

谁家玉笛暗飞声，散入春风满洛城。——唐·李白《春夜洛城闻笛》

春风不相识，何事入罗帏。——唐·李白《春思》

忽如一夜春风来，千树万树梨花开。——唐·岑参《白雪歌送武判官归京》

春风得意马蹄疾，一日看尽长安花。——唐·孟郊《登科后》

春风桃李花开日，秋雨梧桐叶落时。——唐·白居易《长恨歌》

今年欢笑复明年，秋月春风等闲度。——唐·白居易《琵琶行》

野火烧不尽，春风吹又生。——唐·白居易《赋得古原草送别》

一树春风千万枝，嫩于金色软于丝。——唐·白居易《杨柳枝》

濯锦江边两岸花，春风吹浪正淘沙。——唐·刘禹锡《浪淘沙》

人面不知何处去，桃花依旧笑春风。——唐·崔护《题都城南庄》

寒雪寂寥初散后，春风悠扬欲来时。——宋·晏殊《浣溪沙》

直须看尽洛阳花，始共春风容易别。——宋·欧阳修《玉楼春》

春风又绿江南岸，明月何时照我还？——宋·王安石《泊船瓜洲》

爆竹声中一岁除，春风送暖入屠苏。——宋·王安石《元日》

秋风不似春风好，一夜金英老。——宋·晏几道《虞美人·秋风不似春风好》

笑君解释春风恨，倩拂蛮笺只费诗。——宋·辛弃疾《鹧鸪天·莫上扁舟向剡溪》

春风杨柳万千条，六亿神州尽舜尧。——现代·毛泽东《七律·送瘟神》

春色

春色边城动，客思故乡来。——南朝·何逊《边城思》

山光浮水至，春色犯寒来。——南朝·沈约《泛永康江》

参差照光彩，左右皆春色。——南朝·萧衍《天安寺疏圃堂》

攀条折春色，远寄龙庭前。——唐·李白《折杨柳》

映阶碧草自春色，隔叶黄鹂空好音。——唐·杜甫《蜀相》

锦江春色来天地，玉垒浮云变古今。——唐·杜甫《登楼》

眼见客愁愁不醒，无赖春色到江亭。——唐·杜甫《漫兴》

鸡鸣紫陌曙光寒，莺啭皇州春色阑。——唐·岑参《和贾舍人早朝》

谁收春色将归去，慢绿妖红半不存。——唐·韩愈《晚春》

试上高楼清入骨，岂如春色嗾人狂。——唐·刘禹锡《秋词》

南内墙东御路旁，预知春色柳丝黄。——唐·温庭筠《杨柳枝》

日照玉楼花似锦，楼上醉和春色寝。——唐·韦庄《玉楼春》

梦觉巫山春色，醉眼花飞狼籍。——五代·冯延巳《谒金门·杨柳陌》

尝爱西湖春色早。腊雪方销，已见桃开小。——宋·欧阳修《蝶恋花·尝爱西湖春色早》

二月春期看已半。江边春色青犹短。——宋·欧阳修《渔家傲·二月春期看已半》

而今丽日明金屋，春色在桃枝。——宋·周邦彦《少年游·朝云漠漠散轻丝》

为报今年春色好。花光月影宜相照。——宋·李清照《蝶恋花·永夜恹恹欢意少》

满路落花红不扫，春色渐随人老。——宋·晏几道《清平乐·西池烟草》

红酥手，黄縢酒，满城春色宫墙柳。——宋·陆游《钗头凤·红酥手》

醉后却骑丹凤，看蓬莱春色。——宋·陆游《好事近·风露九霄寒》

春色满园关不住，一枝红杏出墙来。——宋·叶绍翁《游园不值》

枝头蓓蕾，褪红绡微露，江南春色。——宋·史浩《念奴娇·枝头蓓蕾》

春色已看浓似酒，归期安得信如潮，离魂入夜倩谁招？——清·纳兰性德《浣溪沙》

风透湘帘花满庭，庭前春色倍伤情。——清·曹雪芹《桃花行》

横空出世，莽昆仑，阅尽人间春色。——现代·毛泽东《念奴娇·昆仑》

匆匆

相逢难衮衮，告别莫匆匆。——唐·杜甫《酬孟云卿》

寄语北来人，后来莫匆匆。——唐·杜甫《泥功山》

周防期稍稍，太简遂匆匆。——唐·杜甫《遣闷奉呈严公二十韵》

匆匆何处去，车马冒风尘。——唐·韦应物《赠崔员外》

复恐匆匆说不尽，行人临发又开封。——唐·张籍《秋思》

落月西窗惊起，好个匆匆些子。——唐·白居易《宴桃源》

蒲池村里匆匆别，沣水桥边兀兀回。——唐·白居易《醉后却寄元九》

吹开吹谢苦匆匆，春意到头无处问。——宋·欧阳修《玉楼春·东风本是开

花信》

把酒祝东风，且莫恁，匆匆去。——宋·王安石《生查子·雨打江南树》

莫使匆匆云雨散，今夜里，月婵娟。——宋·苏轼《江城子·前瞻马耳九仙》

天涯流落思无穷。既相逢，却匆匆。——宋·苏轼《江城子 别徐州》

年年此夕东城见，欢意匆匆。——宋·晏几道《采桑子·年年此夕东城见》

日高庭院杨花转，闲淡春风。昨夜匆匆，颦入遥山翠黛中。——宋·晏几道《采桑子·日高庭院杨花转》

断肠携手，何事太匆匆。——宋·秦观《临江仙·髻子偎人娇不整》

马上匆匆听鹊喜，朦胧月淡黄昏。——宋·晁补之《临江仙·马上匆匆听鹊喜》

栖贤雪夜匆匆别，岂意相逢在剡中。——宋·陆游《秋兴》

柳外双旌斜照日，匆匆去意难留。——宋·刘一止《临江仙·柳外双旌斜照日》

争春桃李太匆匆，随手飘零逐晓风。——宋·裘万顷《次余仲庸松风阁韵》

天地悠悠逆旅，岁月匆匆过客，吾也岂瓠瓜。——元·白朴《水调歌头·北风下庭绿》

深山曲路见桃花，马上匆匆日欲斜。——明·徐祯卿《偶见》

添我几行清泪也，留不住，苦匆匆。——明·夏完淳《江城子·病起春尽》

夜来几阵西风，匆匆偷换人间世。——清·陈维崧《秋感》

从容

从容好赵舞，延袖象飞翮。——晋·左思《娇女》

从容侍帷幄，光辅日月辉。——晋·应璩《诗》

夜梦云阙间，从容簪履列。——唐·张说《岳州作》

谈笑一州里，从容群吏先。——唐·李颀《送马录事赴永阳》

慷慨念王室，从容献官箴。——唐·王维《送韦大夫东京留守》

潇洒陪高咏，从容羡华省。——唐·韦应物《寄柳州韩司户郎中》

俯仰受三命，从容辞九重。——唐·白居易《题赠郑秘书征君石沟溪隐居》

苒弱多意思，从容占光景。——唐·刘禹锡《和郴州杨侍郎玩郡斋紫薇花十四韵》

肃穆升内殿，从容领儒冠。——唐·刘禹锡《送韦秀才道冲赴制举》

啸傲张高盖，从容接短辕。——唐·李商隐《哭遂州萧侍郎二十四韵》

勤苦字人酬帝力，从容对客问家山。——唐·方干《嘉兴许明府》

幽贱粗能分菽麦，从容岂合遇公卿。——唐·方干《别胡中丞》

澹泊门难到，从容日易过。——唐·齐己《喜乾昼上人远相访》

心忆华池上，从容驾鹭行。——唐·灵澈《九日和于使君思上京亲故》

别有微凉处，从容不似君。——唐·周贺《再过王辂原居纳凉》

不惊六马缓天仪，从容鸣环前致辞。——唐·鲍溶《辞辇行》

顾问当清夜，从容向紫宸。——唐·李中《献中书潘舍人》

太守怜才者，从容礼不轻。——唐·章孝标《送进士陈峣往睦州谒冯郎中》

谁道萧曹刀笔吏，从容一语知人意。——宋·王安石《韩信》

歌舞重城晓，从容燕席凉。——宋·陈克《南歌子》

驰骋空凡马，从容立断鳌。——宋·陆游《题夷坚志后》

安得便登天柱上，从容陪伴酬佳节。——宋·辛弃疾《满江红·美景良辰》

慷慨为烈士，从容为圣贤。——宋·文天祥《高沙道中》

叹阴晴、自来无定，何如今夕从容。——元·许有壬《绿鸭头·八月十四日，圭塘玩月》

暮色苍茫看劲松，乱云飞渡仍从容。——现代·毛泽东《七绝·为李进同志题所摄庐山仙人洞照》

D

丹心

绛节朱旗分白羽，丹心白刃酬明主。——唐·骆宾王《从军中行路难》

鬒发俄成素，丹心已作灰。——唐·宋之问《早发始兴江口至虚氏村作》

卓绝二公外，丹心无间然。——唐·李白《赠宣城宇文太守兼呈崔侍御》

谓我不愧君，青鸟明丹心。——唐·李白《经乱离后天恩流夜郎忆旧游书怀赠江夏韦太守良宰》

只益丹心苦，能添白发明。——唐·杜甫《月》

白发千茎雪，丹心一寸灰。——唐·杜甫《郑驸马池台喜遇郑广文同饮》

明主虽然弃，丹心亦未休。——唐·岑参《题虢州西楼》

愿奉谢公池上酌，丹心绿酒一时倾。——唐·白居易《寄两银榼与裴侍郎，因题两绝句》

白发侵霜变，丹心捧日惊。——唐·李绅《到宣武三十韵》

芳意不可传，丹心徒自渥。——唐·柳宗元《自衡阳移桂十余本植零陵所住精舍》

一身仍白发，万虑只丹心。——唐·许浑《病中》

丹心恒恋阙，白首更辞亲。——唐·崔湜《至桃林塞作》

因君照我丹心事，减得愁人一夕愁。——唐·殷文圭《八月十五夜》

白发随年改，丹心为主披。——唐·韦承庆《直中书省》

与子结绸缪，丹心此何有。——唐·郭震《子夜四时歌》

丹心历历吾终信，俗虑悠悠尔不知。——宋·徐铉《谪居舒州，累得韩高二舍人书，作此寄之》

白首丹心一元老，归来高枕梦河隍。——宋·黄庭坚《题文潞公黄河议后》

此诗倘不作，丹心尚谁明。——宋·陆游《春夜读书感怀》

人生自古谁无死？留取丹心照汗青。——宋·文天祥《过零丁洋》

丹心照夙昔，鬓发日已改。——宋·文天祥《端午即事》

赢得千年在，丹心射碧空。——宋·文天祥《自叹》

浩气还太虚，丹心照千古。——明·杨继盛《就义诗》

五年碧血翻沧海，一片丹心照汉旗。——现代·陈毅《“七七”五周年感怀》

旦夕

阿母为汝求，便复在旦夕。——汉·《乐府歌·孔雀东南飞》

千龄犹旦夕，万世更浮沉。——南朝·江淹《效古》

岂忘二三子，旦夕相勉励。——唐·元结《游石溪示学者》

裴回讫旦夕，聊用写忧烦。——唐·韦应物《登高望洛城作》

壮图非旦夕，君子勤令名。——唐·韦应物《沣上寄幼遐》

人事喜颠倒，旦夕异所云。——唐·韩愈《送陆畅归江南》

况有好群从，旦夕相追随。——唐·白居易《新构亭台，示诸弟侄》

江从西南来，浩浩无旦夕。——唐·白居易《自蜀江至洞庭湖口有感而作》

其如天下望，旦夕咏清风。——唐·刘禹锡《奉送裴司徒令公自东都留守再命太原》

十年江海守，旦夕有归心。——唐·刘禹锡《罢郡归洛阳闲居》

南登无灞岸，旦夕上高原。——唐·刘禹锡《武陵书怀五十韵》

征黄在旦夕，早晚发南燕。——唐·刘禹锡《酬滑州李尚书秋日见寄》

逮兹忽相失，旦夕梦魂思。——唐·元稹《酬乐天》

阅景无旦夕，凭阑有今古。——唐·杜牧《题宣州开元寺》

其间风雨至，旦夕旋为尘。——唐·陆龟蒙《惜花》

泛泛轻薄子，旦夕还讴吟。——唐·卢仝《夏夜闻蚯蚓吟》

自顾不及遭霜叶，旦夕保得同飘零。——唐·卢仝《冬行》

读书与磨剑，旦夕但忘疲。——唐·李中《勉同志》

所思劳旦夕，惆怅去湘东。——唐·朱放《灵门寺赠灵一上人》

旦夕是重阳，菊有黄花蕊。——宋·辛弃疾《生查子·和夏中玉》

旦夕春风老，离心共黯然。——宋·郑文宝《送曹纬刘鼎二秀才》

一裘虽弊可度风雪虐，一箪虽薄未有旦夕忧。——宋·陆游《溪上杂言》

旦夕不可度，久世亦何福？——元·王冕《伤亭户》

西来天堑濯其足，云霞旦夕吞吐乎其胸。——明·沈周《庐山高》

当年

良辰不我期。当年值纷华。——汉·嵇康《答二郭》

在昔闻南亩，当年竟未践。——晋·陶渊明《癸卯岁始春怀古田舍》

九十行带索，饥寒况当年。——晋·陶渊明《饮酒》

可怜巢里凤凰儿，无故当年生别离。——南朝·庾信《杨柳歌》

桃李得日开，荣华照当年。——唐·李白《长歌行》

愿将一心人，当年欢乐平。——唐·权德舆《古意》

当年还自惜，往事那堪忆。——唐·温庭筠《菩萨蛮·夜来皓月才当午》

风栖露饱今如此，应忘当年滓浊时。——唐·罗隐《蝉》

忽忆当年歌舞伴，晚来双脸啼痕满。——五代·冯延巳《鹊踏枝·霜落小园瑶草短》

凭阑半日独无言，依旧竹声新月似当年。——五代·李煜《虞美人·风回小院庭芜绿》

空有当年旧烟月，芙蓉城上哭蛾眉。——五代·李煜《感怀》

遥想公瑾当年，小乔初嫁了，雄姿英发。——宋·苏轼《念奴娇 赤壁怀古》

孤负当年林下意，对床夜雨听萧瑟。——宋·苏轼《满江红·清颍东流》

当年夜雨。头白相依无去住。——宋·黄庭坚《减字木兰花·当年夜雨》

骚人可煞无情思，何事当年不见收。——宋·李清照《鹧鸪天·暗淡轻黄体性柔》

当年曾胜赏，生香熏袖，活火分茶。——宋·李清照《满庭芳·芳草池塘》

想当年，花遮柳护，凤楼龙阁。——宋·岳飞《满江红·遥望中原》

绣户当年瑞气充。紫阳驾鹤下天风。——宋·范成大《鹧鸪天·绣户当年瑞气充》

想当年，金戈铁马，气吞万里如虎。——宋·辛弃疾《永遇乐 京口北固亭怀古》

朱弦一拂遗音在，却是当年寂寞心。——元·元好问《论诗》

江南梅花自有主，休问当年何水部。——元·王冕《梅花》

不记当年开国日，元主泥人泪簌。——清·郑燮《念奴娇·孝陵》

指点江山，激扬文字，粪土当年万户侯。——现代·毛泽东《沁园春·长沙》

记得当年草上飞，红军队里每相违。——现代·毛泽东《七律·吊罗荣桓同志》

当时

念彼怀王世，当时数来止。——晋·陶渊明《读<山海经>》

当时只记入山深，青溪几度到云林。——唐·王维《桃源行》

洗拂青云上，当时贱如泥。——唐·李白《鞠歌行》

君即刘越石，雄豪冠当时。——唐·李白《宣城送刘副使入秦》

杨王卢骆当时体，轻薄为文哂未休。——唐·杜甫《戏为》

今日维摩兼饮酒，当时绮季不请钱。——唐·白居易《自咏》

嵯峨犹有当时色，半蘸波中水鸟栖。——唐·刘禹锡《杨柳枝》

仙兄受术几千年，已是当时驾鸿客。——唐·李绅《赠毛仙翁》
此地聚会夕，当时雷雨寒。——唐·贾岛《忆江上吴处士》
此情可待成追忆，只是当时已惘然。——唐·李商隐《锦瑟》

巧画蛾眉独出群，当时人道便承恩。——唐·罗隐《宫词》
如今却忆江南乐，当时年少春衫薄。——唐·韦庄《菩萨蛮·如今却忆江南乐》
几度凤楼同饮宴，此夕相逢，却胜当时见。——五代·冯延巳《蝶恋花·几度凤楼同饮宴》
当时轻别意中人，山长水远知何处。——宋·晏殊《踏莎行·碧海无波》
当时共我赏花人，点检如今无一半。——宋·欧阳修《玉楼春》
凭谁细话当时事，肠断山长水远诗。——宋·晏几道《鹧鸪天·清颍尊前酒满衣》
当时明月在，曾照彩云归。——宋·晏几道《临江仙·梦后楼台高锁》
尊前忽听当时曲，侧帽停杯泪满巾。——宋·朱敦儒《鹧鸪天·唱得梨园绝代声》
总是向人深处，当时枉道无情。——宋·陆游《朝中措·代谭德称作》
老矣应无骑鹤日，但春衫，点点当时泪。那更有，旧情味。——宋·刘克庄《贺新郎·一梦扬州事》

当时比翼连枝愿，未必风流得似今。——宋·杨无咎《鹧鸪天·湖上风光直万金》
刘郎争得似当时，比前度，心情又减。——元·元好问《鹊桥仙·梨花春暮》
绿肥红瘦忆当时，年少朦胧慕燕儿。——明·唐寅《无题》
犹记当时烽火里，九死一生如昨。——现代·毛泽东《念奴娇·井冈山》

荡漾

人情有感慨，荡漾焉能排？——三国魏·阮籍《咏怀》

寒月波荡漾，羁鸿去悠悠。——唐·王昌龄《出郴山口至叠石湾野人室中寄张十一》

北渚既荡漾，东流自潺湲。——唐·李白《秋登巴陵望洞庭》

出门望帝子，荡漾不可期。——唐·李白《拟古》

因声玉琴里，荡漾寄君愁。——唐·李白《宿白鹭洲寄杨江宁》

西辉逐流水，荡漾游子情。——唐·李白《游南阳清泠泉》

白波连青云，荡漾晨光中。——唐·权德舆《早发杭州泛富春江寄陆三十一公佐》

娥嬉华荡漾，胥怒浪崔嵬。——唐·韩愈《咏雪赠张籍》

江豚时出戏，惊波忽荡漾。——唐·韩愈《岳阳楼别窦司直》

岂非山水乡，荡漾神机清。——唐·刘禹锡《酬湖州崔郎中见寄》

长鬟弱袂动参差，钗影钏文浮荡漾。——唐·刘禹锡《相和歌辞·采菱行》

鸂鶒刷毛花荡漾，鹭鸶拳足雪离披。——唐·温庭筠《题友人池亭》

门外两潮过，波澜光荡漾。——唐·陆龟蒙《记事》

芜湖春荡漾，梅雨昼溟濛。——唐·郑谷《送许棠先辈之官泾县》

淹留碧沙上，荡漾洗红衣。——唐·李德裕《鸳鸯篇》

浩浪侵愁光荡漾，乱山凝恨色高低。——五代·李煜《送邓王二十弟从益牧宣城》

此池便可当长江，欲榜茅斋来荡漾。——宋·苏轼《池上》

异境忽堕前，心目久荡漾。——宋·陆游《平羌道中望峨眉山慨然有作》

欲过每愁风荡漾，半开却要雨霏微。——宋·陆游《赏花至湖上》

面旋落花风荡漾。柳重烟深，雪絮飞来往。——宋·欧阳修《蝶恋花·面旋落花风荡漾》

征帆从荡漾，行李亦风流。——元·谢醉庵《临江仙·白发庄心还未减》

瞥波细萍浮荡漾，劈空轻絮飞飘飖。——元·汪克宽《题道士张湛然弹琴诗卷》

使君画船山水里，荡漾朝晖与夕曛。——元·杨维桢《苕山水歌》

道路

孟冬十月多雪霜，隆寒道路诚难当。——先秦·佚名《河梁歌》

道路阻且长，会面安可知？——汉·佚名《古诗十九首·行行重行行》

饯送倾皇朝，华轩盈道路。——晋·陶渊明《咏二疏》

川原迷旧国，道路入边城。——唐·陈子昂《晚次乐乡县》

风沙遥见说，道路替君愁。——唐·李频《送友人往振武》

我亦东奔向吴国，浮云四塞道路赊。——唐·李白《扶风豪士歌》

雨师既先后，道路无纤埃。——唐·储光羲《杂诗》

安得更似开元中，道路即今多拥隔。——唐·杜甫《光禄坂行》

旌旗防日北，道路上云巅。——唐·孟郊《送卢汀侍御归天德幕》

房廊逐岩壑，道路随高低。——唐·孟郊《和皇甫判官游琅琊溪》

别离从阙下，道路向山阴。——唐·贾岛《送韦琼校书》

别离逢雨夜，道路向云州。——唐·郑谷《送人游边》

家寄河朔间，道路出陕城。——唐·姚合《寄陕府内兄郭冏端公》

居人尽东西，道路侵垄亩。——唐·姚合《庄居野行》

南归乘客棹，道路免崎岖。——唐·齐己《南归舟中》

田园牢落东归晚，道路辛勤北去长。——唐·罗邺《仆射陂晚望》

文章四子盛，道路五丁开。——唐·雍陶《蜀中战后感事》

人生万事反衍多，道路后先能几何。——宋·王安石《如归亭顺风》

诗书半行李，道路费岁时。——宋·黄庭坚《次韵奉送公定》

郊原处处堪行乐，道路人人可问津。——宋·陆游《春近》

家人行哭觅遗骨，道路闻之俱掩涕。——宋·陆游《捕虎行》

中原无书归不得，道路只今多拥隔。——宋·文天祥《五拍》

山川虽跋涉，道路却升平。——元·王冕《新店道上》

鼓鼙声飒飒，道路色凄凄。——清·吴嘉纪《泊船观音门》

道义

放口从衷出，复说道义方。——三国魏·阮籍《咏怀》

抚躬衔道义，携手恋辉光。——唐·杜审言《赠崔融二十韵》

金兰同道义，琼简复芝田。——唐·权德舆《州名诗寄道士》

道义集天爵，菁华极人文。——唐·权德舆《伏蒙十六叔寄示喜庆感怀三十韵因献之》

及溜龙鳞动，君臣道义深。——唐·贯休《寿春进祝圣》

申白宾朋传道义，应刘文彩寄音徽。——唐·罗隐《岐王宅》

尊荣比蝉翼，道义侔崇山。——唐·吴筠《高士咏·太伯延陵》

风尘岂不劳，道义成心赏。——唐·郑愕《送萧颖士赴东府，得往字》

自喜幽栖僻，唯惭道义亏。——唐·李山甫《酬刘书记一二知己见寄》

织络文章丽，矜严道义尊。——宋·徐铉《和歙州陈使君见寄》

道义当成麟一角，文章已秃兔千毫。——宋·王安石《李君昆弟访别长芦玉淮阴追寄》

道义门中窥户牖，风骚坛上见麾幢。——宋·王安石《次韵酬宋中散》

欲传道义心犹在，强学文章力已穷。——宋·王安石《奉酬永叔见赠》

道义偶相契，十年同去住。——宋·苏轼《和郭功父韵送芝道人游隐静》

道义流闻意已倾，岂知晚岁托齐盟。——宋·陆游《次金溪宗人伯政见寄韵》

道义无今古，功名有是非。——宋·陆游《送仲高兄宫学秩满赴行在》

道义极知当负荷，风波那得易禁当。——宋·陆游《故人赵昌甫久不相闻寄三诗皆杰作也辄以长句》

三纲实系命，道义为之根。——宋·文天祥《正气歌》

若夫世间人，岂知道义坚。——宋·白玉蟾《秋风变》

其间更有真同处，道义场中无别香。——宋·魏了翁《鹧鸪天·又次韵为妇安人生日》

禹世怀道义，取舍实系之。——宋·白珽《吴季子墓》

得君多道义，从此无可求。——元·王冕《福胜山房》

开心论道义，众口寻胡卢。——元·王冕《有感》

险夷不变应尝胆，道义争担敢息肩。——现代·周恩来《送蓬仙兄返里有感》

豆蔻

密书题豆蔻，隐语笑芙蓉。——唐·李贺《恼公》

娉娉袅袅十三余，豆蔻梢头二月初。——唐·杜牧《赠别》

蜗壁斓斑藓，银筵豆蔻泥。——唐·杜牧《朱坡》

清斋净溲桄榔面，远信闲封豆蔻花。——唐·皮日休《寄琼州杨舍人》

瘴山江上重相见，醉里同看豆蔻花。——唐·李涉《与梧州刘中丞》

月净鸳鸯水，春生豆蔻枝。——唐·韩翃《送客游江南》

蛮歌豆蔻北人愁，松雨蒲风野艇秋。——唐·皇甫松《浪淘沙》

闲来却伴巴儿醉，豆蔻花边唱竹枝。——唐·方干《蜀中》

常思剑浦越清尘，豆蔻花红十二春。——唐·陈陶《寄兵部任畹郎中》

鸳鸯排宝帐，豆蔻绣连枝。——唐·牛峤《女冠子·绿云高髻》

手持双豆蔻，的的为东邻。——唐·韩偓《无题》

新绣笼裙豆蔻花，路人笑上返金车。——唐·于鹄《赠碧玉》

低声向道人知也，隔坐刚抛豆蔻花。——唐·冯衮《戏酒妓》

豆蔻花入船，鹧鸪啼送客。——唐·李群玉《送魏珪觐省》

琵琶弦上语无凭，豆蔻梢头春有信。——宋·晏几道《玉楼春》

雨渍丁香结，春生豆蔻梢。——宋·陆游《园中作》

浅倾西国蒲萄酒，小嚼南州豆蔻花。——宋·陆游《对酒戏咏》

春从豆蔻梢头老，日向樗蒱齿上消。——宋·陆游《寓舍书怀》

玉钗头上轻轻颤，摇落钗头豆蔻枝。——宋·赵长卿《鹧鸪天·一曲清歌金缕衣》

一从恨满丁香结，几度春深豆蔻梢。——宋·李吕《鹧鸪天·脸上残霞酒半消》

春风豆蔻抽新绿，夜雨茱萸湿老红。——宋·仇远《思佳客·家住银塘东复东》

地接蓬莱通御气，波翻豆蔻散朝凉。——清·纳兰性德《汤泉应制》

豆蔻芳温启瓠犀，伤心前度语重提。——清·龚自珍《己亥杂诗》

漫托私心缄豆蔻，惯传隐语笑芙蕖。——清·黄景仁《绮怀》

东风

东风应律兮暖气多，知是汉家天子兮布阳和。——汉·蔡琰《胡笳十八拍》

四顾何茫茫，东风摇百草。——汉·佚名《古诗十九首·回车驾言迈》

东风柳线长，送郎上河梁。——南朝·范云《送别》

此情人不会，东风千里传。——南朝·吴尚野《咏邻女楼上弹琴》

杨柳东风树，青青夹御河。——唐·王之涣《送别》

东风动百物，草木尽欲言。——唐·李白《长歌行》

西忆故人不可见，东风吹梦到长安。——唐·李白《江夏赠韦南陵冰》

昨夜东风入武阳，陌头杨柳黄金色。——唐·李白《早春寄王汉阳》

东风吹春冰，泱莽后土湿。——唐·杜甫《送率府程录事还乡》

苏溪亭上草漫漫，谁倚东风十二阑。——唐·戴叔伦《苏溪亭》

二月东风来，草坼花心开。——唐·白居易《长相思》

青门柳枝软无力，东风吹作黄金色。——唐·白居易《江南春》

东风二月天，春雁正离离。——唐·白居易《杂兴》

东风不与周郎便，铜雀春深锁二乔。——唐·杜牧《赤壁》

东风半夜雨，南国万家春。——唐·杜牧《书事》

相见时难别亦难，东风无力百花残。——唐·李商隐《无题》

飒飒东风细雨来，芙蓉塘外有轻雷。——唐·李商隐《无题》

二月二日江上行，东风日暖闻吹笙。——唐·李商隐《二月二日》

一年两度锦城游，前值东风后值秋。——唐·罗隐《绵谷回寄蔡氏昆仲》

萋萋总是无情物，吹绿东风又一年。——唐·唐彦谦《春草》

楼上重檐山隐隐，东风尽日吹蝉鬓。——五代·冯延巳《鹊踏枝》

东风袅袅泛崇光，香雾空蒙月转廊。——宋·苏轼《海棠》

等闲识得东风面，万紫千红总是春。——宋·朱熹《春日》

东风夜放花千树。更吹落、星如雨。——宋·辛弃疾《青玉案·元夕》

清明涕泣江边望，千里东风一梦遥！——清·曹雪芹《贾探春》

骤雨东风对远湾，滂然遥接石龙关。——现代·毛泽东《七律·游学即景》

东君

济天汉，至昆仑，见西王母谒东君。——三国魏·曹操《陌上桑》

东君朝二月，南旆拥三辰。——唐·张九龄《奉和圣制同二相南出雀鼠谷》

斋心谒西母，暝拜朝东君。——唐·白居易《和送刘道士游天台》

暖律变寒光，东君景渐长。——唐·韦庄《和李秀才郊墅早春吟兴十韵》

春风因过东君舍，偷样人间染百花。——唐·薛涛《试新服裁制初成》

登楼礼东君，旭日生扶桑。——唐·陈陶《蒲门戍观海作》

朝开暮落煎人老，无人为报东君道。——唐·张碧《惜花》

东君不为留迟日，清镜唯知促白头。——唐·李建勋《春日尊前示从事》

东君欲待寻佳约，剩寄衣香与粉绵。——唐·王初《梅花》

春风不负东君信，遍拆群芳。燕子双双。——宋·晏殊《采桑子·春风不负东君信》

月脸冰肌香细腻，风流新称东君意。——宋·晏几道《蝶恋花·千叶早梅夸百媚》

二年三度负东君，归来也，著意过今春。——宋·李清照《小重山·春到长门春草青》

笑问东君，为人能染鬓丝否？——宋·陆游《齐天乐·客中随处闲消闷》

北客开眉乐岁，东君著意华年。——宋·范成大《西江月·北客开眉乐岁》

且对东君痛饮，莫教华发空催。——宋·辛弃疾《西江月·且对东君痛饮》

东君未老，花明柳媚，且引玉尘沈醉。——宋·辛弃疾《鹊桥仙·豸冠风采》

爱客东君多解事，晚妆新与画眉峰。——宋·赵长卿《浣溪沙·坐看销金暖帐中》

应是花繁莺巧，东君著意琼林。——宋·李弥逊《清平乐·烛花催晓》

一撮檀心，春来还对东君吐。——宋·王之道《点绛唇·一撮檀心》

十日东君不老，一星南极长明。——宋·洪适《朝中措·青云垂下不争程》

孤芳若与东君背，数树能令南纪明。——宋·张道洽《梅花》

昨夜东君潜布令，黄莺啼处绿杨春。——宋·释子淳《颂古》

长剑倚天磨十载，东君为我且重开。——明·唐寅《无题》

东君不惜离人苦，又向前年折处生。——清·吴绡《杨柳枝词》

东海

双鹤俱遨游，相失东海傍。——三国魏·曹植《诗·双鹤俱遨游》

在昔曾远游，直至东海隅。——晋·陶渊明《饮酒》

仍闻遣方士，东海访蓬瀛。——唐·王维《早朝》

西飞精卫鸟，东海何由填。——唐·李白《江夏寄汉阳辅录事》

上才生下国，东海是西邻。——唐·包佶《送日本国聘贺使晁巨卿东归》

太山将比甑，东海只容杯。——唐·皇甫大夫《判道士黄山隐》

百川注东海，东海无虚盈。——唐·韦应物《赠卢嵩》

东海一片白，列岳五点青。——唐·白居易《梦仙》

西京尘浩浩，东海浪漫漫。——唐·白居易《归田》

何不向东射，东海有长鲸。——唐·白居易《和答诗》

千官仗下炉烟里，东海西头意独违。——唐·元稹《酬复言长庆四年元日郡斋感怀见寄》

前山低校无多地，东海浅于初去时。——唐·方干《送道人归旧岩》

中原成劫火，东海遂桑田。——唐·韩偓《感事三十四韵》

愿君不用刻此诗，东海桑田真旦暮。——宋·苏轼《和蔡景繁海州石室芙蓉仙人旧游》

南山伐木作车轴，东海取鼍漫战鼓。——宋·苏轼《寄刘孝叔》

胸中垒块正须酒，东海可揽北斗斟。——宋·黄庭坚《次韵答张沙河》

傍观嘲诮亦其宜，东海定非蠡可测。——宋·陆游《逆旅行》

泰山可为砺，东海可扬尘。——宋·陆游《神君歌》

人言华顶高高处，东海蓬莱浸海潮。——宋·白玉蟾《桐柏山书怀》

北斗转魁柄，东海欲飞乌。——宋·甄龙友《水调歌头·西风新叶堕》

江山亦何助，东海真扬尘。——宋·敖陶孙《次韵谢李秘校》

将军一死不可生，东海黄公愁夜行。——元·杨维桢《小万户射虎行》

衣冠谁有先朝制？东海翻然认故园。——清·朱之瑜《避地日本感赋》

何以表劳思，东海珊瑚枝。——清·谭嗣同《别意》

东海有岛夷，北山尽仇怨。——现代·毛泽东《五古·挽易昌陶》

多情

春风复多情，吹我罗裳开。——南朝·《乐府民歌·子夜四时歌》

羁恨虽多情，俱是一伤情。——隋·孙万寿《东归在路率尔成咏》

寒灯作花羞夜短，霜鴈多情恒结伴。——隋·江总《姬人怨》

只缘袅娜多情思，便被春风长挫摧。——唐·刘禹锡《杨枝词》

多情却似总无情，唯觉尊前笑不成。——唐·杜牧《赠别》

重阳过后频来此，甚觉多情胜薄情。——唐·郑谷《菊》

多情为谢残阳意，与展晴霞片片红。——唐·无名氏《杂诗》

多情只有春庭月，犹为离人照落花。——唐·张泌《寄人》

酷怜风月为多情，还到春时别恨生。——唐·张泌《寄人》

梅落繁枝千万片，犹自多情，学雪随风转。——五代·冯延巳《鹊踏枝·梅花繁枝千万片》

多情自古伤离别，更那堪冷落清秋节！——宋·柳永《雨霖铃·寒蝉凄切》

无情不似多情苦，一寸还成千万缕。——宋·晏殊《玉楼春·春恨》

天与多情，不与长相守。——宋·晏几道《点绛唇·花信来时》

榴花满盏香，金缕多情曲。——宋·晏几道《生查子·官身几日闲》

故国神游，多情应笑我，早生华发。——宋·苏轼《念奴娇·赤壁怀古》

笑渐不闻声渐悄，多情却被无情恼。——宋·苏轼《蝶恋花·花褪残红青杏小》

犹记多情，曾为系归舟。——宋·秦观《江城子·西城杨柳弄春柔》

粉蝶多情，飞上钗头住。——宋·周邦彦《蝶恋花·叶底寻花春欲暮》

自有多情处，明月挂南楼。——宋·米芾《水调歌头·中秋》

多情雨后双溪水，红满斜阳自在流。——宋·韩元吉《鹧鸪天·不惜黄花插满头》

漫惹炉烟双袖紫，空将酒晕一衫青。人间何处问多情。——清·纳兰性德《浣溪沙·伏雨朝寒愁不胜》

明月多情应笑我，笑我如今，孤负春心，独自闲行独自吟。——清·纳兰性德《采桑子·明月多情应笑我》

莫谓缟仙能羽化，多情伴我咏黄昏。——清·曹雪芹《咏白海棠》

从今不羡柴东海，枉被多情惹薄情。——清·梁启超《纪事》

多少

夜来风雨声，花落知多少。——唐·孟浩然《春晓》

问余别恨知多少，落花春暮争纷纷。——唐·李白《忆旧游寄谯郡元参军》

多少残生事，飘零似转蓬。——唐·杜甫《客亭》

君看渡口淘沙处，渡却人间多少人。——唐·刘禹锡《浪淘沙》

南朝四百八十寺，多少楼台烟雨中。——唐·杜牧《江南春》

多少绿荷相倚恨，一时回首背西风。——唐·杜牧《齐安郡中偶题》
生前酒伴闲，愁醉闲多少。——唐·杜牧《独酌》
未知歌舞能多少，虚减宫厨为细腰。——唐·李商隐《梦泽》
故园归未得，多少断肠思。——唐·崔橹《柳》
旧愁新恨知多少，目断遥天。——五代·冯延巳《采桑子·小庭雨过春将尽》

多少恨，昨夜梦魂中。——五代·李煜《忆江南·多少恨》
江山如画，一时多少豪杰。——宋·苏轼《念奴娇 赤壁怀古》
梦到故园多少路，酒醒南望隔天涯。——宋·苏轼《浣溪沙》
菖蒲叶叶知多少。惟有个、蜂儿妙。——宋·秦观《迎春乐·菖蒲叶叶知多少》
辽鹤归来，故乡多少伤心地。——宋·周邦彦《点绛唇·伤感》
清露晨流，新桐初引，多少游春意。——宋·李清照《念奴娇·萧条庭院》
点检芳菲多少在？翠深红浅已关愁。——宋·朱淑真《春日杂书》
经行几处江山改，多少亲朋尽白头！——宋·辛弃疾《鹧鸪天·欲上高楼去避愁》
多少六朝兴废事，尽入渔樵闲话。——宋·张昇《离亭燕·一带江山如画》
江南多少闲庭馆，依旧朱门锁绿苔。——明·唐寅《无题》

多少天涯未归客，尽借篱落看秋风。——明·唐寅《菊花》
古今多少事，都付笑谈中。——明·杨慎《临江仙·滚滚长江东逝水》
古今多少苍茫事，前车历历未能忘。——现代·毛泽东《七律·将革命进行到底》
人间多少不平事，尽扫群魔胜入禅。——现代·老舍《镰仓大佛》

赵孟頫《竹石图》

E

而今

夫子王佐才，而今复谁论。——唐·李白《书情题蔡舍人雄》

而今白庭路，犹对青阳门。——唐·高适《登百丈峰》

忆昨离少城，而今异楚蜀。——唐·杜甫《客堂》

白发生来三十年，而今须鬓尽皤然。——唐·白居易《白发》

三十年前草堂主，而今虽在鬓如丝。——唐·白居易《寄题庐山旧草堂兼呈二林寺道侣》

念昔同游者，而今有几多？——唐·刘禹锡《岁夜咏怀》

而今长大懒婆娑，只要千金酬一笑。——宋·柳永《木兰花》

而今丽日明如洗，南陌暖雕鞍。——宋·周邦彦《少年游·黄钟》

到而今、铁骑满郊畿，风尘恶。——宋·岳飞《满江红·登黄鹤楼有感》

而今纨扇薰风里，又见疏枝月下梅。——宋·辛弃疾《鹧鸪天·去岁君家把酒杯》

而今已不如昔，后定不如今。——宋·辛弃疾《水调歌头·四坐且勿语》

少日对花昏醉梦，而今醒眼看风月。——宋·辛弃疾《满江红·折尽荼》

风光得似而今不，肯把花枝作等闲。——宋·赵长卿《鹧鸪天·宝篆龙煤烧欲残》

而今听雨僧庐下，鬓已星星也。悲欢离合总无情，一任阶前，点滴到天明。——宋·蒋捷《虞美人·听雨》

而今白发三千丈，愁对寒灯数点红。——宋·向子諲《鹧鸪天·紫禁烟花一万重》

而今憔悴长安，客里叹淹留。——宋·袁去华《水调歌头·天下最奇处》

锦城未比还家好，何处而今有锦城。——元·元好问《鹧鸪天·身外虚名一羽轻》

而今且向东君问，旧句岂如新句。——元·许有壬《摸鱼儿·买陂塘旋栽杨柳》

捷书驰报承明主，沧海而今波不澌。——明·俞大猷《与尹推府》

谪向人间仅一周，而今限满恐难留。——明·万世尊《峨眉仙人寄昆岑诗》

人到情多情转薄，而今真个悔多情；又到断肠回首处，泪偷零。——清·纳兰性德《摊破浣溪沙·风絮飘残已化萍》

而今春去秋来，一江烟雨，万点征鸿掠。——清·郑燮《念奴娇 石头城》

而今追忆曾游地，无数断肠花。——清·朱彝尊《少年游·清溪一曲板桥斜》

雄关漫道真如铁，而今迈步从头越。——现代·毛泽东《忆秦娥·娄山关》

颜厲齐王各命前，多年矛盾廓无边，而今一扫纪新元。——现代·毛泽东《浣溪沙·和柳亚子先生》

顾安《拳石新篁图》

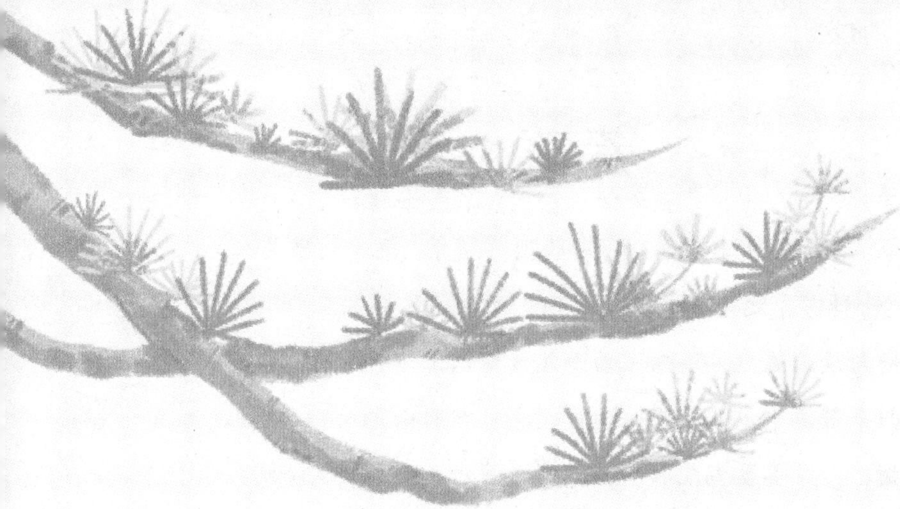

F

芳草

惜吾不及古人兮，吾谁与玩此芳草？——战国·屈原《九章·思美人》

微霜降而下沦兮，悼芳草之先零。——战国·屈原《远游》

欲寻芳草去，惜与故人违。——唐·孟浩然《留别王维》

未洗染尘缨，归来芳草平。——唐·李白《冬日归旧山》

晴川历历汉阳树，芳草萋萋鹦鹉洲。——唐·崔颢《黄鹤楼》

若问二妃何处所，零陵芳草露中愁。——唐·刘禹锡《潇湘神·湘水流》

画楼音信断，芳草江南岸。——唐·温庭筠《菩萨蛮·宝函钿雀金鸂鶒》

野花芳草，寂寞关山道。——唐·韦庄《清平乐·野花芳草》

芳草满园花满目，帘外微微，细雨笼庭竹。——五代·冯延巳《鹊踏枝·芳草满园花满目》

梦回芳草思依依，天远雁声稀。——五代·李煜《喜迁莺·晓月坠》

山映斜阳天接水。芳草无情，更在斜阳外。——宋·范仲淹《苏幕遮·碧云天》

芳草芊绵，尚忆江南岸。——宋·欧阳修《蝶恋花·画阁归来春又晚》

香在衣裳妆在臂，水连芳草月连云。——宋·苏轼《浣溪沙》

枝上柳绵吹又少，天涯何处无芳草！——宋·苏轼《蝶恋花·花褪残红青杏小》

梦回芳草夜，歌罢落梅天。——宋·晏几道《临江仙·旖旎仙花解语》

枕上梦魂飞不去，觉来红日又西斜。满庭芳草衬残花。——宋·秦观《浣溪沙》

楼上晴天碧四垂，楼前芳草接天涯。——宋·周邦彦《浣溪沙·黄钟》

梦迷芳草路，望断素鳞书。——宋·张元干《临江仙·莺唤屏山惊睡起》

春涨一篙添水面。芳草鹅儿，绿满微风岸。——宋·范成大《蝶恋花·春涨一篙添水面》

事如芳草春长在，人似浮云影不留。——宋·辛弃疾《鹧鸪天·趁得东风汗漫游》

为爱暮云芳草句，一杯聊听新声。——元·元好问《临江仙·连日湖亭风色好》

烟软梨花，雨娇寒食，芳草催时节。——清·郑燮《念奴娇 桃叶渡》

夕阳芳草寻常物，解用多为绝妙词。——清·袁枚《遣兴》

换尽天涯芳草色，陌上深深，依旧年时辙。——现代·王国维《蝶恋花·满地霜华浓似雪》

芬芳

秋时自零落，春月复芬芳。——汉·宋子侯《董娇娆》

朱华振芬芳，高蔡相追寻。——三国魏·阮籍《咏怀》

交甫怀环佩，婉娈有芬芳。——三国魏·阮籍《咏怀》

会须君子折，佩里作芬芳。——唐·李世民《芳兰》

罗绮昭阳殿，芬芳玳瑁筵。——唐·李世民《帝京篇》

生子不知根，因谁共芬芳。——唐·李白《古意》

奕叶班姑史，芬芳孟母邻。——唐·杜甫《奉贺阳城郡王太夫人恩命加邓国太夫人》

与我情绸缪，相知久芬芳。——唐·岑参《东归留题太常徐卿草堂在蜀》

不惜青翠姿，为君扬芬芳。——唐·孟郊《憩淮上观公法堂》

仰惭君子多，慎勿作芬芳。——唐·孟郊《答卢仝》

鱼鸟乐天性，杂英互芬芳。——唐·权德舆《浩歌》

国史擅芬芳，宫娃分绰约。——唐·韩愈《晚秋郾城夜会联句》

潭庐同淡荡，仿佛复芬芳。——唐·温庭筠《李先生别墅望僧舍宝刹，因作双韵声》

骅骝忧老大，鶗鴂妒芬芳。——唐·李商隐《崇让宅东亭醉后沔然有作》

桂舟兰作枻，芬芳皆绝世。——唐·李德裕《思平泉树石》

数树荒庭上，芬芳映绿苔。——唐·朱庆馀《废宅花》
幽植众宁知，芬芳只暗持。——唐·崔涂《幽兰》
池荷衰飒菊芬芳，策杖吟诗上草堂。——唐·子兰《晚景》
天地虽肃杀，草木有芬芳。——宋·陈与义《拒霜》
往从二士饿首阳，千载骨朽犹芬芳。——宋·陆游《自伤》

水远浮鸥方浩荡，霜高残菊更芬芳。——宋·陆游《秋怀》
位极人臣功济世，芬芳天下歌桃李。——宋·寇准《蝶恋花·四十年来身》
迎得春来非自足，百花千卉共芬芳。——宋·韩琦《迎春》
凡桃俗李争芬芳，只有老梅心自常。——元·王冕《题墨梅图》
于世竟何补，争先玩芬芳。——元·陈高《种橦花》
托根高接南斗傍，坐令涧壑流芬芳。——清·易顺鼎《云雾茶》

分明

迢迢百尺楼，分明望四荒。——晋·陶渊明《拟古》
镜中两入鬓。分明无两心。——南朝·萧衍《子夜四时歌·秋歌》
乃是天镜中，分明画相似。——唐·李白《越中秋怀》
举首白日间，分明谢时人。——唐·李白《感遇》
一听南津曲，分明散别愁。——唐·储光羲《洛桥送别》
前后缄书报，分明馔玉恩。——唐·杜甫《奉汉中王手札》
试折一枝含万恨，分明说向梦中人。——唐·权德舆《石楠树》
仿佛金紫色，分明冰玉容。——唐·白居易《梦裴相公》
莹静真琪树，分明对玉堂。——唐·刘禹锡《和令狐相公玩白菊》
极乐知无碍，分明应有缘。——唐·李绅《题法华寺五言二十韵》

终过盟津书，分明梦不虚。——唐·贾岛《寄李輈侍郎》

曙色传芳意，分明锦绣丛。——唐·钱起《赋得丛兰曙后色，送梁侍御入京》

今日滕王阁，分明见落霞。——唐·钱珝《江行无题》

海竭山移岁月深，分明齐得世人心。——唐·刘威《感寓》

含元殿上水晶宫，分明指出神仙窟。——唐·钟离权《赠吕洞宾》

坐冀无云物，分明见北辰。——唐·李敬方《天台晴望》

唯有管弦知客意，分明吹出感恩多。——唐·李群玉《留别马使君》

仿佛瞻王母，分明献玉环。——唐·丁泽《上元日梦王母献白玉环》

金榜高悬姓字真，分明折得一枝春。——唐·袁皓《及第后作》

落木千山天远大，澄江一道月分明。——宋·黄庭坚《登快阁》

旅梦游何地？分明禹庙傍。——宋·陆游《记梦》

自海陵来向海安，分明如渡鬼门关。——宋·文天祥《发海陵》

此际栏杆能独倚，分明身是试登瀛。——明·唐寅《晴色湖光》

开函喜动色，分明是君容。——清·黄遵宪《今别离》

亲举纤纤偎频看，分明不是梦中逢。——清·袁树《无题》

凤凰

凤凰鸣啾啾，一母将九雏。——汉《乐府歌·陇西行·天上何所有》

珊瑚叶上鸳鸯鸟，凤凰巢里雏鹓儿。——唐·卢照邻《行路难》

啄木嘴巨长，凤凰羽毛短。——唐·李隆基《续薛令之题壁》

长安城连东掖垣，凤凰池对青琐门。——唐·李颀《听董大弹胡笳声兼寄语弄房给事》

借问往昔时，凤凰为谁来。——唐·李白《金陵凤凰台置酒》

干戈兵革斗未止，凤凰麒麟安在哉！——唐·杜甫《又观打鱼》
上有凤凰巢，凤凰乳且栖。——唐·韩愈《南山有高树行赠李宗闵》
为君长高枝，凤凰上头鸣。——唐·白居易《和答诗》
香径草中回玉勒，凤凰池畔泛金樽。——唐·李绅《忆春日曲江宴后许至芙蓉园》
秋鹰欺小嫌不食，凤凰容众从尔随。——唐·元稹《有鸟》

御柳如丝映九重，凤凰窗映绣芙蓉。——唐·温庭筠《杨柳枝》
心在林泉身在城，凤凰楼下得闲名。——唐·姚合《题崔驸马宅》
锦字龙梭织锦篇，凤凰文采间非烟。——唐·韩常侍《寄织锦篇与薛郎中》
真龙不圣土龙圣，凤凰哑舌鸱枭鸣。——唐·赵抟《琴歌》
十二楼藏玉堞中，凤凰双宿碧芙蓉。——唐·苏郁《步虚词》
丽质仙姿烟逐风，凤凰声断吹台空。——唐·李群玉《和吴中丞悼笙妓》
最是恼人情绪处，凤凰楼上月华寒。——唐·李节度姬《会张生述怀》
鹦鹉语中分百里，凤凰声里过三年。——唐·谭用之《寄岐山林逢吉明府》
截竹为筒作笛吹，凤凰池上凤凰飞。——唐·峡中白衣《赠马植》
今日阳春一妙曲，凤凰楼上与君弹。——唐·吴少微《古意》

高台不见凤凰游，浩浩长江入海流。——宋·郭祥正《凤凰台次李太白韵》
解纵枭鸱啄凤凰，天心似此亦难详。——宋·孔平仲《和经父寄张缋二首》
仙郎同蹑凤凰翎，千门万户皆明月。——元·王国器《踏莎行·云窗秋梦》
小楼青对凤凰山，山影低徊黛影间。——清·龚自珍《已亥杂诗》

翡翠

翡翠饰鸡必，标首明月珠。——三国魏·曹植《乐府十首》
用持插云髻，翡翠比光辉。——南朝·谢朓《咏落梅》

翡翠群飞飞不息，愿在云间长比翼。——南朝·沈约《四时白纻歌》
汉代金吾千骑来，翡翠屠苏鹦鹉杯。——唐·卢照邻《长安古意》
茱萸插鬓花宜寿，翡翠横钗舞作愁。——唐·王昌龄《九日登高》
鸳鸯绿浦上，翡翠锦屏中。——唐·李白《长干行》
鸳鸯花数重，翡翠叶四铺。——唐·孟郊《和宣州钱判官使院厅前石楠树》
虞人掠水轻浮弋，翡翠惊飞飞不息。——唐·李绅《过梅里》
鸳鸯交颈舞，翡翠合欢笼。——唐·元稹《会真诗三十韵》
琉璃阶上不闻行，翡翠帘间空见影。——唐·韦庄《秦妇吟》

铸为明镜绝尘埃，翡翠窗前挂玉台。——唐·姚合《咏镜》
芙蓉绮帐还开掩，翡翠珠被烂齐光。——唐·长孙无忌《新曲》
芙蓉幕里千场醉，翡翠岩前半日闲。——唐·赵嘏《翡翠岩》
蜩螗晚噪风枝稳，翡翠闲眠宿处深。——唐·齐己《移居西湖作》
鸳鸯楼下万花新，翡翠宫前百戏陈。——唐·陈去疾《踏歌行》
蔷薇藤老开花浅，翡翠巢空落羽奇。——唐·徐夤《经故翰林杨左丞池亭》
芙蓉帐冷愁长夜，翡翠帘垂隔小春。——唐·殷尧藩《宫词》
金炉半夜起氛氲，翡翠被重苏合熏。——唐·阎德隐《薛王花烛行》
朱门试问幽人价，翡翠鲛绡不直钱。——宋·王安石《僧德殊家水帘求予咏》
何人曾侍传柑宴，翡翠帘开识圣颜。——宋·张孝祥《鹧鸪天·上元设醮》

鸡鹊浪起蒲茸暖，翡翠风来柳絮低。——宋·彭元逊《瑞鹧鸪》
胭脂雪瘦熏沉水，翡翠盘高走夜光。——金·蔡松年《鹧鸪天·赏荷》
花点吴盐春欲老，翡翠飞来剪芳草。——元·杨维桢《内人琴阮图》
二八正婵娟，月明翡翠钿。——清·纳兰性德《高楼望月》

峰峦

峰峦低枕席，世界接人天。——唐·李颀《宿香山寺石楼》

峰峦秀中天，登眺不可尽。——唐·李白《寻高凤石门山中元丹丘》

巫峡阴岑朔漠气，峰峦窈窕溪谷黑。——唐·杜甫《虎牙行》

野水连天碧，峰峦入海青。——唐·戴叔伦《偶成》

独上七盘去，峰峦转转稠。——唐·张籍《使至蓝谿驿，寄太常王丞》

房廊与台殿，高下随峰峦。——唐·白居易《游悟真寺诗》

平地生峰峦，深心有矛戟。——唐·刘禹锡《游桃源一百韵》

从今疏决后，任雨滞峰峦。——唐·贾岛《郑尚书新开涪江》

冰碧林外寒，峰峦眼前耸。——唐·元稹《寺院新竹》

遐想云外寺，峰峦渺相望。——唐·元稹《玉泉道中作》

是非真险恶，翻覆作峰峦。——唐·齐己《行路难》

恣意纵横扫，峰峦次第成。——唐·荆浩《画山水图答大愚》

云树杳冥通上界，峰峦回合下闽川。——唐·陈陶《上建溪》

关势遥临海，峰峦半入云。——唐·欧阳玭《新岭临眺寄连总进士》

气色虽然离禹穴，峰峦犹自接天台。——唐·周朴《升山寺》

独步绕石涧，孤陟上峰峦。——唐·拾得《诗》

八面峰峦秀，孤高可偶然。——唐·黄滔《壶公山》

峰峦从地碧，宫观倚天红。——唐·窦庠《东都嘉量亭献留守韩仆射》

峰峦碧参差，木树青晻蔼。——宋·王安石《寄曾子固》

朝来静庵中，惟见峰峦集。——宋·苏轼《岐亭》

楼阁万重秋雨里，峰峦四合暮潮边。——宋·姜夔《平甫见招不欲往》

武夷三十六峰峦，无人结草惟空山。——宋·白玉蟾《题刘心月》
倏忽云烟化杳冥，峰峦随水入丹青。——宋·吴黯《因公檄按游黄山》
列翠峰峦秀，仙都气象清。——元·尹志平《巫山一段云题通仙观》
翻身复进七人房，回首峰峦入莽苍。——现代·毛泽东《七绝·莫干山》

风光

风光蕊上轻，日色花中乱。——南朝·何逊《酬范记室云》
日色临平乐，风光满上兰。——北朝·庾信《咏怀》
草色迷三径，风光动四邻。——唐·卢照邻《元日述怀》
清昼开帘坐，风光处处生。——唐·权德舆《二月二十七日社兼春分端居有怀简所思者》
老思不禁春，风光照眼新。——唐·白居易《感春》
北阙至东京，风光十六程。——唐·白居易《洛下送牛相公出镇淮南》
独有使君年太老，风光不称白髭须。——唐·白居易《余杭形胜》
可惜三川虚作主，风光不属白头人。——唐·白居易《天宫阁早春》
三月正当三十日，风光别我苦吟身。——唐·贾岛《三月晦日赠刘评事》
昔岁陪游旧迹多，风光今日两蹉跎。——唐·李商隐《寄在朝郑曹独孤李四同年》

为是仙才登望处，风光便似武陵春。——唐·方干《睦州吕郎中郡中环溪亭》
莫使不回首，风光促几年。——唐·姚合《送友人游蜀》
雪后江上去，风光故国新。——唐·李频《送陆肱归吴兴》
花落春莺晚，风光夏叶初。——唐·褚遂良《安德山池宴集》
不觉淹留两月余，风光漫烂生洲渚。——唐·李涉《却归巴陵途中走笔寄

唐知言》

苎罗西子见应妒，风光占断年年新。——唐·王毂《红蔷薇歌》

鼓声撩乱动，风光触处新。——唐·崔知贤《上元夜效小庾体》

草色春沙里，风光晓正幽。——唐·吴秘《风光草际浮》

仿佛三株植世间，风光满地赤城闲。——唐·陈陶《泉州刺桐花咏兼呈赵使君》

风光不要人传语，一任花前尽醉归。——宋·文彦博《清明同秦帅端明会饮李氏园池》

小园岂是春来晚？四月花飞入酒杯。都为主人尤好事，风光留住不教回。——宋·黄庶《和陪丞相听蜀僧琴》

底事经年客帝乡，风光淡沱日初长。——宋·陆游《春日访客于逆旅及郊寺感而有赋》

三青高岭峙东西，岭上风光一望齐。——清·王良谷《环山胜景》

评量抹淡与妆浓，点缀风光策首功。——现代·钱钟书《秣陵杂诗》

北国风光，千里冰封，万里雪飘。——现代·毛泽东《沁园春·雪》

风流

佳丽尽关情，风流最有名。——南朝·萧纲《美女篇》

风流响和韵，哀怨声凄断。——北朝·庾信《夜听捣衣》

人事已成古，风流独至今。——唐·张九龄《陪王司马登薛公逍遥台》

阳羡风流地，沧江避世人。——唐·王昌龄《送乔林》

风流少年时，京洛事游遨。——唐·李白《叙旧赠江阳宰陆调》

吾爱孟夫子，风流天下闻。——唐·李白《赠孟浩然》

山公醉后能骑马，别是风流贤主人。——唐·李白《江夏赠韦南陵冰》

摇落深知宋玉悲，风流儒雅亦吾师。——唐·杜甫《咏怀古迹》

英雄割据虽已矣，文采风流今尚存。——唐·杜甫《丹青引赠曹将军霸》

风流一才子，经史仍满腹。——唐·刘长卿《赠别于群投笔赴安西》

不是风流者，谁为攀折人。——唐·孟郊《罗氏花下奉招陈侍御》

调笑风流剧，论文属对全。——唐·元稹《酬窦校书二十韵》

今年寒食好风流，此日一家同出游。——唐·元稹《寒食日》

大抵南朝皆旷达，可怜东晋最风流。——唐·杜牧《润州》

多情多感自难忘，只有风流共古长。——唐·陆龟蒙《自遣》

神理翳青山，风流满黄卷。——唐·宋之问《郡宅中斋》

风流帝子不归来，满地禁花慵扫。——唐·尹鹗《满宫花·月沉沉》

大江东去，浪淘尽，千古风流人物。——宋·苏轼《念奴娇·赤壁怀古》

桃李无言，不堪攀折，总是风流客。——宋·朱敦儒《念奴娇·别离情绪》

舞榭歌台，风流总被雨打风吹去。——宋·辛弃疾《永遇乐·京口北固亭怀古》

千古风流今在此，万里功名莫放休。——宋·辛弃疾《破阵子·掷地刘郎玉斗》

风流不把花为主。多情管定烟和雨。——宋·张镃《菩萨蛮·芭蕉》

未若锦囊收艳骨，一抔净土掩风流。——清·曹雪芹《葬花吟》

俱往矣，数风流人物，还看今朝。——现代·毛泽东《沁园春·雪》

风雪

前日风雪中，故人从此去。——汉·佚名《古诗·步出城东门》

塞外多风雪，城中绝诏书。——南朝·徐陵《骢马驱》

便以风雪暮，还为纵饮留。——唐·王昌龄《留别岑参兄弟》

岁暮风雪暗，秦中川路长。——唐·李颀《送刘四》

苍颜耐风雪，奇态灿云霞。——唐·李白《秀华亭》

老妻寄异县，十口隔风雪。——唐·杜甫《自京赴奉先县咏怀五百字》

柴门闻犬吠，风雪夜归人。——唐·刘长卿《逢雪宿芙蓉山主人》

骊山风雪夜，长杨羽猎时。——唐·韦应物《逢杨开府》

商山风雪壮，游子衣裳单。——唐·孟郊《商州客舍》

僧炉风雪夜，相对眠一褐。——唐·杜牧《池州送孟迟先辈》

今作江汉别，风雪一徘徊。——唐·刘禹锡《答表臣赠别》

洛城无事足杯盘，风雪相和岁欲阑。——唐·刘禹锡《和乐天洛下雪中宴集寄汴州李尚书》

玉垒山前风雪夜，锦官城外别离魂。——唐·薛涛《送卢员外》

此别要知须强饮，雪残风细长亭。——宋·晏殊《临江仙·资善堂中三十载》

江南岁尽多风雪，也有红梅漏泄春。——宋·王安石《江梅》

白首自怜心未死，夜窗风雪一灯青。——宋·陆游《冬夜读书示子聿》

长安路远，何事风雪敝貂裘。——宋·辛弃疾《水调歌头·落日古城角》

关河历落三生梦，风雪飘零万死身。——宋·文天祥《己卯十月一日至燕越五日罹狴犴有感而赋》

关河双鬓白，风雪一灯青。——宋·释惠崇《句》

少年喜风雪，走上百尺楼。——宋·郑獬《对雪寄一二旧友呈张仲巽宗益运判》

若使牡丹开得早，有谁风雪看梅花。——宋·赵希桐《次萧冰崖梅花韵》

消我关山风雪怨，天涯握手尽文人。——清·龚自珍《己亥杂诗》

盈盈自此隔银湾。便无风雪也摧残。——清·纳兰性德《浣溪沙》

此行何去？赣江风雪迷漫处。——现代·毛泽东《减字木兰花·广昌路上》

风月

野情风月旷，山心人事疏。——北朝·庾信《奉和永丰殿下言志诗》

关山别荡子，风月守空闺。——隋·薛道衡《昔昔盐》

尘沙塞下暗，风月陇头寒。——隋·薛道衡《出塞》

风月清江夜，山水白云朝。——唐·卢照邻《还京赠别》

遨游灞水曲，风月洛城端。——唐·骆宾王《畴昔篇》

林塘风月赏，还待故人来。——唐·王勃《别人》

谁家无风月，此地有琴尊。——唐·孟浩然《夜登孔伯昭南楼时沈太清朱升在座》

风月长相知，世人何倏忽。——唐·李白《拟古》

秋风飒飒鸣条，风月相和寂寥。——唐·刘长卿《蛇浦桥下重送严维》

朝昏有风月，燥湿无尘泥。——唐·白居易《庭松》

笙歌缥缈虚空里，风月依稀梦想间。——唐·白居易《送姚杭州赴任因思旧游》

老知风月终堪恨，贫觉家山不易归。——唐·罗隐《东归途中作》

鱼龙爵马皆如梦，风月烟花岂有情。——唐·韦庄《杂感》

酷怜风月为多情，还到春时别恨生。——唐·张泌《寄人》

菊花开，菊花残。塞雁高飞人未还，一帘风月闲。——五代·李煜《长相思·一重山》

清颍尊前酒满衣。十年风月旧相知。——宋·晏几道《鹧鸪天·清颍尊前酒满衣》

南楼风月长依旧，别恨无端有。——宋·晏几道《虞美人·湿红笺纸回纹字》

风月有情时，总是相思处。——宋·晏几道《生查子》

须知风月寻常见，不似层层带雪看。——宋·范成大《鹧鸪天·压蕊拈须粉作团》

风月亭危致爽，管弦声脆休催。——宋·辛弃疾《西江月·风月亭危致爽》

试问东山风月，更著中年丝竹，留得谢公不？——宋·辛弃疾《水调歌头·相公倦台鼎》

江山如画知豪杰，风月无私慰寂寥。——元·王冕《建康层楼》

昨夜窗前风月时，数竿疏影响书帏。——明·徐渭《竹》

开辟鸿蒙，谁为情种？都只为风月情浓。——清·曹雪芹《红楼梦曲》

风烟

万里风烟异，一鸟忽相惊。——南朝·韦鼎《长安听百舌》

岳高嶂重叠，鸟道风烟接。——隋·薛道衡《敬酬杨仆射山斋独坐》

云日隐层阙，风烟出绮疏。——唐·李世民《帝京篇》

日晚菱歌唱，风烟满夕阳。——唐·卢照邻《七夕泛舟》

闻与阴丽华，风烟接邻里。——唐·李白《寄远》

瞿塘峡口曲江头，万里风烟接素秋。——唐·杜甫《秋兴》

独有曲江秋，风烟如往日。——唐·白居易《曲江感秋》

久雨初晴天气新，风烟草树尽欣欣。——唐·白居易《早春招张宾客》

云树褒中路，风烟汉上城。——唐·刘禹锡《送令狐相公自仆射出镇南梁》

襟带可怜吞楚塞，风烟只好狎江鸥。——唐·罗隐《忆夏口》

道路先经毛竹岭，风烟渐近刺桐花。——唐·方干《送人宰永泰》

正与休师方话旧，风烟几度入楼中。——唐·段文昌《还别业寻龙华山寺广宣上人》

竹屋清江上，风烟四五家。——唐·刘威《宿渔家》

三江七泽去不得，风烟日暮生波涛。——唐·灵澈《听莺歌》

山水寂寥埋王气，风烟萧飒满僧窗。——宋·王安石《金陵怀古》

君家枯松出老瞿，风烟枯枝倚崩石。——宋·黄庭坚《答王道济寺丞观许道宁山水图》

山海三家市，风烟五亩园。——宋·陆游《寓言》

轩盖愁城市，风烟落道途。——宋·陆游《自嘲》

灯火青荧五门夜，风烟索莫二江秋。——宋·陆游《天涯》

可惜菖蒲老，风烟满故园。——宋·文天祥《端午初度》

海岳靡不周，风烟莫能纪。——宋·白玉蟾《西湖大醉走笔百韵》

客意无聊花亦老，风烟错莫雨垂垂。——宋·袁去华《浣溪沙》

薄宦崎岖清议里，风烟吞吐画图间。——元·王恽《浣溪沙》

家有凌云百尺条，风烟陪护渐岧嶤。——清·龚自珍《己亥杂诗》

二十万军重入赣，风烟滚滚来天半。——现代·毛泽东《渔家傲·反第一次大“围剿”》

浮沉

存亡从变化，日月有浮沉。——三国魏·阮籍《咏怀》

轻薄闲游子，俯仰乍浮沉。——三国魏·阮籍《咏怀》

石泉漱琼瑶，纤鳞或浮沉。——晋·左思《招隐》

千龄犹旦夕，万世更浮沉。——南朝·江淹《效古》

白鹤未轻举，众鸟争浮沉。——唐·孟郊《湖州取解述情》

逶迤二十年，与世同浮沉。——唐·白居易《哭崔常侍晦叔》

士生一代间，谁不有浮沉。——唐·白居易《读史》

未将时会合，且与俗浮沉。——唐·白居易《春送卢秀才下第游太原谒严尚书》

孤棹自迟从蹭蹬，乱帆争疾竞浮沉。——唐·李绅《湖西江》

避郎郎不见，鸂鶒自浮沉。——唐·温庭筠《相和歌辞·江南曲》

采茶溪路好，花影半浮沉。——唐·姚合《寄杨工部，闻毗陵舍弟自罨溪入茶山》

来往悲欢万里心，多从此路计浮沉。——唐·李涉《题武关》

离乱身偶在，窜迹任浮沉。——唐·司空图《避乱》

皎月托言誓，沧波信浮沉。——唐·杨衡《夷陵郡内叙别》

山影乍浮沉，潮波忽来往。——唐·薛据《西陵口观海》

为客囊无季子金，半生踪迹任浮沉。——唐·牟融《赠欧阳詹》

泠然御风客，与道自浮沉。——唐·储嗣宗《送道士》

荣枯应已定，无复系浮沉。——唐·许棠《言怀》

东门车马路，此路在浮沉。——唐·于武陵《东门路》

池塘得流水，龟鱼自浮沉。——宋·苏轼《滕县时同年西园》

林下已悲身老病，人间犹与俗浮沉。——宋·陆游《秋雨书感》

喜骁儿踏浪，旗尾互浮沉。——元·张可久《六州歌头、浙江观潮，贯学士四万户同集、案此》

仰偃草木间，世道随浮沉。——明·唐寅《咏怀诗》

心似欲随风雨去，茫茫大海任浮沉。——现代·梁羽生《双调忆江南》

浮云

愿寄言于浮云兮，遇丰隆而不将。——战国·屈原《九章·思美人》

浮云多暮色，似从崦嵫来。——汉《乐府歌·古八变歌》

交语速装束，络绎如浮云。——汉《乐府歌·孔雀东南飞》

俯观江汉流，仰视浮云翔。——汉·苏武《别诗》

浮云蔽白日，游子不顾返。——汉·佚名《古诗十九首·行行重行行》

西北有高楼，上与浮云齐。——汉·佚名《古诗十九首·西北有高楼》

西北有浮云，亭亭如车盖。——三国魏·曹丕《杂诗》

凝霜夜下拂罗衣，浮云中断开明月。——南朝·释宝月《行路难》

总为浮云能蔽日，长安不见使人愁。——唐·李白《登金陵凤凰台》

古道连绵走西京，紫阙落日浮云生。——唐·李白《灞陵行送别》

浮云游子意，落日故人情。——唐·李白《送友人》

浮云终日行，游子久不至。——唐·杜甫《梦李白》

浮云一别后，流水十年间。——唐·韦应物《淮上喜会梁州故人》

不畏浮云遮望眼，自缘身在最高层。——宋·王安石《登飞来峰》

涨水骤来真有浪，浮云卷去自无根。——宋·苏辙《九日独酌》

浮云出处元无定，得似浮云也自由。——宋·辛弃疾《鹧鸪天·欲上高楼去避愁》

楼在浮云缥缈间，浮云破处见朱栏。——宋·郑獬《浮云楼》

浮云不出月明白，急雨忽来天晦冥。——宋·彭汝砺《浮云》

顾此耿耿在，仰视浮云白。——宋·文天祥《正气歌》

万里云山断客魂，浮云心事向谁言。——宋·文天祥《感兴》

白露浥宵桂，月满浮云山。——元·范梈《奉新县楼对月，望浮云山李八百洞，超然有怀》。

人生如浮云，聚散何可必！——元·张昱《浮云，别高士敏》

世态总浮云，哀歌心独苦。——明·邓云霄《浮云妒月歌》

浮云视富贵，悠然悟深情。——清·刘鹗《浮云道院》

莫道浮云终蔽日，严冬过尽绽春蕾。——现代·陈毅《赠同志》

芙蓉

棹动芙蓉落，船移白鹭飞。——南朝·萧纲《采莲曲》

乘月采芙蓉，夜夜得莲子。——南朝·《乐府民歌·子夜四时歌·夏歌》

芙蓉露下落，杨柳月中疏。——北朝·萧悫《秋思》

荷叶罗裙一色裁，芙蓉向脸两边开。——唐·王昌龄《采莲曲》

宝剑双蛟龙，雪花照芙蓉。——唐·李白《古风》

芙蓉老秋霜，团扇羞网尘。——唐·李白《中山孺子妾歌》

俱飞蛱蝶元相逐，并蒂芙蓉本自双。——唐·杜甫《进艇》

芙蓉如面柳如眉，对此如何不泪垂。——唐·白居易《长恨歌》

惊风乱飐芙蓉水，密雨斜侵薜荔墙。——唐·柳宗元《登柳州城楼寄漳汀封连四州》

御柳如丝映九重，凤凰窗映绣芙蓉。——唐·温庭筠《杨柳枝》

十岁去踏青，芙蓉作裙衩。——唐·李商隐《无题》

空有当年旧烟月，芙蓉城上哭蛾眉。——五代·李煜《感怀》

七月芙蓉生翠水。明霞拂脸新妆媚。——宋·欧阳修《渔家傲·七月芙蓉生翠水》

小楫轻舟，梦入芙蓉浦。——宋·周邦彦《苏幕遮·燎沉香》

前回共采芙蓉处，风自凄凄月自明。——宋·朱敦儒《鹧鸪天·画舫东时洛水清》

绣面芙蓉一笑开。斜飞宝鸭衬香腮。——宋·李清照《浣溪沙》

南轩面对芙蓉浦。宜风宜月还宜雨。——宋·陈与义《菩萨蛮·南轩面对芙蓉浦》

芙蓉影暗三更后，卧听邻娃笑语归。——宋·姜夔《鹧鸪天·忆昨天街预赏时》

春深芍药和烟拆，秋晓芙蓉破露看。——宋·赵彦端《鹧鸪天·云暗青丝玉莹冠》

秋意满芙蓉，红映小园丛竹。——宋·韩元吉《好事近·秋意满芙蓉》

楼前平碧千顷秋，白露暗洗芙蓉愁。——元·王冕《有感》

秋老芙蓉一夜霜，月光潋滟荡湖光。——明·唐寅《题画》

十二银屏十二峰，一峰一个绣芙蓉。——明·朱权《宫词》

已落芙蓉并叶凋，半枯萧艾过墙高。——现代·王国维《浣溪沙》

我欲因之梦寥廓，芙蓉国里尽朝晖。——现代·毛泽东《七律·答友人》

富贵

富贵非吾愿，帝乡不可期。——晋·陶渊明《归去来兮辞 》

富贵如浮云，金玉不为宝。——南朝·江淹《效阮公诗》

诸君莫叹贫，富贵不由人。——南朝·鲍照《拟行路难》

山川满目泪沾衣，富贵荣华能几时？——唐·李峤《汾阴行》

故人念江湖，富贵如埃尘。——唐·王昌龄《送韦十二兵曹》

功名富贵若长在，汉水亦应西北流。——唐·李白《江上吟》

富贵非所愿，与人驻颜光。——唐·李白《短歌行》

贫病固其常，富贵任生涯。——唐·杜甫《柴门》

丹青不知老将至，富贵于我如浮云。——唐·杜甫《丹青引赠曹将军霸》

况君秉高义，富贵视如云。——唐·白居易《酬张十八访宿见赠》

欲留年少待富贵，富贵不来年少去。——唐·白居易《浩歌行》

山川远地由来好，富贵当年别有情。——唐·刘禹锡《送唐舍人出镇闽中》

英雄达处谁言命，富贵来时自逼身。——唐·徐夤《贺清源太保王延彬》

功勋三吴定，富贵四海甲。——宋·苏轼《游杭州山》

仰看鸾鹄刺天飞，富贵功名老不思。——宋·苏轼《和晁同年九日见寄》

人生百年寄鬓须，富贵何啻葭中莩。——宋·苏轼《将往终南和子由见寄》

生死命有制，富贵天取裁。——宋·黄庭坚《戏赠诸友》

山川悠远莫浪许，富贵峥嵘今鼎来。——宋·黄庭坚《次韵子瞻武昌西山》

谋生已过足，富贵亦何为？——宋·陆游《幽栖》

功名不垂世，富贵但堪伤。——宋·陆游《秋兴》

功名常畏谤谗兴，富贵每同衰病至。——宋·陆游《短歌行》

元亮赋归去，富贵比浮云。——宋·李光《水调歌头·元亮赋归去》

水云况得平生趣，富贵何曾著眼看。——宋·杨无咎《鹧鸪天·休倩傍人为正冠》

神仙不到秋风客，富贵空悲春梦婆。——元·元好问《出都》

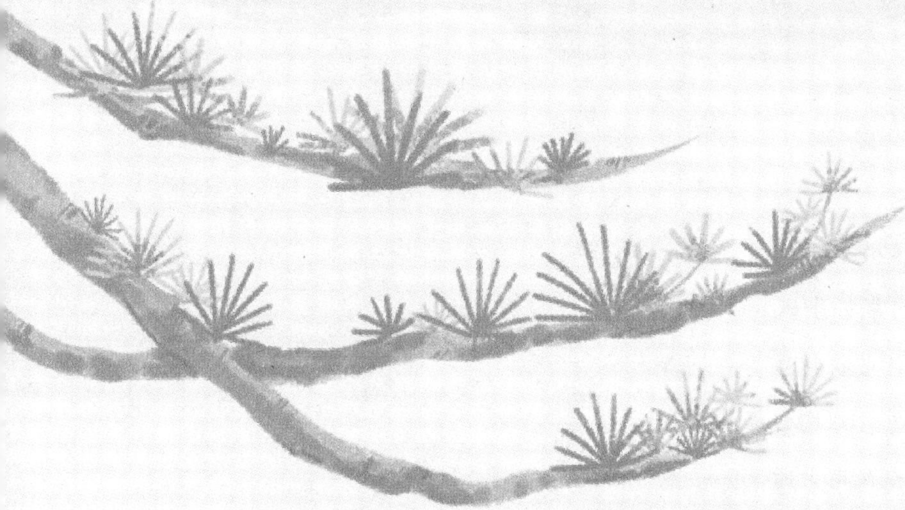

G

功名

功名惜未立，玄发已改素。——南朝·江淹《刘太尉琨伤乱》

功名幸多种，何事苦生离。——南朝·萧纲《和人爱妾换马》

功名不早著，竹帛将何宣。——唐·李白《长歌行》

匡衡抗疏功名薄，刘向传经心事违。——唐·杜甫《秋兴八首其三》

男儿功名遂，亦在老大时。——唐·杜甫《送高三十五书记》

古来青史谁不见，今见功名胜古人。——唐·岑参《轮台歌奉送封大夫出师西征》

报国期努力，功名良见收。——唐·戴叔伦《从军行》

乡国仍留念，功名已息机。——唐·白居易《除夜》

朱颜日渐不如故，青史功名在何处。——唐·白居易《浩歌行》

功名待寄凌烟阁，力尽辽城不肯回。——唐·杜牧《寄远》

鬓头未学功名晚，金紫由来称长年。——宋·陈克《鹧鸪天·风露娟娟玉井莲》

三十功名尘与土，八千里路云和月。——宋·岳飞《满江红·怒发冲冠》

平章风月，弹压江山，别是功名。——宋·陆游《诉衷情·青衫初入九重城》

功名常畏谤谗兴，富贵每同衰病至。——宋·陆游《短歌行》

功名南北天涯，欢声蛮峤胡沙。——宋·范成大《清平乐·降嵩储昂》

富贵吾应自有，功名不用渠多。——宋·辛弃疾《西江月·画栋新垂帘幕》

千古风流今在此，万里功名莫放休。——宋·辛弃疾《破阵子·掷地刘郎玉斗》

功名前稷契，寿算等松乔。——宋·赵长卿《临江仙·天祐炎图生国瑞》

神仙说，功名事，两难成。——宋·李弥逊《水调歌头·清夜月当午》

云路功名方步步，草庐松竹自年年。——宋·赵彦端《浣溪沙·为五叔寿，三月二十六日》

功名邂逅来，求则成大过。——宋·曹勋《山居杂诗》

半帘风月吟中趣，一剑功名水上波。——明·邱道隆《南泉庵》

算功名何许，此身博得，短衣射虎，沽酒西郊。——清·纳兰性德《风流子·秋郊射猎》

世人都晓神仙好，惟有功名忘不了！——清·曹雪芹《好了歌》

归来

魂兮归来，哀江南！——战国·屈原《招魂》

归来宴平乐，美酒斗十千。——三国魏·曹植《名都篇》

愿子厉风规，归来振羽仪。——南朝·徐陵《别毛永嘉》

霸图今已矣，驱马复归来。——唐·陈子昂《燕昭王》

我行殊未已，何日复归来。——唐·宋之问《题大庾岭北驿》

去时里正与裹头，归来头白还戍边。——唐·杜甫《兵车行》

归来池苑皆依旧，太液芙蓉未央柳。——唐·白居易《长恨歌》

出去恣欢游，归来聊燕息。——唐·白居易《寒食》

归来视幼女，零泪缘缨流。——唐·韦应物《送杨氏女》

归来如梦复如痴，何暇备言宫里事。——唐·元稹《连昌宫词》

音信不归来，社前双燕回。——唐·温庭筠《菩萨蛮·凤凰相对盘金缕》

君不归来情又去，红泪散沾金缕。——唐·韦庄《清平乐·春愁南陌》

无可奈何花落去，似曾相识燕归来。——宋·晏殊《浣溪沙·一曲新词酒一杯》

画阁归来春又晚。燕子双飞，柳软桃花浅。——宋·欧阳修《蝶恋花·画阁归来春又晚》

唯有春风最相惜，一年一度一归来。——宋·王安石《梅花》

归来却怪丹青手，入眼平生几曾有。——宋·王安石《明妃曲》

上殿云霄生羽翼，论兵齿颊带风霜。归来衫袖有天香。——宋·苏轼《浣溪沙·有赠》

歌中醉倒谁能恨，唱罢归来酒未消。——宋·晏几道《鹧鸪天·小令尊前见玉箫》

连天衰草，望断归来路。——宋·李清照《点绛唇·寂寞深闺》

东邻斗草归来晚，忘却新传子夜歌。——宋·陆游《鹧鸪天·梳发金盘剩一窝》

采采归来儿女笑，杖头高挂小筠笼。——宋·范成大《四时田园杂兴》

休唱阳关别去，只今凤诏归来。——宋·辛弃疾《西江月·且对东君痛饮》

只因买得青山好，却恨归来白发多。——宋·辛弃疾《鹧鸪天·翠竹千寻上薜萝》

田横五百人安在，难道归来尽列侯？——清·龚自珍《咏史》

灯影摇摇潮上急，归来无计遣三秋！——现代·老舍《诗三律》

归去

汉家天子今神武，不肯和亲归去来。——唐·王之涣《凉州词》

寒雁春深归去尽，出门肠断草萋萋。——唐·王昌龄《春怨》

归去将何见，谁能返戟门。——唐·王维《故南阳夫人樊氏挽歌》

行路难，归去来！——唐·李白《行路难》

回舟不待月，归去越王家。——唐·李白《子夜四时歌·夏歌》

白云归去来，何事坐交战。——唐·李白《赠王汉阳》

不如拂衣且归去，世上浮名徒尔为。——唐·戴叔伦《行路难·出门行路难》

潜歌归去来，事外风景真。——唐·孟郊《长安羁旅行》

谁收春色将归去，慢绿妖红半不存。——唐·韩愈《晚春》

今朝北客思归去，回入纥那披绿罗。——唐·刘禹锡《竹枝词》

归去横塘晓，华星送宝鞍。——唐·李商隐《无题》

樱桃落尽春归去，蝶翻金粉双飞。——五代·李煜《临江仙·樱桃落尽春归去》

笙歌放散人归去，独宿红楼。——五代·冯延巳《采桑子·笙歌放散人归去》

异日图将好景，归去凤池夸。——宋·柳永《望海潮·东南形胜》

归去来，玉楼深处，有个人相忆。——宋·柳永《归朝欢·别岸扁舟三两只》

当路游丝萦醉客，隔花啼鸟唤行人。日斜归去奈何春。——宋·欧阳修《浣溪沙·湖上朱桥响画轮》

回首向来萧瑟处，归去，也无风雨也无晴。——宋·苏轼《定风波·莫听穿林打叶声》

故乡归去千里，佳处辄迟留。——宋·苏轼《水调歌头·安石在东海》

我欲乘风归去，又恐琼楼玉宇，高处不胜寒。——宋·苏轼《水调歌头·明月几时有》

曾看沙堤归去，应使神京再复，款曲问家山。——宋·辛弃疾《水调歌头·泰岳倚空碧》

年年底事不归去，怨月愁烟长为谁。——宋·晏几道《鹧鸪天·陌上濛濛残絮飞》

楼上灯深欲闭门。梦云归去不留痕。——宋·晏几道《浣溪沙》

生怕扁舟归去、断人肠。——宋·周邦彦《虞美人·淡云笼月松溪路》

宫娥不识春归去，争插庭前芍药花。——明·朱权《宫词》

杜鹃无语正黄昏，荷锄归去掩重门。——清·曹雪芹《葬花吟》

古道

青松来风吹古道，绿萝飞花覆烟草。——唐·李白《鸣皋歌奉饯从翁清归五崖山居》

拨云寻古道，倚石听流泉。——唐·李白《寻雍尊师隐居》

树根草蔓遮古道，空谷千年长不改。——唐·岑参《函谷关歌，送刘评事使关西》

阴山临古道，古庙闭山碧。——唐·李益《华山南庙》

远芳侵古道，晴翠接荒城。——唐·白居易《赋得古原草送别》

古道饶蒺藜，萦回古城曲。——唐·柳宗元《田家》

岸头秦古道，亭面汉荒陵。——唐·贾岛《雨后宿刘司马池上》

黍穗豆苗侵古道，晴原午后早秋时。——唐·贾岛《酬姚合》

鹤林萦古道，雁塔没归云。——唐·元稹《大云寺二十韵》

江湖散人悲古道，悠悠幸寄羲皇傲。——唐·陆龟蒙《江湖散人歌》

孤醒立众醉，古道何由昌。——唐·李群玉《自澧浦东游江表，途出巴丘，投员外从公虞》

离亭不惜花源醉，古道犹看蔓草生。——唐·法振《送韩侍御自使幕巡海北》

古树欹斜临古道，枝不生花腹生草。——唐·徐凝《古树》

残梅欹古道，名石卧颓墙。——唐·殷尧藩《陆丞相故宅》

苍苔迷古道，红叶乱朝霞。——五代·李璟《句》

有志在古道，驰情慕高贤。——宋·王安石《胡氏逢原堂》

江驿轩窗临古道，市楼弦管卖新醅。——宋·陆游《立春日送客郊外》

荒林月黑虎欲行，古道人稀鬼相语。——宋·陆游《石首县雨中系舟戏作短歌》

横陂浮雁鹜，古道暗桑麻。——宋·陆游《晚步湖塘少休民家》

风檐展书读，古道照颜色。——宋·文天祥《正气歌》

寒食正梨花，古道多芳草。——宋·仇远《生查子》

茂林修竹苍烟外，断碣荒亭古道傍。——元·王冕《申屠子迪游兰亭次韵答之》

古道横边马，孤城闭水门。——清·朱彝尊《晓入郡城》

故人

怅然遥相望，知是故人来。——汉《乐府歌·孔雀东南飞》

新人虽言好，未若故人姝。——汉·佚名《古诗·上山采蘼芜》

故人赏我趣，挈壶相与至。——晋·陶渊明《饮酒》

故人具鸡黍，邀我至田家。——唐·孟浩然《过故人庄》

感此怀故人，中宵劳梦想。——唐·孟浩然《夏日南亭怀辛大》

劝君更尽一杯酒，西出阳关无故人。——唐·王维《送元二使安西》

浮云游子意，落日故人情。——唐·李白《送友人》

故人西辞黄鹤楼，烟花三月下扬州。——唐·李白《黄鹤楼送孟浩然之广陵》

西忆故人不可见，东风吹梦到长安。——唐·李白《江夏赠韦南陵冰》

故人入我梦，明我长相忆。——唐·杜甫《梦李白》

故人日已远，窗下尘满琴。——唐·刘禹锡《缺题》

不惜寄远书，故人今在无？——唐·贾岛《寄远》

满宫明月梨花白，故人万里关山隔。——唐·温庭筠《菩萨蛮·满宫明月梨花白》

故人天一涯，久客殊未回。——唐·贯休《临高台》

莫忘故人憔悴、老江边。——宋·苏轼《南歌子·黄州腊八日饮怀民小阁》

西窗下，风摇翠竹，疑是故人来。——宋·秦观《满庭芳·碧水惊秋》

春风从旧偏怜我，那更姮娥是故人。——宋·朱敦儒《鹧鸪天·凤烛星球初试灯》

玉节故人同壮观，锦囊公子更平章。——宋·张元干《浣溪沙》

屈指吾生余几，多病故人痛饮，此事正愁余。——宋·辛弃疾《水调歌头·酒罢且勿起》

中秋明月故人心，悲欢离合古犹今。——宋·向子諲《浣溪沙》

多谢故人相问讯，奚奴步步收珠玉。——宋·吴潜《满江红·回首家园》

故人有约来招隐，莫待秋风老桂枝。——元·王冕《次韵》

犬吠嘹嘹惊夜梦，月明千里故人来。——明·唐寅《题画廿四首》

十年不见山人面，寄得梅花来故人。——现代·郁达夫《谢十万山人寄赠梅花图》

关山

关山四面绝，故乡几千里。——北朝·刘昶《断句》

关山夜月明，秋色照孤城。——北朝·王褒《关山月》

万里赴戎机，关山度若飞。——北朝《乐府民歌·木兰诗》

关山别荡子，风月守空闺。——隋·薛道衡《昔昔盐》

我家迢递关山里，关山迢递不可越。——唐·骆宾王《畴昔篇》

天长路远魂飞苦，梦魂不到关山难。——唐·李白《长相思》

白雪关山远，黄云海戍迷。——唐·李白《紫骝马》

北使经大寒，关山饶苦辛。——唐·高适《答侯少府》

鸥鸟镜里来，关山云边看。——唐·杜甫《行官张望补稻畦水归》

鼓角凌天籁，关山信月轮。——唐·杜甫《寄张十二山人彪三十韵》

河汉秋期远，关山世路难。——唐·元稹《春别》

日暮秋风起，关山断别情。——唐·刘希夷《送友人之新丰》

何处最伤心，关山见秋月。——唐·长孙佐辅《横吹曲辞·关山月》

意欲梦佳期。梦里关山路不知。——宋·晏几道《南乡子·新月又如眉》

关山有限情无限。待君重见寻芳伴。——宋·苏轼《一斛珠·洛城春晚》

君还知道相思苦。怎忍抛奴去。不辞迢递过关山。——宋·苏轼《虞美人·冰肌自是生来瘦》

忆自梁州入剑门，关山无处不消魂。——宋·陆游《夜与子遹说蜀道因作长句示之》

甲子一周胡未灭，关山还带泪痕看。——宋·陆游《舟中感怀三绝句呈太傅相公兼简岳大用郎中》

湖海三年别，关山万里程。——宋·蔡戡《梦介卿感而有作》

今宵醉里归，明月关山笛。——宋·辛弃疾《生查子·山行寄杨民瞻》

淮海烽烟盛，关山雁鹜飞。——元·王冕《立春八日》

天阙星河近，关山道路长。——元·王冕《自崔镇至济州人情风俗可叹三十韵》

天海诗情驴背得，关山秋色雨中来。——清·张问陶《芦沟》

雨后复斜阳，关山阵阵苍。——现代·毛泽东《菩萨蛮·大柏地》

桂枝

青丝为笼系，桂枝为笼钩。——汉《乐府歌·陌上桑》

俯折兰英，仰结桂枝。——三国魏·曹丕《秋胡行》

霜露一何紧，桂枝生自直。——南朝·江淹《刘文学桢感怀》

桂宫袅袅落桂枝。露寒凄凄凝白露。——南朝·沈约《八咏诗·登台望秋月》

桂枝如已擢，早逐雁南飞。——唐·孟浩然《送洗然弟进士举》

桂枝日已绿，拂雪凌云端。——唐·李白《秋日炼药院镊白发，赠元六兄林宗》

桂枝攀不尽，他日更相求。——唐·李白《楚江黄龙矶南宴杨执戟治楼》

君子识不浅，桂枝忧更多。——唐·孟郊《送别崔寅亮下第》

悬圃尽琼树，家林轻桂枝。——唐·权德舆《酬陆四十楚源春夜宿虎丘山对月寄梁四敬之兼见贻之作》

玉兔镝难穿，桂枝人共折。——唐·李绅《赋月》

桂枝香可袭，杨叶旧频穿。——唐·温庭筠《感旧陈情五十韵献淮南李仆射》

桂枝何所直，陋巷不胜贫。——唐·贯休《读刘得仁·贾岛集》

秦地多芳草，江潭有桂枝。——唐·崔湜《赠苏少府赴任江南余时还京》

颇奈虾蟆儿，吞我芳桂枝。——唐·卢仝《月蚀诗》

桂枝如可折，何惜夜登临。——唐·陈羽《中秋夜临镜湖望月》

桂枝不须折，碧流清且洁。——唐·乔知之《杂曲歌辞·定情篇》

早折青桂枝，俯窥鸿鹄群。——唐·欧阳詹《福州送郑楚材赴京，时监察刘公亮有感激郑意》

自得淹留趣，宁劳攀桂枝。——唐·岑文本《安德山池宴集》

兰丛国香起，桂枝天籁回。——宋·范仲淹《清风谣》

嫦娥攀桂枝，顾景久徘徊。——宋·王安石《定林示道原》

牵牛避洗耳，卧著桂枝阴。——宋·黄庭坚《荆州即事药名诗八首》

定肯从君游，岁晚攀桂枝。——宋·范成大《送郭季勇同年归衡山》

所以芳桂枝，不争桃李春。——明·刘基《感怀》

故人有约来招隐，莫待秋风老桂枝。——明·王冕《次韵》

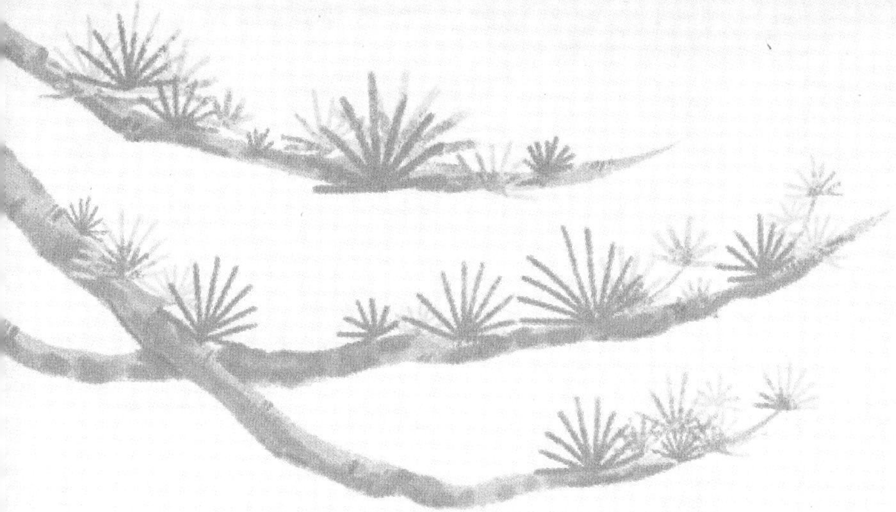

H

海棠

海棠花谢东风老，应念京都共苦辛。——唐·罗隐《送人赴职任褒中》

青娥红脸笑来迎，又向海棠花下饮。——唐·韦庄《玉楼春》

却共海棠花有约，数年留滞不归人。——唐·郑谷《蜀中》

苦竹岭无归去日，海棠花落旧栖枝。——唐·郑谷《侯家鹧鸪》

金盏不辞须满酌，海棠花下思朦胧，醉春风。——唐·毛文锡《酒泉子·绿树春深》

海棠乱发皆临水。君知此处花何似。——宋·王安石《菩萨蛮·海棠乱发皆临水》

试问卷帘人，却道海棠依旧。——宋·李清照《如梦令·昨夜雨疏风骤》

长记海棠开后，正伤春时节。——宋·李清照《好事近·风定落花深》

韶光妍媚，海棠如醉，桃花欲暖。——宋·陆游《水龙吟·春日游摩诃池》

无力海棠风淡荡，半眠官柳日葱茏。——宋·范成大《浣溪沙·歙浦钱塘一水通》

睡雨海棠犹倚醉，舞风杨柳难成曲。——宋·辛弃疾《满江红·紫陌飞尘》

蜂蜜酿成花已飞。海棠次第雨胭脂。——宋·赵长卿《鹧鸪天·蜂蜜酿成花已飞》

海棠已绽牡丹芽。犹有东君向上花。——宋·吴潜《浣溪沙》

欲为海棠传信息，如今底事长醒。——宋·叶梦得《临江仙·三月莺花都过了》

春似酒杯浓，醉得海棠无力。——宋·周紫芝《好事近·春似酒杯浓》

海棠半坼难禁雨，燕子初归不耐寒。——宋·周密《鹧鸪天·相傍清明晴便悭》

卷帘休问海棠开，相传燕子归来近。——宋·张炎《踏莎行·柳未三眠》

海棠开后月明前，纵有千金无买处。——宋·王诜《玉楼春》

昨夜海棠初着雨，数点轻盈娇欲语。——明·唐寅《妒花》

自今意思和谁说，一片春心付海棠。——明·唐寅《海棠美人图》

海棠亭上月华明，一夜东风酒半醒。——明·朱权《宫词》

况有丁香海棠树，堆砌牡丹乱无数。——清·曾国藩《移居偶成》

试按花深深一曲，海棠开后望郎还。——清·朱彝尊《鸳鸯湖棹歌》

曾闻烧烛照红妆，守岁情同赏海棠。——现代·钱钟书《庚辰除夕》

何处

西洲在何处？两桨桥头渡。——南朝《乐府民歌·西洲曲》

滟滟随波千万里，何处春江无月明！——唐·张若虚《春江花月夜》

儿童相见不相识，笑问客从何处来？——唐·贺知章《回乡偶书》

日暮征帆何处泊，天涯一望断人肠。——唐·孟浩然《送杜十四之江南》

乡书何处达？归雁洛阳边。——唐·王湾《次北固山下》

九州何处远，万里若乘空。——唐·王维《送秘书晁监还日本国》

何处是回程？长亭更短亭。——唐·李白《菩萨蛮·平林漠漠烟如织》

借问梅花何处落？风吹一夜满关山。——唐·高适《塞上听吹笛》

今年人日空相忆，明年人日知何处？——唐·高适《人日寄杜二拾遗》

日暮乡关何处是？烟波江上使人愁。——唐·崔颢《黄鹤楼》

丞相祠堂何处寻？锦官城外柏森森。——唐·杜甫《蜀相》

今夜不知何处宿，平沙万里绝人烟。——唐·岑参《碛中作》

今朝此为别，何处还相遇？——唐·韦应物《初发扬子寄元大校书》

故园在何处？池馆东城侧。——唐·白居易《寒食》

南陌东城春早时，相逢何处不依依？——唐·刘禹锡《杨柳枝》

人面不知何处去，桃花依旧笑春风。——唐·崔护《题都城南庄》

君王今解剑，何处逐英雄？——唐·李贺《马诗》

借问酒家何处有？牧童遥指杏花村。——唐·杜牧《清明》

桃花尽日随流水，洞在清溪何处边。——唐·张旭《桃花溪》
毫端偶集一微尘，何处溪山非此身。——宋·苏轼《四明狂客》

我来行正倦，何处觅桃花？——宋·文天祥《桃源县》
谁家短笛吹杨柳，何处扁舟唱采菱？——宋·章甫《湖上吟》
平生一瓦无，何处有天厨？——宋·陆游《题宣律师画像》
秦楚五千里，何处是江南？——宋·王质《水调歌头》
无穷烟水里，何处认并州？——元·李天翼《附见遗山乐府内》
横塘双桨去如飞，何处豪家强载归？——清·吴伟业《圆圆曲》

何人

悠悠苍天，此何人哉！——先秦《《诗经·王风·黍离》
江畔何人初见月？江月何年初照人？——唐·张若虚《春江花月夜》
夷齐是何人，独守西山饿。——唐·李白《少年子》
此夜曲中闻折柳，何人不起故园情！——唐·李白《春夜洛城闻笛》
不为怜同病，何人到白云。——唐·刘长卿《碧涧别墅喜皇甫侍御相访》
念彼深可愧，自问是何人？——唐·白居易《村居苦寒》
朝真暮伪何人辨，古往今来底事无？——唐·白居易《放言》
几岁开花闻喷雪，何人摘实见垂珠？——唐·柳宗元《柳州城西北隅种柑树》
柘弹何人发，黄鹂隔故宫。——唐·温庭筠《清明日》
元和天子神武姿，彼何人哉轩与羲！——唐·李商隐《韩碑》

无情有恨何人觉？月晓风清欲堕时。——唐·陆龟蒙《白莲》
何人劚得一片木？三尺春冰五音足。——唐·牛殳《琵琶行》

何者为木偶，何人侍金銮？——唐·陈陶《游子吟》

终是圣明天子事，景阳宫井又何人！——唐·郑畋《马嵬坡》

尊酒何人怀李白，草堂遥指江东。——宋·苏轼《临江仙·夜到扬州席上作》

别来相忆，知是何人？——宋·苏轼《行香子·冬思》

倩何人唤取，红巾翠袖，揾英雄泪！——宋·辛弃疾《水龙吟·登建康赏心亭》

何人为我楚舞，听我楚狂声？——宋·辛弃疾《水调歌头·壬子三山被召陈端仁给事饮饯席上作》

何人半夜推山去？四面浮云猜是汝。——宋·辛弃疾《玉楼春·戏赋云山》

何人为写悲壮，吹角古城楼？——宋·张孝祥《水调歌头·和庞佑父》

云海茫茫，何人寻得春归处？——元·许有壬《点绛唇·次吕叔泰韵》

云间无处寻黄鹤，雪里何人闻杜鹃？——元·李齐贤《鹧鸪天·鹤林寺》

何人夜吹笛，风急雨冥冥？——明·杨基《岳阳楼》

城中有地尽蓬蒿，城下何人种禾黍！——明·贝琼《董逃行》

气寒西北何人剑？声满东南几处箫！——清·龚自珍《己亥杂诗》

何事

何事待啸歌？灌木自悲吟。——晋·左思《招隐》

野老与人争席罢，海鸥何事更相疑？——唐·王维《积雨辋川庄作》

春风不相识，何事入罗帏？——唐·李白《春思》

傍人借问笑何事，笑杀山翁醉似泥。——唐·李白《襄阳歌》

旅馆寒灯独不眠，客心何事转凄然？——唐·高适《除夜作》

寂寂江山摇落处，怜君何事到天涯！——唐·刘长卿《长沙过贾谊宅》

斜倚栏干背鹦鹉，思量何事不回头。——唐·白居易《春词》

机心久已忘，何事惊麋鹿！——唐·柳宗元《秋晓行南谷经荒村》
死是等闲生也得，拟将何事奈吾何！——唐·元稹《放言》
杏花未肯无情思，何事行人最断肠？——唐·温庭筠《杨柳枝》

八骏日行三万里，穆王何事不重来？——唐·李商隐《瑶池》
潇湘何事等闲回？水碧沙明两岸苔。——唐·钱起《归雁》
河畔青芜堤上柳。为问新愁，何事年年有？——五代·冯延巳《蝶恋花·谁道闲情抛弃久》
不应有恨，何事长向别时圆？——宋·苏轼《水调歌头·明月几时有》
莫问世间何事，与剑头微吷。——宋·苏轼《好事近·烟外倚危楼》
把酒花前欲问溪。问溪何事晚声悲？——宋·黄庭坚《定风波·把酒花前欲问溪》
骚人可煞无情思，何事当年不见收？——宋·李清照《鹧鸪天·桂花》
悲凉怀抱，何事还倍去年愁？——宋·张元干《水调歌头·今夕定何夕》
外物元知等一尘，浮生何事最关身？——宋·陆游《遣兴》
黄花也伴秋光老，何事尊前见在身？——宋·辛弃疾《鹧鸪天·发底青青无限春》

绣幕低低拂地垂。春风何事入罗帏？——宋·晁补之《鹧鸪天·绣幕低低拂地垂》
一溪春水关何事，流水桃花赚阮郎。——元·元好问《鹧鸪天·长恨箫声隔粉墙》
松萝深径积莓苔，何事荆扉夜半开？——明·唐寅《题画》
我是人间惆怅客，知君何事泪纵横。——清·纳兰性德《浣溪沙·残雪凝辉冷画屏》
丈夫何事足萦怀，要将宇宙看秭米。——现代·毛泽东《七古·送纵宇一郎东行》

何时

暧暧空中灭，何时见余辉？——晋·陶渊明《咏贫士》

借问此何时？凉风怀朔马。——南朝·谢朓《落日怅望·昧旦多纷喧》

相悲各罢酒，何时同促膝？——南朝·何逊《临行与故游夜别》

今日已欢别，合会在何时？——南朝·乐府民歌《子夜歌》

何时还清溪，从尔炼丹液。——唐·孟浩然《山中逢道士云公》

问君西游何时还？畏途巉岩不可攀！——唐·李白《蜀道难》

别君去兮何时还？且放白鹿青崖间，须行即骑访名山。——唐·李白《梦游天姥吟留别》

何时更杯酒，再得论心胸？——唐·李白《魏郡别苏明府因北游》

何时倚虚幌，双照泪痕干？——唐·杜甫《月夜》

四时互迁移，万物何时春？——唐·孟郊《感怀》

一片风帆望已极，三湘烟水返何时？——唐·杜牧《送别》

浮生岂得长年少。莫惜醉来开口笑。须信道、人间万事何时了？——宋·晏殊《渔家傲·画鼓声中昏又晓》

暗想浮生何时好？唯有、清歌一曲倒金尊。——宋·欧阳修《定风波·把酒花前欲问君》

春风又绿江南岸，明月何时照我还？——宋·王安石《泊船瓜洲》

软草平莎过雨新，轻沙走马路无尘。何时收拾耦耕身？——宋·苏轼《浣溪沙·软草平莎过雨新》

何时一枕逍遥夜，细话初心。——宋·晏几道《采桑子·别来长记西楼事》

此去何时见也，襟袖上、空惹啼痕！——宋·秦观《满庭芳·山抹微云》

靖康耻，犹未雪。臣子恨，何时灭！——宋·岳飞《满江红·写怀》

富贵何时休问，离别中年堪恨，憔悴鬓成霜。——宋·辛弃疾《水调歌头·折尽武昌柳》

何时得到重阳日，醉把茱萸仔细看。——宋·周紫芝《鹧鸪天·终日看山不厌山》

但教名利休缰锁，心地何时不是春。——宋·史浩《鹧鸪天·我本飘然出岫云》

问伊奔腾何时歇？不到大海不回头。——明·唐寅《流水诗》

何时共泛春溪月，断岸垂杨一叶舟。——清·纳兰性德《鹧鸪天·离恨》

郎自薄情出手易，柴枝离树何时还？——清·梁启超《台湾竹枝词》

今日长缨在手，何时缚住苍龙？——现代·毛泽东《清平乐·六盘山》

何如

何如盛年去，欢爱永相忘。——汉·宋子侯《董娇饶》

长跪问故夫，新人复何如？——汉·佚名《古诗·上山采蘼芜》

长跪读素书，书中竟何如？——汉·佚名《饮马长城窟行》

俯仰终宇宙，不乐复何如！——晋·陶渊明《读山海经》

借问行路人，何如霍去病？——南朝·曹景宗《华光殿侍宴赋竞病韵》

闻说梅花早，何如北地春？——唐·孟浩然《洛中访袁拾遗不遇》

借问新安江，见底何如此？——唐·李白《清溪行》

咸阳市中叹黄犬，何如月下倾金罍？——唐·李白《襄阳歌》

浙江八月何如此？涛似连山喷雪来！——唐·李白《横江词》

嗟君此别意何如？驻马衔杯问谪居。——唐·高适《送李少府贬峡中王少府贬长沙》

惜君只欲苦死留，富贵何如草头露？——唐·杜甫《送孔巢父谢病归游江东兼呈李白》

借问路傍名利客，何如此处学长生？——唐·崔颢《行经华阴》

虽未定知生与死，其间胜负两何如？——唐·白居易《池上闲吟》

莫笑贱贫夸富贵，共成枯骨两何如！——唐·白居易《放言》

巧拙贤愚相是非，何如一醉尽忘机！——唐·白居易《对酒》

远信入门先有泪，妻惊女哭问何如？——唐·元稹《得乐天书》

昨夜松边醉倒，问松我醉何如？——宋·辛弃疾《西江月·遣兴》

遗子满嬴金，何如教一经？——宋·汪洙《神童诗》

何如暮暮与朝朝，更改却、年年岁岁。——宋·朱淑真《鹊桥仙·七夕》

料得人生皆素定，空多计较竟何如！——宋·邵雍《何如吟》

何如野老住深村，日高丈五犹闭门。——明·董纪《何如野老住深村》

何如薄幸锦衣郎，比翼连枝当日愿。——清·纳兰性德《木兰花·拟古决绝词柬友》

飞琼颜色近何如？不辞宽带眼，重读寄来书。——现代·沈祖棻《临江仙·碧槛瑶梯楼十二》

黄花

黄花复朱实，食之寿命长。——晋·陶渊明《读<山海经>》

篱下黄花菊，丘中白雪琴。——北朝·庾信《赠周处士》

黄花今日晚，无复白衣来。——唐·李峤《菊》

紫葛蔓黄花，娟娟寒露中。——唐·王昌龄《斋心》

言入黄花川，每逐青溪水。——唐·王维《青溪》

因招白衣人，笑酌黄花菊。——唐·李白《九日登山》

黄雀衔黄花，翩翩傍檐隙。——唐·崔颢《孟门行》

苦遭白发不相放，羞见黄花无数新。——唐·杜甫《九日》

伊昔黄花酒，如今白发翁。——唐·杜甫《九日登梓州城》

御气黄花节，临轩紫陌头。——唐·王涯《九月九日勤政楼下观百僚献寿》

黄花催促重阳近，何处登高望二京？——唐·郑谷《漂泊》

酣歌欲尽登高兴，强把黄花插满头。——唐·殷尧藩《九日》

黄花冷落不成艳，红叶飕飗竞鼓声。——五代·李煜《九月十日偶书》

九日欢游何处好。黄花万蕊雕阑绕。——宋·欧阳修《渔家傲·九日欢游何处好》

莫恨黄花未吐，且教红粉相扶。——宋·苏轼《西江月·点点楼头细雨》

风凋碧柳愁眉淡，露染黄花笑靥深。——宋·晏几道《鹧鸪天·九日悲秋不到心》

紫菊黄花风露寒。平沙戏马雨新干。——宋·黄庭坚《鹧鸪天·紫菊黄花风露寒》

满地黄花堆积。憔悴损、如今有谁堪摘？——宋·李清照《声声慢·寻寻觅觅》

帘卷西风，人比黄花瘦。——宋·李清照《醉花阴·薄雾浓云愁永昼》

门巷萧条秋色深，黄花始欲慰孤斟。——宋·陆游《秋思》

人生有得许多愁，惟有黄花如旧。——宋·辛弃疾《西江月·贪数明朝重九》

黄花不怯秋风冷，只怕诗人两鬓霜。——宋·辛弃疾《鹧鸪天·翰墨诸君久擅场》

黄花不插满头归，定倩白云遮且住。——宋·辛弃疾《玉楼春》

白骨不埋新战恨，黄花空发旧枝香。——元·叶颙《至正戊戌九日感怀》

人生易老天难老，岁岁重阳。今又重阳，战地黄花分外香。——现代·毛泽东《采桑子·重阳》

回首

南登灞陵岸，回首望长安。——三国魏·王粲《七哀诗》

回首望长安，城阙郁盘桓。——南朝·沈约《登高望春》

永怀青岑客，回首白云间。——唐·王昌龄《独游》

千里一回首，万里一长歌。——唐·李白《书情题蔡舍人雄》

少妇城南欲断肠，征人蓟北空回首。——唐·高适《燕歌行》

闭门生白发，回首忆青春。——唐·高适《秋日作》

江边踏青罢，回首见旌旗。——唐·杜甫《绝句》

回首不相见，行车秋雨中。——唐·王建《送人》

回首寺门望，青崖夹朱轩。——唐·白居易《游悟真寺诗一百三十韵》

江阔惟回首，天高但抚膺。——唐·李商隐《哭刘司户蕡》

回首向来萧瑟处，归去，也无风雨也无晴。——宋·苏轼《定风波·莫听穿林打叶声》

回首暮云远，飞絮搅青冥。——宋·苏轼《水调歌头·昵昵儿女语》

回首出红尘，醒醉更无时节。——宋·朱敦儒《好事近·回首出红尘》

倚门回首，却把青梅嗅。——宋·李清照《点绛唇·蹴罢秋千》

凄然回首处，凤凰城阙。——宋·陆游《满江红·疏蕊幽香》

可堪回首，佛狸祠下，一片神鸦社鼓。——宋·辛弃疾《永遇乐·京口北固亭怀古》

蓦然回首，那人却在、灯火阑珊处。——宋·辛弃疾《青玉案·元夕》

回首明年何处在，问桃花、尚记刘郎否？——宋·刘克庄《贺新郎·溪上收残雨》

回首百年人事，转眼几番今古，日迈月俱征。——宋·吴潜《水调歌头·老圃无关锁》

历历先朝事屡迁，燕京回首泪潸然！——宋·王松《回首》

回首故山千里外，别离心绪向谁言？——宋·杨徽之《寒食寄郑起侍郎》

回首北望乡国，双泪落清笳。——元·白朴《水调歌头·北风下庭绿》

明日河桥重回首，月明千里故人遥。——明·唐寅《扬州道上思念沈九娘》

香篝翠被浑闲事，回首西风。——清·纳兰性德《采桑子·严宵拥絮频惊起》

惊回首，离天三尺三。——现代·毛泽东《十六字令》

李唐《竹阁延宾图》

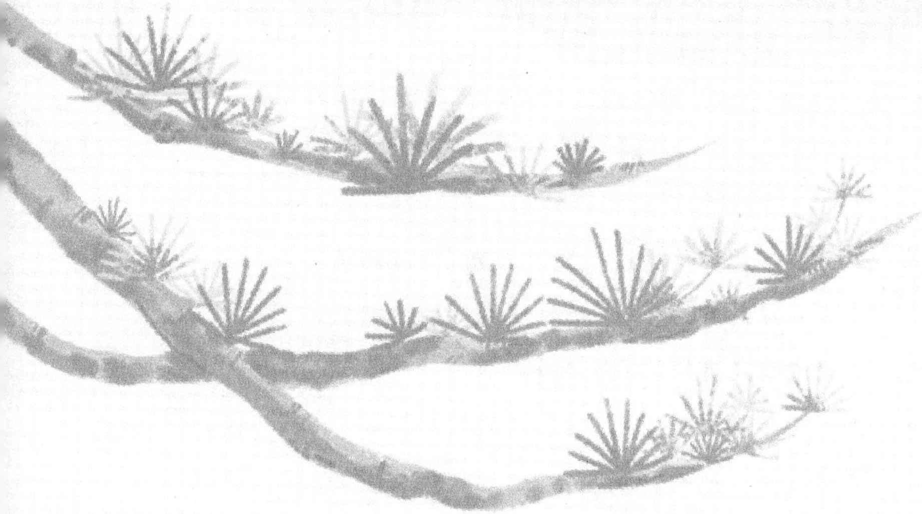

几度

闲云潭影日悠悠，物换星移几度秋。——唐·王勃《滕王阁诗》

当时只记入山深，青溪几度到云林。——唐·王维《桃源行》

岐王宅里寻常见，崔九堂前几度闻。——唐·杜甫《江南逢李龟年》

池中几度雁新来，洲上千年鹤应在。——唐·岑参《梁园歌送河南王说判官》

自从一闭风光后，几度飞来不见人。——唐·李益《隋宫燕》

几度野火来，风回烧不著。——唐·白居易《有木诗》

自从孤馆深锁窗，桂花几度圆还缺。——唐·李贺《有所思》

细腰宫里露桃新，脉脉无言几度春。——唐·杜牧《题桃花夫人庙》

故人江海别，几度隔山川。——唐·司空曙《云阳馆与韩绅宿别》

几度凤楼同饮宴，此夕相逢，却胜当时见。——五代·冯延巳《蝶恋花·窗外寒鸡天欲曙》

醉笑相逢能几度。为报江头春且住。——宋·张先《天仙子·醉笑相逢能几度》

手种堂前垂柳，别来几度春风。——宋·欧阳修《朝中措·平山阑槛倚晴空》

燕子双飞来又去。纱窗几度春光暮。——宋·苏轼《蝶恋花·记得画屏初会遇》

世事一场大梦，人生几度秋凉？——宋·苏轼《西江月·世事一场大梦》

从来不奈离声怨。几度朱弦断。——宋·晏几道《虞美人·一弦弹尽仙韶乐》

此会未阑须记取，桃花几度吹红雨。——宋·周邦彦《蝶恋花·鱼尾霞生明远树》

物换星移知几度，梦想珠歌翠舞。——宋·辛弃疾《贺新郎·高阁临江渚》

不信芳春厌老人，老人几度送余春。——宋·贺铸《浣溪沙·不信芳春厌老人》

白发闽江上，几度过中秋。——宋·李弥逊《水调歌头·白发闽江上》

雪晴月白孤山下，几度清香拄杖看。——元·王冕《素梅》

五更江上路，几度月中霜。——元·程文海《临江仙·以鸳鸯梅一盆寿程静山平章》

青山依旧在，几度夕阳红。——明·杨慎《临江仙·滚滚长江东逝水》

平生不借春光力，几度开来斗晚风？——清·秋瑾《秋海棠》

却怜几度风霜，而今独抱凄清。——现代·沈祖棻《曲玉管·寒蝉》

寂寞

岩中间虚宇，寂寞幽以玄。——晋·谢道韫《泰山吟》

宁能偶鸡鹜，寂寞隐蓬蒿。——南朝·王僧孺《古意》

只应守寂寞，还掩故园扉。——唐·孟浩然《留别王维》

古来圣贤皆寂寞，惟有饮者留其名。——唐·李白《将进酒·君不见黄河之水天上来》

寒灰寂寞凭谁暖，落叶飘扬何处归。——唐·李白《豳歌行上新平长史兄粲》

鱼龙寂寞秋江冷，故国平居有所思。——唐·杜甫《秋兴》

千秋万岁名，寂寞身后事。——唐·杜甫《梦李白》

玉容寂寞泪阑干，梨花一枝春带雨。——唐·白居易《长恨歌》

留春春不住，春归人寂寞。——唐·白居易《落花》

倚楹遂至旦，寂寞将何言。——唐·柳宗元《中夜起望西园值月上》

寥落古行宫，宫花寂寞红。——唐·元稹《行宫》

无言独上西楼，月如钩。寂寞梧桐深院锁清秋。——五代·李煜《相见欢·无言独上西楼》

寂寞起来褰绣幌。月明正在梨花上。——宋·欧阳修《蝶恋花·面旋落花风荡漾》

天气乍凉人寂寞，光阴须得酒消磨。——宋·苏轼《浣溪沙·荷花》

拣尽寒枝不肯栖，寂寞沙洲冷。——宋·苏轼《卜算子·黄州定慧院寓居作》

寂寞掩朱门，罗衣空泪痕。——宋·黄庭坚《菩萨蛮·轻风袅断沈烟炷》

凭阑久，疏烟淡日，寂寞下芜城。——宋·秦观《满庭芳·晓色云开》

乡关散尽当年客，春风寂寞花无色。——宋·朱敦儒《菩萨蛮·乡关散尽当年客》

寂寞深闺，柔肠一寸愁千缕。——宋·李清照《点绛唇·寂寞深闺》

寂寞尊前席上，唯愁海角天涯。——宋·李清照《满庭芳·芳草池塘》

驿外断桥边，寂寞开无主。——宋·陆游《卜算子·咏梅》

放翁白首归刻曲，寂寞衡门书满屋。——宋·陆游《读书》

何处依刘客，寂寞赋登楼。——宋·辛弃疾《水调歌头·落日古城角》

朱弦一拂遗音在，却是当年寂寞心。——元·元好问《论诗》

寂寞嫦娥舒广袖，万里长空且为忠魂舞。——现代·毛泽东《蝶恋花·答李淑一》

佳人

北方有佳人，绝世而独立。——汉·李延年《北方有佳人》

西方有佳人，皎若白日光。——三国魏·阮籍《咏怀》

佳人美清夜，达曙酣且歌。——晋·陶渊明《拟古》

燕赵佳人本自多，辽东少妇学春歌。——南朝·萧绎《燕歌行》

安得黄鹤羽，一报佳人知。——唐·李白《拟古》

扬清歌，发皓齿，北方佳人东邻子。——唐·李白《白纻辞》

佳人当窗弄白日，弦将手语弹鸣筝。——唐·李白《春日行》

佳人拾翠春相问，仙侣同舟晚更移。——唐·杜甫《秋兴》

绝代有佳人，幽居在空谷。——唐·杜甫《佳人》

荡子守边戍，佳人莫相从。——唐·孟郊《古意》

晚函秋雾谁相似，如玉佳人带酒容。——唐·白居易《木芙蓉》

佳人如拟咏，何必待寒梅。——唐·刘禹锡《和令狐相公咏栀子花》

绝代佳人难得，倾国，花下见无期。——唐·韦庄《荷叶杯·绝代佳人难得》

红炉暖阁佳人睡，隔帘飞雪添寒气。——唐·欧阳炯《菩萨蛮·晓来中酒和春睡》

佳人舞点金钗溜，酒恶时拈花蕊嗅。——五代·李煜《浣溪沙·转烛飘蓬一梦归》

想佳人，妆楼颙望，误几回、天际识归舟。——宋·柳永《八声甘州·对潇潇暮雨洒江天》

青杏园林著酒香，佳人初试薄罗裳。柳丝无力燕飞忙。——宋·晏殊《浣溪沙》

墙里秋千墙外道。墙外行人，墙里佳人笑。——宋·苏轼《蝶恋花·春景》

曾为梅花醉不归。佳人挽袖乞新词。——宋·朱敦儒《鹧鸪天·曾为梅花醉不归》

一身萍寄，酒徒云散，佳人天远。——宋·陆游《水龙吟·樽前花底寻春处》

倦客不知身近远，佳人已卜归消息。——宋·辛弃疾《满江红·落日苍茫》

夕阳芳草本无恨，才子佳人空自悲。——宋·晁补之《鹧鸪天·绣幕低低拂地垂》

唱彻阳关分别袂，佳人粉泪空零。——宋·叶梦得《临江仙·唱彻阳关分别袂》

空谷佳人宜结伴，贵游公子不能招。——元·向子湮《浣溪沙·宝林山间见兰》

热来寻扇子，冷去对佳人。——现代·毛泽东《五律·看山》

江南

江南佳丽地，金陵帝王州。——南朝·谢朓《入朝曲》

江南莲花开，红花覆碧水。——南朝·萧衍《子夜四时歌·夏歌》

江南瘴疠地，从来多逐臣。——隋·孙万寿《远戍江南寄京邑亲友》

塞外征夫犹未还，江南采莲今已暮。——唐·王勃《相和歌辞·采莲归》

归舟归骑俨成行，江南江北互相望。——唐·王勃《秋江送别》

江南年少十八九，乘舟欲渡青溪口。——唐·崔颢《江畔老人愁》

正是江南好风景，落花时节又逢君。——唐·杜甫《江南逢李龟年》

枕上片时春梦中，行尽江南数千里。——唐·岑参《春梦》

重忆江南酒，何因把一杯。——唐·钱起《山路见梅，感而有作》

二月江南花满枝，他乡寒食远堪悲。——唐·孟云卿《寒食》

微雨夜来歇，江南春色回。——唐·刘长卿《早春》

江南杨柳春，日暖地无尘。——唐·张籍《江南春·江南杨柳春》

江南忆，最忆是杭州。——唐·白居易《忆江南》

日暮江南闻竹枝，南人行乐北人悲。——唐·刘禹锡《踏歌词》

青山隐隐水迢迢，秋尽江南草未凋。——唐·杜牧《寄扬州韩绰判官》

何事明朝独惆怅，杏花时节在江南。——唐·杜牧《寓言》

画楼音信断，芳草江南岸。——唐·温庭筠《菩萨蛮·宝函钿雀金鸂鶒》

江南江北雪初消，漠漠轻黄惹嫩条。——唐·李商隐《柳》

人人尽说江南好，游人只合江南老。——唐·韦庄《菩萨蛮·从尽说江南好》

闲梦江南梅熟日，夜船吹笛雨萧萧。——唐·皇甫松《忆江南·兰烬黄》

柳眼梅须漏泄春，江南又见物华新。——宋·陆游《冬夕闲咏》

一片黄云万顷田，江南父老庆丰年。——宋·文天祥《句》

南官北使须到此，江南西湖天下无。——元·杨维桢《西湖竹枝歌》

梅子坠花茭孕笋，江南山郭朝晖静。——明·唐寅《江南行》

子夜歌残玉树尘，江南花月变金鳞。——清·阎尔梅《太仓过王文肃旧第》

江上

客悲不自已，江上望归舟。——南朝·何逊《慈姥矶》

谁知独辛苦，江上念离群。——南朝·萧纲《登板桥咏洲中独鹤》

江上可采菱，清歌共南楚。——南朝·谢朓《江上曲》

日影岩前落，云花江上翻。——唐·卢照邻《三月曲水宴得尊字》

欲知凄断意，江上涉安流。——唐·骆宾王《久客临海有怀》

钱塘江畔是谁家，江上女儿全胜花。——唐·王昌龄《浣纱女》

平明江雾寒，客马江上发。——唐·王昌龄《送刘十五之郡》

江上相逢借问君，语笑未了风吹断。——唐·李白《寄韦南陵冰余江上乘兴访之遇寻颜尚书笑有此赠》

将军出使拥楼船，江上旌旗拂紫烟。——唐·李白《送羽林陶将军》

江上人家桃树枝，春寒细雨出疏篱。——唐·杜甫《风雨看舟前落花，戏为新句》

日暮乡关何处是？烟波江上使人愁。——唐·崔颢《黄鹤楼》

雨中禁火空斋冷，江上流莺独坐听。——唐·韦应物《寒食寄京师诸弟》

去程江上多看堠，迎吏船中亦带刀。——唐·张籍《送从弟濛赴饶州》

杨柳青青江水平，闻郎江上唱歌声。——唐·刘禹锡《竹枝》

二月二日江上行，东风日暖闻吹笙。——唐·李商隐《二月二日》

江上往来人，但爱鲈鱼美。——宋·范仲淹《江上渔者》

归去，归去。江上一犁春雨。——宋·苏轼《如梦令·有寄》

忆昨相见巴子国，谒我江上颜何娱。——宋·苏洵《答张子立见寄》

秋风江上驻王师，暂向云山蹑翠微。——宋·岳飞《题翠岩寺》

江上潮有声，山中云无情。——宋·文天祥《山中感兴》

萧萧梧叶送寒声，江上秋风动客情。——宋·叶绍翁《夜书所见》

春风江上荡舟过，垂柳垂杨拂浪波。——明·高启《江上送客》

寄语瞿塘江上贾，收帆好趁顺风时。——清·龚自珍《己亥杂诗》

一自鸠兹江上去，暮云春树尽相思。——现代·柳亚子《怀人诗十章 沈道非》

江山

情通万里外，形迹滞江山。——晋·陶渊明《答庞参军》

寂寞离亭掩，江山此夜寒。——唐·王勃《江亭夜月送别》

观阙长安近，江山蜀路赊。——唐·王勃《始平晚息》

花柳三春节，江山四望悬。——唐·杨炯《游废观》

云物凝孤屿，江山辨四维。——唐·孟浩然《陪张丞相自松滋江东泊渚宫》

宇宙谁开辟，江山此郁盘。——唐·孟浩然《卢明府九日岘山宴袁使君·张郎中·崔员外》

筐箧有遗文，江山旧清气。——唐·孟郊《逢江南故昼上人会中郑方回》

岚雾今朝重，江山此地深。——唐·白居易《阴雨》

楼阁宜佳客，江山入好诗。——唐·白居易《江楼早秋》

花鸟既环合，江山复骈抱。——唐·张均《和尹懋登南楼》

屈宋魂冥寞，江山思寂寥。——唐·马戴《楚江怀古》

楼殿斜晖照，江山极望通。——唐·李敬伯《和段相公登武担寺西台》

云景共澄霁，江山相吞吐。——唐·陶翰《乘潮至渔浦作》

诗到随州更老成，江山为助笔纵横。——宋·黄庭坚《忆邢惇夫》

翰墨功名里，江山富贵人。——宋·陈师道《次韵少游春江秋野图》

身虽衰惰怕出门，江山尚入幽窗梦。——宋·陆游《记梦》

道路半年行不到，江山万里看无穷。——宋·陆游《水亭有怀》

颜鬓蹉跎愁览镜，江山重复怯登楼。——宋·陆游《北窗哦诗因赋》

天地为我庐，江山为我客。——宋·陆游《暇日弄笔戏书》

雨露一门华发润，江山满座彩衣新。——宋·文天祥《庆罗氏祖母百岁》

时序惊心破，江山引梦长。——宋·沈端节《南歌子·远树昏鸦闹》

风火吉年消伯气，江山一幅挂清愁。——元·吴师道《赤壁图》

烟月扬州如梦寐，江山建业又清明。——清·钱谦益《吴门春仲送李生还长安》

云水随缘过，江山入梦多。——清·靳应升《隰西草堂》

指点江山，激扬文字，粪土当年万户侯。——现代·毛泽东《沁园春·长沙》

将军

依倚将军势，调笑酒家胡。——汉·辛延年《羽林郎》

将军朝挑战，都护夜巡营。——北朝·庾信《出自蓟北门行》

将军百战死，壮士十年归。——北朝《乐府民歌·木兰诗》

见说云中擒黠虏，始知天上有将军。——唐·王维《赠裴旻将军》

光禄池台文锦绣，将军楼阁画神仙。——唐·刘希夷《代悲白头翁》

将军少年出武威，入掌银台护紫微。——唐·李白《赠郭将军》

君不见沙场征战苦，至今犹忆李将军。——唐·高适《燕歌行》

将军族贵兵且强，汉家已是浑邪王。——唐·高适《送浑将军出塞》

将军临八荒，烜赫耀英材。——唐·颜真卿《赠裴将军》

将军得名三十载，人间又见真乘黄。——唐·杜甫《韦讽录事宅观曹将军画马图》

碗赐将军拜舞归，轻纨细绮相追飞。——唐·杜甫《韦讽录事宅观曹将军画马图》

诏谓将军拂绢素，意匠惨澹经营中。——唐·杜甫《丹青引赠曹将军霸》

将军金甲夜不脱，半夜军行戈相拨，风头如刀面如割。——唐·岑参《走马川行奉送封大夫出师西征》

但愿将军重立功，更有新人胜于汝。——唐·白居易《母别子》

将军阅兵青塞下，鸣鼓逄逄促猎围。——唐·张籍《塞下曲》

一曲将军何处笛，连云芳草日初斜。——唐·杜牧《街西长句》

吟尽长江一江月，更无人似谢将军。——唐·吴融《松江晚泊》

借钱塘潮汐，为君洗尽，岳将军泪！——宋·陈德武《水龙吟·西湖怀古》

羌管悠悠霜满地，人不寐，将军白发征夫泪。——宋·范仲淹《渔家傲·秋思》

白骨似沙沙似雪，将军休上望乡台。——宋·张舜民《西征回途中二绝》

千古李将军，夺得胡儿马。——宋·辛弃疾《卜算子·千古李将军》

战火曾烧赤壁山，将军空老玉门关。——元·张可久《中吕·卖花声》

三将军，一姓葛，两姓陈，捐躯报国皆忠臣。——清·张维屏《三将军歌》

外侮需人御，将军赋采薇。——现代·毛泽东《五律·挽戴安澜将军》

谁敢横刀立马，唯我彭大将军！——现代·毛泽东《六言诗·给彭德怀同志》

今夜

今夜长门月，应如昼日明。——北朝·庾信《夜听捣衣》

谁家今夜扁舟子？何处相思明月楼？——唐·张若虚《春江花月夜》

故乡临桂水，今夜渺星河。——唐·张九龄《旅宿淮阳亭口号》

坐看今夜关山月，思杀边城游侠儿。——唐·孟浩然《凉州词》

可怜今夜千门里，银汉星回一道通。——唐·王昌龄《萧驸马宅花烛》

故乡今夜思千里，愁鬓明朝又一年。——唐·高适《除夜作》

露从今夜白，月是故乡明。——唐·杜甫《月夜忆舍弟》
今夜鄜州月，闺中只独看。——唐·杜甫《月夜》
今夜不知何处宿，平沙万里绝人烟。——唐·岑参《碛中作》
昨夜秋风今夜雨，不知何处入空山。——唐·卢纶《赴虢州留别故人》

今夜闻君琵琶语，如听仙乐耳暂明。——唐·白居易《琵琶行》
天将今夜月，一遍洗寰瀛。——唐·刘禹锡《八月十五日夜玩月》
共君今夜不须睡，未到晓钟犹是春。——唐·贾岛《三月晦日赠刘评事》
今夜月明人尽望，不知秋思落谁家？——唐·王建《十五夜望月》
今夜偏知春气暖，虫声新透绿窗纱。——唐·刘方平《月夜》
可怜有人今夜，胆小怯房空。——宋·欧阳修《诉衷情·离怀酒病两忡忡》
昨夜月明今夜雨，关人何事总成愁？——宋·陆游《秋怀》
情知今夜鸳鸯梦，不似孤篷宿雁边。——宋·赵长卿《鹧鸪天·霜夜》
千里蝉娟，茂园今夜同清照。——宋·吴文英《烛影摇红·西子西湖》
回头莫忘，玉霄今夜风露。——宋·曾惇《念奴娇·绣衣直指》

今夜初生月，客中仍独看。——元·王冕《十二月三日对月》
濮州城外临清县，今夜留船得梦安。——元·王冕《临清阻雪》
月华今夜黑，全见梨花白。——明·杨基《菩萨蛮·水晶帘外娟娟月》
一霎新欢千万种，人间今夜浑如梦。——近代·王国维《蝶恋花·帘深深香雾重》

今朝

千载非所知，聊以永今朝。——晋·陶渊明《己酉岁九月九日》

比日思光景，今朝始暂逢。——北朝·庾信《喜晴》

不知庭霰今朝落，疑是林花昨夜开。——唐·宋之问《苑中遇雪应制》

昨夜斗回北，今朝岁起东。——唐·孟浩然《田家元日》

昨日登高罢，今朝更举觞。——唐·李白《九月十日即事》

今朝此为别，何处还相遇？——唐·韦应物《初发扬子寄元大校书》

今朝郡斋冷，忽念山中客。——唐·韦应物《寄全椒山中道士》

前日晚登缘看雪，今朝晴望为迎春。——唐·白居易《天宫阁早春》

岚雾今朝重，江山此地深。——唐·白居易《阴雨》

瓶沉簪折知奈何？似妾今朝与君别。——唐·白居易《井底引银瓶·止淫奔也》

还似今朝歌酒席，白头翁入少年场。——唐·白居易《重阳席上赋白菊》

今朝两相视，脉脉万重心。——唐·刘禹锡《视刀环歌》

今朝北客思归去，回入纥那披绿罗。——唐·刘禹锡《竹枝词》

曾与美人桥上别，恨无消息到今朝。——唐·刘禹锡《杨柳枝》

二十年来万事同，今朝岐路忽西东。——唐·柳宗元《重别梦得》

昔日戏言身后意，今朝都到眼前来。——唐·元稹《遣悲怀》

今朝万里秋风起，山北山南一片云。——唐·杜牧《破镜》

疑怪昨宵春梦好，元是今朝斗草赢。笑从双脸生。——宋·晏殊《破阵子·春景》

昨夜扁舟京口，今朝马首长安。——宋·苏轼《西江月·送别》

喜遇重阳，更佳酿今朝新熟。——宋·宋江《满江红·喜遇重阳》

今朝一岁大家添，不是人间偏我老。——宋·陆游《木兰花·立春日作》

何况今朝秋色里，身是行人。——宋·陆游《浪淘沙·丹阳浮玉亭席上作》

风景今朝是，身世昔人非。——宋·朱熹《水调歌头·隐括杜牧之齐山诗》

俱往矣，数风流人物，还看今朝。——现代·毛泽东《沁园春·雪》

锦绣

美人赠我锦绣段，何以报之青玉案。——汉·张衡《四愁诗》

朝日照北林，初花锦绣色。——南朝·鲍令晖《吴歌·春歌》

舞庭铺锦绣，妆牖闭藤萝。——唐·孟浩然《同张明府碧溪赠答》

草树云山如锦绣，秦川得及此间无。——唐·李白《上皇西巡南京歌》

日晚烟花乱，风生锦绣香。——唐·杜甫《陪王使君晦日泛江就黄家亭子》

杂英垂锦绣，众籁合丝桐。——唐·许浑《发灵溪馆》

楼台千万户，锦绣龙歌沸。——唐·贯休《上卢使君》

峨峨西天岳，锦绣明翠壁。——唐·鲍溶《途中旅思》

缥囊披锦绣，翠轴卷琼琚。——唐·常衮《晚秋集贤院即事寄徐薛二侍郎》

谷春攒锦绣，石润叠琼琳。——唐·李中《庐山》

飞毫列锦绣，拂素起龙鱼。——唐·岑文本《奉述飞白书势》

公子风流嫌锦绣，新裁白纻作春衣。——唐·雍陶《公子行》

峰峦张锦绣，草木吹竽籁。——宋·王安石《白紵山》

笙箫震河汉，锦绣烂冠帻。——宋·王安石《送子思兄参惠州军》

西楼遗迹尚豪雄，锦绣笙箫在半空。——宋·陆游《宴西楼》

成都二月海棠开，锦绣裹城迷巷陌。——宋·陆游《驿舍见故屏风画海棠有感》

风流人不见，锦绣夜间行。——宋·辛弃疾《临江仙》

尚记春归日，锦绣裹江城。——宋·魏了翁《水调歌头·尚记春归日》

竞千红万紫，锦绣不足铺。——宋·包恢《病中答客》

箫鼓阗街巷，锦绣裹山川。——宋·无名氏《水调歌头》

春风锦绣花玲珑，彩云盘结摩霄宫。——元·王冕《庐山行送行》

农田漕运一时了，文如锦绣人如玉。——元·杨维桢《送司农丞杭公还京诗》
星振珠光铺锦绣，月分金影乱琼瑶。——明·唐寅《观鳌山》
几家活计卖青山，石块堆来锦绣斑。——清·郑燮《竹枝词》

荆棘

垣墙皆顿擗，荆棘上参天。——三国魏·曹植《送应氏》
荆棘被原野，群鸟飞翩翩。——三国魏·阮籍《咏怀》
干戈及黄屋，荆棘生紫宫。——唐·卢照邻《咏史》
呜呼战伐久，荆棘暗长原。——唐·杜甫《园官送菜》
忆昔扁舟此南渡，荆棘烟尘满归路。——唐·刘长卿《时平后送范伦归安州》
天高未及闻，荆棘生满地。——唐·白居易《伤唐衢》
如闻长啸春风里，荆棘丛边访旧踪。——唐·贾岛《阮籍啸台》
蔷薇花落秋风起，荆棘满庭君始知。——唐·贾岛《题兴化园亭》
缠萦竟何者，荆棘与飞茎。——唐·元稹《兔丝》
太行山下路，荆棘昨来平。——唐·姚合《寄送卢拱秘书游魏州》

先生居处僻，荆棘与墙齐。——唐·姚合《赠张质山人》
山川同昔日，荆棘是今时。——唐·戎昱《入剑门》
贵人立意不可测，等闲桃李成荆棘。——唐·戎昱《相和歌辞·苦辛行》
胥台既落构，荆棘稍侵扉。——唐·庾抱《赋得胥台露》
北山老圃不外慕，但守荒畦斸荆棘。——宋·王安石《陶缜菜示德逢》
黄门寡好心易足，荆棘不生梨枣熟。——宋·苏轼《次韵子由清汶老龙珠丹》
上山采薪多荆棘，负水入溪波浪黑。——宋·苏辙《竹枝歌》
除道得欢伯，荆棘无复余。——宋·陈与义《次韵张矩臣迪功见示建除体》

绝知此事不相负，荆棘剪除梨栗秋。——宋·陆游《默坐》
只愁又踏关河路，荆棘铜驼使我悲。——宋·陆游《醉题》

蒲萄肥汗马，荆棘冷铜驼。——宋·文天祥《江行有感》
旧有晒药台，荆棘蔽幽谷。——宋·白玉蟾《游简寂观》
露下荆棘草，鹿上姑苏台。——元·杨维桢《香山篇》
一腔填满荆棘刺，两肩挑起乱石山。——清·贾凫西《木皮散人鼓词》

久别

不畏将军成久别，只恐封侯心更移。——隋·薛道衡《豫章行》
自居漆园北，久别咸阳西。——唐·李白《赠从弟洌》
徒随群吏不曾闲，顾与诸生为久别。——唐·皇甫冉《酬权器》
花宫难久别，道者忆千灯。——唐·皇甫冉《送普门上人》
故乡多久别，春草不伤情。——唐·钱起《送原公南游》
故人怆久别，兹夕款郊扉。——唐·权德舆《刘绍相访夜话，因书即事》
乍逢酒客春游惯，久别林僧夜坐稀。——唐·司空曙《酬李端校书见赠》
长闲羡云鹤，久别愧烟萝。——唐·白居易《晚秋有怀郑中旧隐》
府池东北旧亭台，久别长思醉一回。——唐·白居易《赠郑尹》
未归嵩岭暮云碧，久别杜陵春草青。——唐·许浑《酬邢杜二员外》

凤女颠狂成久别，月娥孀独好同游。——唐·李商隐《和韩录事送宫人入道》
久别郊园改，将归里巷修。——唐·郑谷《送吏部曹郎中免官南归》
关情命曲寄惆怅，久别江南山里人。——唐·顾况《琴曲歌辞·蔡氏五弄·幽居弄》
久别稀相见，深山道益孤。——唐·贯休《庐山寻灵纪不遇》

吴中知久别，庵树想成围。——唐·许棠《送元遂上人归吴中》

屡伤神气阻，久别鬓毛秋。——唐·赵冬曦《奉答燕公》

吴苑歌骊成久别，楚峰回雁好归音。——唐·胡宿《寄昭潭王中立》

初归山犬翻惊主，久别江鸥却避人。——唐·雍陶《送徐山人归睦州旧隐》

宦路尘埃成久别，仙家风景有谁寻。——宋·徐铉《重游木兰亭》

悬知不久别，妙理重细评。——宋·苏轼《初别子由》

亦知非久别，不奈自成悲。——宋·陆游《送查元章赴夔漕》

久别名山凭梦到，每思旧友取书看。——宋·辛弃疾《春日园中作》

莫道此行非久别，衰翁何敢望明年！——宋·辛弃疾《送邢刍甫入闽》

我行久别家，思忆故乡水。——明·张以宁《送重峰阮子敬南还》

久别天台路已迷，眼前尚觉白云低。——清·袁枚《桐江作》

君子

窈窕淑女，君子好逑。——先秦《诗经·周南·关雎》

彼君子兮，不素餐兮。——先秦《诗经·魏风·伐檀》

重新而忘故，君子所尤讥。——三国魏·徐幹《室思》

小人计其功，君子道其常。——三国魏·阮籍《咏怀》

君子从远役，佳人守茕独。——晋·张协《杂诗》

岁晏凉风至，君子复何如？——唐·王维《赠祖三咏》

羌戎事未息，君子悲涂泥。——唐·李白《赠从弟冽》

凉风起天末，君子意如何？——唐·杜甫《天末怀李白》

佳人比香草，君子即芳兰。——唐·卢纶《送尹枢令狐楚及第后归觐》

浮俗官是贵，君子道所珍。——唐·孟郊《送孟寂赴举》

小人但咨怨，君子惟忧伤。——唐·韩愈《重云李观疾赠之》

百年讵几时，君子不可闲。——唐·韩愈《读皇甫湜公安园池诗书》

山水一何丽，君子在其中。——唐·白居易《旅次华州，赠袁右丞》

石性殊磊落，君子又高奇。——唐·皎然《灵澈上人何山寺七贤石诗》

何处清风至，君子幸为邻。——唐·朱均《贻常夷诗》

无人为开口，君子独有言。——唐·曹邺《城南野居寄知己》

谁识长身古君子，犹将缁布缘深衣。——宋·苏轼《竹鹤》

使君不独东南美，典型长记先君子。——宋·苏轼《蔡景繁官舍小阁》

忽遇湖边隐君子，相携一笑慰余生。——宋·陆游《初夏闲步村落间》

君子非好异，本意亦从众。——宋·陆游《君子非好异》

味甘终易坏，岁晚还知，君子之交淡如水。——宋·辛弃疾《洞仙歌·丁卯八月病中作》

空同白云深，君子式其庐。——宋·文天祥《题钟圣举积学斋》

可比君子人，穷年交不易。——明·唐寅《孤竹图》

甘陵自昔多君子，江夏于今诵小儿。——清·阎尔梅《孟传是携其长郎北游，余于九江遇之喜赠》

赵雍《孤雀横江图》

慷慨

秦筝何慷慨，齐瑟和且柔。——三国魏·曹植《箜篌引》

弦急悲声发，聆我慷慨言。——三国魏·曹植《杂诗》

古时功名士，慷慨争此场。——晋·陶渊明《拟古》

素骥鸣广陌，慷慨送我行。——晋·陶渊明《咏荆轲》

感物多远念，慷慨怀古人。——晋·陆机《吴王郎中时从梁陈作诗》

岂能屈节事权贵？慷慨高歌归去来。——南朝·沈约《昭君辞》

据鞍独怀古，慷慨感良臣。——隋·杨素《出塞》

纵横计不就，慷慨志犹存。——唐·魏征《出关》

凄清横吹曲，慷慨扶风词。——唐·李白《宣城送刘副使入秦》

临当欲去时，慷慨泪沾缨。——唐·李白《经乱离后天恩流夜郎忆旧游书怀赠江夏韦太守良宰》

绸缪阃外书，慷慨幕中请。——唐·高适《同吕员外酬田著作幕门军西宿盘山秋夜作》

人生感故物，慷慨有余悲。——唐·杜甫《水槛》

酒酣拔剑舞，慷慨送子行。——唐·韦应物《饯雍聿之潞州谒李中丞》

驰马赴军幕，慷慨携干将。——唐·韦元甫《木兰歌》

自古世上雄，慷慨擅功名。——宋·王安石《次韵唐彦猷华亭十咏其十三女岗》

疑公李北海，慷慨多雄词。——宋·苏轼《故李承诚之待制六丈挽词》

淋漓痛饮长亭暮，慷慨悲歌白发新。——宋·陆游《哀郢》

低昂未免闻鸡舞，慷慨犹能击筑歌。——宋·陆游《自咏》

少壮不自料，慷慨志四方。——宋·陆游《予出蜀日尝遣僧则华乞签于射洪陆使君祠使君》

萧条四海内，慷慨有余悲。——宋・文天祥《第一百八十五》

或为渡江楫，慷慨吞胡羯。——宋・文天祥《正气歌》

于时负肝胆，慷慨思雄材。——元・王逢《秋夜叹》

辛苦徒自力，慷慨谁为心？——明・夏完淳《精卫》

忆昨车声寒易水，今朝，慷慨还过豫让桥。——清・陈维崧《南乡子・邢州道上作》

可怜

东家有贤女，自名秦罗敷。可怜体无比，阿母为汝求。——汉《乐府歌・孔雀东南飞》

顾念蓬室士，贫贱诚可怜。——三国魏・曹植《赠徐干》

可怜谁家郎，缘流乘素舸。——南朝・谢灵运《东阳溪中赠答》

笑时应无比，嗔时更可怜。——南朝・沈约《六忆诗》

昨夜闲潭梦落花，可怜春半不还家。——唐・张若虚《春江花月夜》

可怜寒食与清明，光辉并在长安道。——唐・李隆基《初入秦川路逢寒食》

犹是可怜人，容华世中稀。——唐・李白《赠裴司马》

可怜寒食街中郎，早起著得单衣裳。——唐・王建《春来曲》

今日岭猿兼越鸟，可怜同听不知愁。——唐・韩愈《湘中酬张十一功曹》

可怜此地无车马，颠倒青苔落绛英。——唐・韩愈《题张十一旅舍三咏榴花》

可怜九月初三夜，露似真珠月似弓。——唐・白居易《暮江吟》

可怜国破忠臣死，日月东流生白波。——唐・许浑《姑苏怀古》

可怜夜半虚前席，不问苍生问鬼神。——唐・李商隐《贾生》

可怜无定河边骨，犹是春闺梦里人！——唐・陈陶《陇西行》

两鬓可怜青，只为相思老。——宋・晏几道《生查子・关山魂梦长》

可怜今夕月，向何处，去悠悠？——宋·辛弃疾《木兰花慢·可怜今夕月》

了却君王天下事，赢得生前身后名。可怜白发生！——宋·辛弃疾《破阵子·为陈同甫赋壮词以寄之》

可怜千点吴霜，寒销不尽，又相对、落梅如雨。——宋·吴文英《祝英台近·除夜立春》

可怜秋，一帘疏雨暗西楼。——元·张养浩《双调·殿前欢·对菊自叹》

落红小雨苍苔径，飞絮东风细柳营，可怜客里过清明。——元·张可久《喜春来·鉴湖春日雁》

无限枝头好颜色，可怜开不为重阳。——明·丘浚《咏菊》

谁道飘零不可怜，旧游时节好花天。——清·纳兰性德《浣溪沙·谁道飘零不可怜》

瑶瑟凝尘清怨绝，可怜无女耀高丘。——现代·鲁迅《悼丁君》

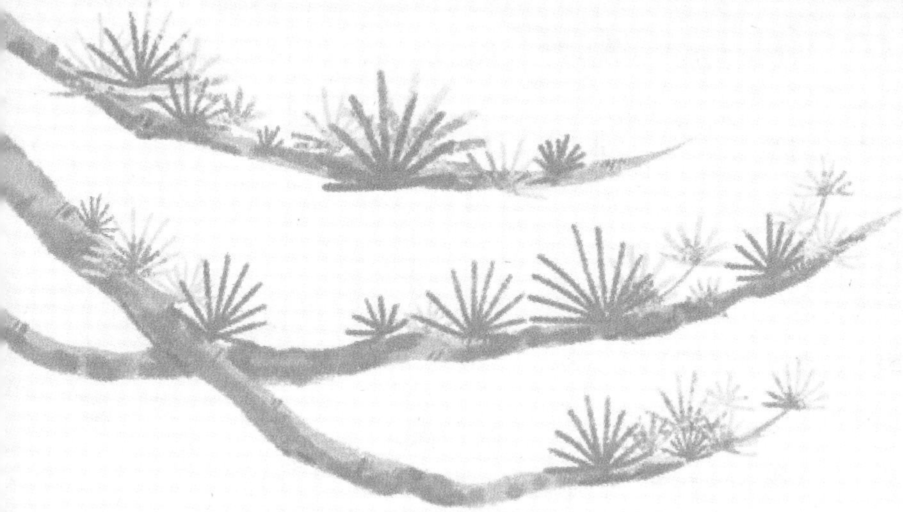

L

阑干

岂知重得兮入长安，叹息欲绝兮泪阑干。——汉·蔡琰《胡笳十八拍》

北斗阑干去。夜夜心独伤。——南朝·沈约《夜夜曲》

解释春风无限恨，沉香亭北倚阑干。——唐·李白《清平调》

从此出妻孥，相视涕阑干。——唐·杜甫《彭衙行》

瀚海阑干百丈冰，愁云惨淡万里凝。——唐·岑参《白雪歌送武判官归京》

夜深忽梦少年事，梦啼妆泪红阑干。——唐·白居易《琵琶行》

心悲不觉泪阑干，更为调弦反覆弹。——唐·李绅《悲善才》

上皇正在望仙楼，太真同凭阑干立。——唐·元稹《连昌宫词》

砌下梨花一堆雪，明年谁此凭阑干？——唐·杜牧《初冬夜饮》

夜夜相思更漏残，伤心明月凭阑干。——唐·韦庄《浣溪沙》

碧阑干外映垂杨，暂时想见，如梦懒思量。——五代·李煜《临江仙·秦楼不见吹箫女》

何处倚阑干？弦管高楼月正圆。——宋·苏轼《南乡子·何处倚阑干》

一醉醒来春又残，野棠梨雨泪阑干。——宋·晏几道《鹧鸪天·一醉醒来春又残》

向日阑干依旧绿，试将前事倚黄昏。——宋·晏几道《浣溪沙》

楼上阑干横斗柄，露寒人远鸡相应。——宋·周邦彦《蝶恋花·月皎惊乌栖不定》

倚遍阑干，只是无情绪。——宋·李清照《点绛唇·闺思》

凉飚乍起，四围晴黛入阑干。——宋·张元干《水调歌头·陪福帅宴集口占以授官奴》

情知已被山遮断，频倚阑干不自由。——宋·辛弃疾《鹧鸪天·晚日寒鸦一片愁》

阑干风冷雪漫漫，惆怅无人把钓竿。——宋·姜夔《钓雪亭》

试凭阑干春欲暮，桃花点点胭脂。——宋·史浩《念奴娇·题道隆观》

春山暖日和风，阑干楼阁帘栊，杨柳秋千院中。——元·白朴《天净沙·春》

日斜睡起无聊甚，独倚阑干看树阴。——明·祝允明《绝句》

北斗阑干郎记取，七星桥下是儿家。——清·朱彝尊《鸳鸯湖棹歌》

细雨濛濛江汉宽，楚天无际倚阑干。——清·魏源《花前劝酒吟》

阆苑

阆苑有书多附鹤，女床无树不栖鸾。——唐·李商隐《碧城》

十二层城阆苑西，平时避暑拂虹霓。——唐·李商隐《九成宫》

蓬岛烟霞阆苑钟，三官笺奏附金龙。——唐·李商隐《郑州献从叔舍人褎》

云间阆苑何时见，水底瑶池触处通。——唐·罗隐《送内使周大夫自杭朝贡》

琼蕊籍中闻阆苑，紫芝图上见蓬莱。——唐·李绅《新楼诗二十首·海棠》

即此陪欢游阆苑，无劳辛苦向崆峒。——唐·张昌宗《奉和圣制夏日游石淙山》

阆苑云深孤鹤迥，蓬莱天近一身遥。——唐·牟融《送羽衣之京》

阆苑花前是醉乡，踏翻王母九霞觞。——唐·许碏《醉吟》

阆苑仙人何处觅？灵槎使者几时回？——宋·王安石《狼山观海》

阆苑瑶台路暗通。皇州佳气正葱葱。——宋·晁端礼《鹧鸪天》

阆苑南边第一州，江山胜绝对城楼。——宋·邵伯温《句》

阆苑花神妒艳，晏家园吏偷春。——宋·刘克庄《溪庵种蓺》

井泉移得天台脉，洞壑时开阆苑花。——宋·苏籀《次韵范子仪东山之什》

海上波涛连阆苑，日边尘土暗长安。——宋·刘子翚《同李汉老登高斋》

自非君身有仙骨，安得蓬壶阆苑相因依？——宋·汪莘《题汪侍郎仲宗北山道院》

阆苑梦回时，窗外数声啼鸟。——宋·汪莘《好事近·阆苑梦回时》

剪成阆苑瑶英六，绝胜连城白璧双。——宋·李洪《残腊喜雪》

始见春花归阆苑，又逢秋叶堕宫墙。——宋·释智愚《颂古》

昨梦吴山阆苑开，风吹仙乐下瑶台。——宋·汪元量《越州歌》

真游谁管客程赊，阆苑春风几度花。——宋·释大观《示锦屏赵高士》

四明光照九霄寒，阆苑神仙日往不？——宋·唐震《游四明留题丹山》

烟霞今阆苑，花木昔瑶池。——元·何守谦《临江仙》

一个是阆苑仙葩，一个是美玉无瑕。——清·曹雪芹《枉凝眉》

空山徙倚倦游身，梦见城西阆苑春。——清·龚自珍《己亥杂诗》

离乱

凋残春草在，离乱故城多。——唐·刘长卿《毗陵送邹结先赴河南充判官》

离乱要知君到处，寄书须及雁南飞。——唐·刘长卿《送杨於陵归宋汴州别业》

古木苍苍离乱后，几家同住一孤城。——唐·刘长卿《新息道中作》

乡村年少生离乱，见话先朝如梦中。——唐·韦应物《与村老对饮》

十年离乱后，长大一相逢。——唐·李益《喜见外弟又言别》

汉家正离乱，王粲别荆蛮。——唐·孟郊《感怀》

故园汴水上，离乱不堪去。——唐·白居易《西原晚望》

近代多离乱，婚姻多过期。——唐·白居易《赠友》

离乱事多人不会，酒浓花暖且闲吟。——唐·罗隐《寄前户部陆郎中》

何代何王不战争，尽从离乱见清平。——唐·韦庄《悯耕者》

艰难登一第，离乱省诸兄。——唐·郑谷《送太学颜明经及第东归》

中表人稀离乱后，花时莫惜重相携。——唐·郑谷《访题表兄王藻渭上别业》

老过离乱世，生在太平时。——唐·齐己《戊辰岁江南感怀》

圣明殊未至，离乱更应多。——唐·齐己《喜乾昼上人远相访》

入道曾经离乱前，长干古寺住多年。——唐·皎然《答李侍御问》

离乱身偶在，窜迹任浮沉。——唐·司空图《避乱》

离乱人相失，春秋雁自飞。——唐·崔峒《春日忆姚氏外甥》

凄凉辞泽国，离乱到乡山。——唐·李嘉祐《留别毗陵诸公》

昔共逢离乱，今来息鼓鼙。——唐·袁皓《重归宜春偶成十六韵寄朝中知己》

哀哀父母生育我，见离乱兮当此辰。——唐·刘商《胡笳十八拍》

处处言离乱，纷纷觅隐居。——元·王冕《漫兴》

几经富庶几离乱，富庶欢娱离乱愁。——清·爱新觉罗·弘历《题宋院本金陵图》

正当离乱世，莫说艳阳天。——清·李渔《清明前一日》

风骚薄命呼真宰，离乱余年望太平。——现代·陈寅恪《甲戌人日谒杜工部祠》

离离

郁郁涧底松，离离山上苗。——晋·左思《咏史》

暧暧江村见，离离海树出。——南朝·谢朓《高斋视事》

上林晚叶飒飒鸣。雁门早鸿离离度。——南朝·沈约《八咏诗·登台望秋月》

离离细碛净，蔼蔼树阴疏。——南朝·萧纲《玩汉水》

漠漠村烟起，离离岭树齐。——北朝·王褒《始发宿亭》

秋菊离离日堪把。独焚枯鱼宴林野。——隋·卢思道《听鸣蝉》

抚长剑，一扬眉，清水白石何离离。——唐·李白《扶风豪士歌》

离离原上草，一岁一枯荣。——唐·白居易《赋得古原草送别》

山果不识名，离离夹道蕃。——唐·白居易《游悟真寺诗》
离离暑云散，袅袅凉风起。——唐·白居易《早秋曲江感怀》

索索风叶下，离离早鸿度。——唐·李百药《晚渡江津》
离离天际云，皎皎关山月。——唐·李咸用《关山月》
苒苒分阶砌，离离杂荇蘋。——唐·万俟造《龙池春草》
问尔何以报，离离满东皋。——宋·王安石《和圣俞农具诗十五其八牛衣》
淹留未云几，离离见疏荚。——宋·苏轼《槐》
离离见吴宫，莽莽真楚薮。——宋·苏轼《游武昌寒溪西山寺》
离离稻田畦，日静波文稀。——宋·黄庭坚《奉次斌老送瘿木棋局八韵》
日暮烟生岭，离离飞鸟还。——宋·陈与义《山斋》
离离南国树，闪闪湘水湾。——宋·陈与义《与伯顺饭于文纬大光出宋汉杰画秋山》
惟有墙阴荠，离离又满盘。——宋·陆游《初冬感怀》

离离豆子荚，数枝忽堪把。——宋·陆游《秋郊有怀》
鸦噪晚，客思归。一川禾黍正离离。——元·长筌子《鹧鸪天·秋》
去留都莫讶，秋草正离离。——明·袁崇焕《南还别陈翼所总戎》
门前两行树，离离到天际。——清·黄遵宪《今别离》
离离压残雪，脉脉照溪滨。——清·钱澄之《梅花》

流水

荒忽兮远望，观流水兮潺湲。——战国·屈原《九歌·湘夫人》
初春丽景莺欲娇，桃花流水没河桥。——北朝·王褒《燕歌行》

不知江月待何人，但见长江送流水。——唐·张若虚《春江花月夜》
流水如有意，暮禽相与还。——唐·王维《归嵩山作》
古人今人若流水，共看明月皆如此。——唐·李白《把酒问月·故人贾淳令予问之》
请君试问东流水，别意与之谁短长？——唐·李白《金陵酒肆留别》
桃花流水窅然去，别有天地非人间。——唐·李白《山中问答》
鸟向平芜远近，人随流水东西。——唐·刘长卿《谪仙怨》
西塞山前白鹭飞，桃花流水鳜鱼肥。——唐·张志和《渔歌子》
浮云一别后，流水十年间。——唐·韦应物《淮上喜会梁州故人》

流水盘回山百转，生绡数幅垂中堂。——唐·韩愈《桃源图》
流水淘沙不暂停，前波未灭后波生。——唐·刘禹锡《浪淘沙》
楼前流水江陵道，鲤鱼风起芙蓉老。——唐·李贺《江楼曲》
繁华事散逐香尘，流水无情草自春。——唐·杜牧《金谷园》
流水落花春去也，天上人间。——五代·李煜《浪淘沙·帘外雨潺潺》
桃花尽日随流水，洞在清溪何处边？——唐·张旭《桃花溪》
流水便随春远，行云终与谁同？——宋·晏几道《临江仙·斗草阶前初见》
青山在屋上，流水在屋下。——宋·苏轼《司马君实独乐园》
桃花流水在人世，武陵岂必皆神仙？——宋·苏轼《书王定国所藏烟江叠嶂图》
镂玉裁冰著句，高山流水知音。——宋·辛弃疾《西江月·和赵晋臣敷文赋秋水瀑泉》

吾侪心事，古今长在，高山流水。——宋·辛弃疾《水龙吟·老来曾识渊明》
枯藤老树昏鸦，小桥流水人家。——元·马致远《天净沙·秋思》
芳意自随流水逝，华年不为老人留。——明·刘基《即事》
斜阳流水推蓬坐，翠色随人欲上船。——清·纪昀《富春至严陵山水甚佳》

楼台

新宫实壮哉，云里望楼台。——南朝·阴铿《新成安乐宫》

关塞年华早，楼台别望违。——唐·张若虚《代答闺梦还》

亭阁分危岫，楼台绕曲池。——唐·卢照邻《宴梓州南亭得池字》

闾里固宜勤抚恤，楼台亦要数跻攀。——唐·白居易《送姚杭州赴任，因思旧游》

墙垣反锁长安春，楼台渐渐属西邻。——唐·白居易《劝酒》

歌吹千秋节，楼台八月凉。——唐·杜牧《华清宫三十韵》

万古荣华旦暮齐，楼台春尽草萋萋。——唐·杜牧《春日古道傍作》

我闻富有石季伦，楼台五色干星辰。——唐·贯休《洛阳尘》

客省萧条柿叶红，楼台如画倚霜空。——唐·皮日休《开元寺客省早景即事》

山带金名远，楼台压翠层。——唐·齐己《金山寺》

松桧稳栖三岛鹤，楼台闲锁九霄云。——唐·李中《游北山洞神宫》

四面山形断，楼台此迥临。——唐·张祜《题苏州思益寺》

国东王气凝蒲关，楼台帖出晴空间。——唐·李山甫《蒲关西道中作》

丝竹惯听时独舞，楼台初上欲孤飞。——唐·李郢《孔雀》

松桧老依云里寺，楼台深锁洞中天。——唐·处默《题栖霞寺僧房》

南望鸣钟处，楼台深翠微。——唐·于良史《春山夜月》

良宵又过了。楼台万家清晓。——宋·苏轼《踏青游》

草满池塘霜送梅，疏林野色近楼台。——宋·苏轼《秋晚客兴》

人物度桥疑海市，楼台拍水信蓬壶。——宋·黄庭坚《清心院双清轩》

明月楼台箫鼓夜，梨花院落秋千索。——宋·辛弃疾《满江红·老子当年》

云柱础，水楼台。罗衣费尽博山灰。——宋·辛弃疾《鹧鸪天·败棋赋梅雨》

城郭春声阔，楼台昼影迟。——宋·文天祥《题郁孤台》

一匊吴山在眼中，楼台累累间青红。——宋·汪元量《湖州歌》

新闻才开老闻过，楼台金碧照江波。——清·何绍基《沪上杂书》

落花

落花犹未卷，时鸟故余声。——南朝·何逊《春暮喜晴酬袁户曹苦雨诗》

东流不作西归水，落花辞条羞故林。——唐·李白《白头吟》

落花踏尽游何处，笑入胡姬酒肆中。——唐·李白《少年行》

多情只有春庭月，犹为离人照落花。——唐·张泌《寄人》

正是江南好风景，落花时节又逢君。——唐·杜甫《江南逢李龟年》

落花不语空辞树，流水无情自入池。——唐·白居易《过元家履信宅》

朝踏落花相伴出，暮随飞鸟一时还。——唐·白居易《春来频与李二宾客郭外同游因赠长句》

日暮东风怨啼鸟，落花犹似坠楼人。——唐·杜牧《金谷园》

深院闭，小庭空，落花香露红。——唐·韦庄《更漏子》

春欲暮，满地落花红带雨。——唐·韦庄《归国谣》

满院落花春寂寂，断肠芳草碧。——唐·韦庄《谒金门》

流水落花春去也，天上人间。——五代·李煜《浪淘沙》

如梦，如梦，残月落花烟重。——五代·李存勖《如梦令·曾宴桃源深洞》

雅态妍姿正欢洽，落花流水忽西东。——宋·柳永《雪梅香》

更被春风送惆怅，落花飞絮雨翩翩。——宋·欧阳修《瑞鹧鸪》

游人不管春将老，来往亭前踏落花。——宋·欧阳修《丰乐亭游春》

细数落花因坐久，缓寻芳草得归迟。——宋·王安石《北山》

落花人独立，微雨燕双飞。——宋·晏几道《临江仙》

池上春归何处，满目落花飞絮。——宋·秦观《如梦令》

风定落花深，帘外拥红堆雪。——宋·李清照《好事近》

满院落花帘不卷，断肠芳草远。——宋·朱淑真《谒金门》

落花已作风前舞，又送黄昏雨。——宋·叶梦得《虞美人》

门外无人问落花，绿阴冉冉遍天涯。——宋·曹豳《春暮》

手把花锄出绣帘，忍踏落花来复去？——清·曹雪芹《葬花吟》

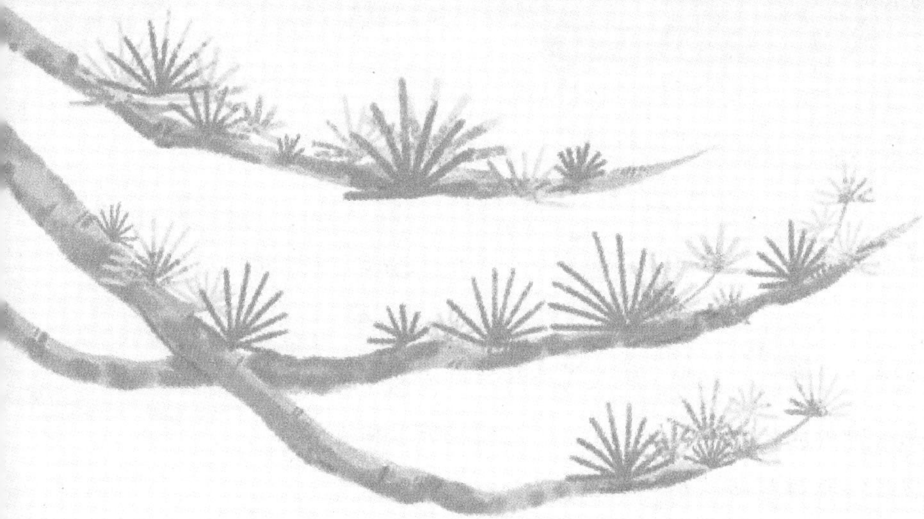

M

满怀

缮齐兼秉烛，书枉满怀笺。——唐·杜甫《寄岳州贾司马六丈·巴州严八使君两阁老五十韵》

雾雪看满怀，兰荃坐盈掬。——唐·钱起《美杨侍御清文见示》

君心半夜猜恨生，荆棘满怀天未明。——唐·元稹《苦乐相倚曲》

好是绿窗明月夜，一杯摇荡满怀春。——唐·孙氏《谢人送酒》

洛阳风俗不禁街，骑马夜归香满怀。——唐·薛逢《醉春风》

一卷新书满怀泪，频来门馆诉饥寒。——唐·褚载《投节度邢公》

揖让月在手，动摇风满怀。——五代·李煜《句》

看时高艳先惊眼，折处幽香易满怀。——宋·王安石《次韵杏花》

津亭把手坐一笑，我喜满怀君动色。——宋·王安石《复至曹娥堰寄剡县丁元珍》

对酒不满怀，揽物有余清。——宋·黄庭坚《次韵师厚五月十六日视田悼李彦深》

南阳半年客，此夜满怀清。——宋·陈与义《夏夜》

满怀秋月色，未觉饥肠虚。——宋·陈与义《次韵张矩臣迪功见示建除体》

到而今、春华落尽，满怀萧瑟。——宋·刘克庄《贺新郎·九日》

茆屋萧然诗满怀，一天风雪白皑皑。——宋·白玉蟾《晓醒追思夜来句四首》

一声箫管笑扬袂，秋色满怀诗兴浓。——宋·白玉蟾《游杨梓岩》

唳鹤啼猿怨满怀，烟葵露槿泪盈腮。——宋·白玉蟾《嘉定甲申闰月五日开皇帝升遐》

冰雪满怀不染尘，坐令阴谷回阳春。——元·王冕《题墨梅送宋太守之山东运使》

满怀心事付流水，荡日云锦生层波。——元·萨都刺《织女图》

闺中女儿惜春暮，愁绪满怀无释处。——清·曹雪芹《葬花吟》

满怀离绪，竟夕折倾泻。——清·吴湖帆《诉衷情近》

满怀清气何所营，中泠第一有定评。——清·吕千云《观虎跑泉》

百年浑似醉，满怀都是春。——元·张可久《金字经·乐闲》

吟成几联肠断诗，说不尽满怀心事。——元·周文质《落梅风》

连朝暴雨怯登台，障眼云烟窒满怀。——现代·石凌鹤《雾》

漫漫

路漫漫其修远兮，吾将上下而求索。——战国·屈原《离骚》

渫云已漫漫，多雨亦凄凄。——南朝·谢朓《游敬亭山》

归海流漫漫，出浦水溅溅。——南朝·沈约《早发定山》

杳杳日西颓，漫漫长路迫。——南朝·谢灵运《南楼中望所迟客》

昏昏如坐雾，漫漫疑行海。——北朝·庾信《拟咏怀》

杨柳青青著地垂，杨花漫漫搅天飞。——隋·佚名《送别诗》

辽海方漫漫，胡沙飞且深。——唐·陈子昂《登蓟丘楼送贾兵曹入都》

登高望四海，天地何漫漫。——唐·李白《古风》

皑皑坚冰白，漫漫阴云平。——唐·储光羲《使过弹筝峡作》

蜀郡路漫漫，梁州过七盘。——唐·岑参《醴泉东谿送程皓·元镜微入蜀》

杳杳复漫漫，行人别家去。——唐·皇甫冉《赋长道一绝送陆邃潜夫》

惆怅暮帆何处落，青山无限水漫漫。——唐·刘长卿《送子婿崔真父归长城》

天河夜未央，漫漫复苍苍。——唐·李益《月下喜邢校书至自洛》

丁丁漏水夜何长，漫漫轻云露月光。——唐·张仲素《秋夜曲》

迟迟日气暖，漫漫雪天春。——唐·张荐《和潘孟阳春日雪回文绝句》

遥想庆州千嶂里，暮云衰草雪漫漫。——宋·苏轼《送范德孺》

河冰日已销，漫漫春水流。——宋·黄庭坚《同宋景瞻分题汴上行》

蔽天白漫漫，谁辨鹭与鹤。——宋·陈与义《舍弟踰日不知雪势密因再赋》
前山横一几，稻陂白漫漫。——宋·陆游《化成院》
浩然纵棹去，漫漫菰蒲声。——宋·陆游《海气》
昏昏雨细梅黄后，漫漫秧青水满时。——宋·陆游《山居戏题》

烟火无一家，荒草青漫漫。——宋·文天祥《发淮安》
漠漠野烟生碧树，漫漫衰草际黄云。——宋·石孝友《摊破浣溪沙》
闻道西州春漫漫，晓玉天香欹侧。——宋·蔡松年《念奴娇·次许丹房韵，时将赴镇阳，闻北潭杂》
美人隔千里，山河淼漫漫。——明·刘基《旅兴》

茫然

茫然荒野中，举目皆凛素。——南朝·鲍照《还都道中》
楚国有狂夫，茫然无心想。——唐·王维《偶然作》
春事已不及，江行复茫然。——唐·李白《寄东鲁二稚子》
陶令去彭泽，茫然太古心。——唐·李白《赠临洺县令皓弟》
停杯投箸不能食，拔剑四顾心茫然。——唐·李白《行路难》
我苦惜远别，茫然使心悲。——唐·李白《送王屋山人魏万还王屋》
下马古战场，四顾但茫然。——唐·杜甫《遣兴》
前去五十有几年，把镜照面心茫然。——唐·白居易《浩歌行》
起来妻子笑，生计春茫然。——唐·白居易《春眠》
只有退耕耕不得，茫然村落水吹残。——唐·郑谷《下第退居》

度碛如经海，茫然但见空。——唐·张蠙《蓟北书事》

博望沉埋不复旋，黄河依旧水茫然。——唐·胡曾《咏史诗·黄河》

不见骊塘路，茫然四十春。——宋·王安石《送邓监簿南归》

归计何时就一廛，寒城回首意茫然。——宋·王安石《次韵舍弟遇子固忆少述》

未识造化意，茫然同一炉。——宋·苏轼《和晁美叔》

嗟余老矣百事废，却寻旧学心茫然。——宋·苏轼《游径山》

楸树高花欲插天，暖风迟日共茫然。——宋·苏轼《梦中绝句》

须臾两两入寺去，就视不见空茫然。——宋·苏轼《夜泛西湖五绝》

今岁清诗欠百篇，强寻笔砚意茫然。——宋·陆游《建安遣兴》

收拾桑榆身老矣，追随萍梗意茫然。——宋·范成大《画工李友直为余作冰天桂海二图，冰天画使》

玄风已散茫茫然，几回沧海成桑田。——元·王冕《送吴瑞卿归武昌》

碧汉无云，银波万顷茫然。——元·韩奕《高阳台·七夕》

花草倾颓事已迁。浩歌遥望意茫然。——元·耶律楚材《鹧鸪天·题七真洞》

空回首，望南州城郭，烟水茫然。——元·张之翰《沁园春·用送鹤乐府韵，寄可与亦督和之》

梅花

兰叶始满地，梅花已落枝。——南朝·萧衍《子夜四时歌·春歌》

腊月正月早惊春，众花未发梅花新。——南朝·江总《梅花落》

闻说梅花早，何如北地春。——唐·孟浩然《洛中访袁拾遗不遇》

笛奏梅花曲，刀开明月环。——唐·李白《从军行》

借问梅花何处落？风吹一夜满关山！——唐·高适《塞上听吹笛》

柳条弄色不忍见，梅花满枝空断肠。——唐·高适《人日寄杜二拾遗》

梅花欲开不自觉，棣萼一别永相望。——唐·杜甫《至后》

塞北梅花羌笛吹，淮南桂树小山词。——唐·刘禹锡《杨柳枝》

梅花落径香缭绕，雪白玉珰花下行。——唐·杜牧《自宣州赴官入京路逢裴坦判官归宣州因题赠》

暖气潜催次第春，梅花已谢杏花新。——唐·罗隐《杏花》

暗想玉容何所似？一枝春雪冻梅花，满身香雾簇朝霞。——唐·韦庄《浣溪沙》

梅花吹入谁家笛，行云半夜凝空碧。——五代·冯延巳《菩萨蛮·金波远逐行云去》

柳絮风前转，梅花雪里春。——宋·苏轼《南歌子·琥珀装腰佩》

江南未雪梅花白，忆梅人是江南客。——宋·晏几道《菩萨蛮·江南未雪梅花白》

梅花未足凭芳信，弦语岂堪传素恨。——宋·晏几道《玉楼春·斑骓路与阳台近》

梅花破萼便回春，似有黄鹂鸣翠柳。——宋·黄庭坚《木兰花令》

驿寄梅花，鱼传尺素，砌成此恨无重数。——宋·秦观《踏莎行》

年年雪里。常插梅花醉。——宋·李清照《清平乐·年年雪里》

慵对客，缓开门，梅花闲伴老来身。——宋·姜夔《鹧鸪天·柏绿椒红事事新》

春风吹散梅花雪，香满西湖载酒船。——元·王冕《素梅》

偷来梨蕊三分白，借得梅花一缕魂。——清·曹雪芹《咏白海棠》

天妒梅花更妒人，风风雨雨不知春。——清·陆宇熼《寒食题宋先生草堂》

梅花欢喜漫天雪，冻死苍蝇未足奇。——现代·毛泽东《七律·冬云》

十年不见山人面，寄得梅花来故人。——现代·郁达夫《谢十万山人寄赠梅花图》

美人

彼美人兮，西方之人兮。——先秦《诗经·邶风·简兮》

惟草木之零落兮，恐美人之迟暮。——战国·屈原《离骚》

美人赠我金错刀，何以报之英琼瑶。——汉·张衡《四愁诗》

美人愆岁月，迟暮独如何？——晋·谢混《游西池》

美人游不还，佳期何由敦？——南朝·谢灵运《石门新营所住四面高山回溪石濑茂林修竹》

当由美人摘，讵止春风吹？——南朝·刘孝威《望隔墙花》

草木有本心，何求美人折！——唐·张九龄《感遇》

芙蓉不及美人妆，水殿风来珠翠香。——唐·王昌龄《西宫秋怨》

美人一笑褰珠箔，遥指红楼是妾家。——唐·李白《陌上赠美人》

美人卷珠帘，深坐颦蛾眉。——唐·李白《怨情》

战士军前半死生，美人帐下犹歌舞。——唐·高适《燕歌行》

美人舞如莲花旋，世人有眼应未见。——唐·岑参《田使君美人舞如莲花北鋋歌》

花萼楼前初种时，美人楼上斗腰支。——唐·刘禹锡《杨柳枝词》

湘江两岸花木深，美人不见愁人心。——唐·卢仝《有所思》

寂寂花时闭院门，美人相并立琼轩。——唐·朱庆馀《宫词》

美人微笑转星眸。月花羞，捧金瓯。——宋·苏轼《江城子·墨云拖雨过西楼》

春已归来，看美人头上，袅袅春幡。——宋·辛弃疾《汉宫春·立春日》

美人台上昔欢娱，今日空台望五湖。——宋·姜夔《除放自石湖归苕溪》

桥东美人天帝子，机杼年年劳玉指。——宋·张耒《七夕歌》

美人自刎乌江岸，战火曾烧赤壁山，将军空老玉门关。——元·张可久《卖花声·怀古》

雪满山中高士卧，月明林下美人来。——明·高启《咏梅》

相到薰风四五月，也能遮却美人腰。——清·石涛《荷花》

万一禅关砉然破，美人如玉剑如虹。——清·龚自珍《夜坐》

美人消息隔重关，川途弯复弯。——近代·王国维《阮郎归·美人消息隔重关》

明月

裁为合欢扇，团团似明月。——汉·班婕妤《怨歌行》

腰若流纨素，耳著明月珰。——汉《乐府歌·孔雀东南飞》

明月皎皎照我床，星汉西流夜未央。——三国魏·曹丕《燕歌行》

几回明月夜，飞梦到郎边。——南朝·范云《闺思》

春江潮水连海平，海上明月共潮生。——唐·张若虚《春江花月夜》

明月隐高树，长河没晓天。——唐·陈子昂《春夜别友人》

秦时明月汉时关，万里长征人未还。——唐·王昌龄《出塞》

明月松间照，清泉石上流。——唐·王维《山居秋暝》

清风明月苦相思，荡子从戎十载余。——唐·王维《伊州歌》

床前明月光，疑是地上霜。——唐·李白《静夜思》

明月出天山，苍茫云海间。——唐·李白《关山月》

举杯邀明月，对影成三人。——唐·李白《月下独酌》

人攀明月不可得，月行却与人相随？——唐·李白《把酒问月》

去来江口守空船，绕船明月江水寒。——唐·白居易《琵琶行》

二十四桥明月夜，玉人何处教吹箫。——唐·杜牧《寄扬州韩绰判官》

明月楼高休独倚，酒入愁肠，化作相思泪。——宋·范仲淹《苏幕遮·碧云天》

明月不谙离恨苦，斜光到晓穿朱户。——宋·晏殊《蝶恋花·槛菊愁烟兰泣露》

春风又绿江南岸，明月何时照我还？——宋·王安石《泊船瓜洲》

明月几时有？把酒问青天。——宋·苏轼《水调歌头·明月几时有》

赣江西畔从今日，明月清风忆使君。——宋·晏几道《鹧鸪天·绿橘梢头几点春》

醉舞下山去，明月逐人归。——宋·黄庭坚《水调歌头·瑶草一何碧》

故教明月玲珑地，共赏金尊沈绿蚁。——宋·李清照《渔家傲·雪里已知春信至》

明月别枝惊鹊，清风半夜鸣蝉。——宋·辛弃疾《西江月 夜行黄沙道中》

明月何妨千里隔，顾君与我何如耳。——宋·辛弃疾《满江红·宿酒醒时》

陈洪绶《梅花小鸟》

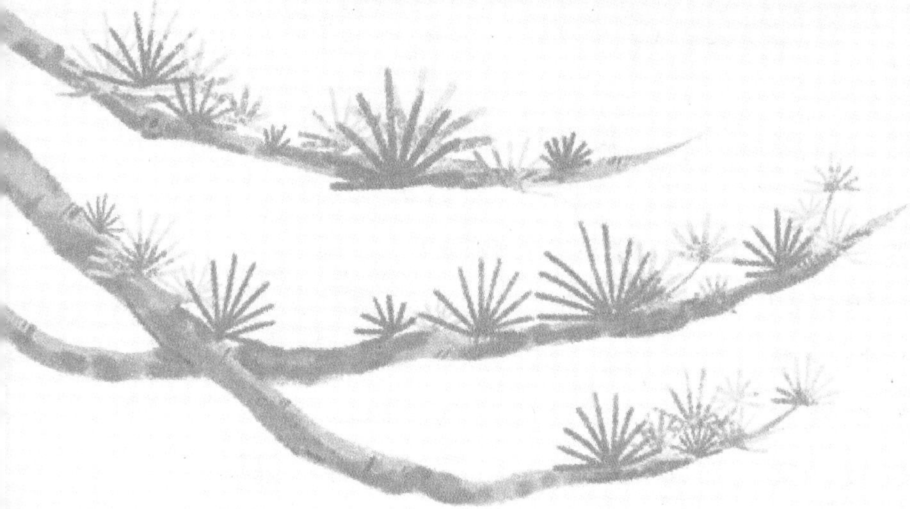

N

奈何

力拔山兮气盖世。时不利兮骓不逝。骓不逝兮可奈何！——汉·项羽《垓下歌》

奈何此征夫，安得驱四方！——三国魏·曹操《却东西门行》

年之暮奈何？时过时来微。——三国魏·曹操《精列》

于今甚可爱，奈何当复衰？——晋·陶渊明《和胡西曹示顾贼曹》

奈何当奈何？托体归山隐。——唐·寒山《诗三百》

可以荐嘉客，奈何阻重深！——唐·张九龄《感遇·江南有丹橘》

宝玉频发掘，精灵其奈何？——唐·王昌龄《长歌行》

可以奉巡幸，奈何隔穷偏。——唐·李白《安州应城玉女汤作》

铜斗短蓑行，新章其奈何？——唐·孟郊《送淡公》

命如叶薄将奈何？一奉寝宫年月多。——唐·白居易《陵园妾－怜幽闭也》

荆棘多兮可奈何？可奈何兮终奈何！——唐·元稹《有酒》

握手相看其奈何，奈何其奈天明别。——唐·元稹《通州丁溪馆夜别李景信》

离别岂足更关意，衰老相随可奈何！——唐·杜牧《池州送孟迟先辈》

忽听新蝉发，客情其奈何？——唐·李中《听蝉寄朐山孙明府》

君王不剪如簧舌，再得张仪欲奈何？——唐·徐夤《楚国史》

魂梦悠扬不奈何，夜来还在故人家。——宋·徐铉《梦游》

而欲我无杀，奈何饥馁肠？——宋·梅尧臣《猛虎行》

秋日幸未暮，奈何雨冥冥！——宋·王安石《游亭》

此岂异莫耶，奈何独当樵！——宋·王安石《和圣俞农具》

四海皆吾家，奈何不知农！——宋·王安石《寓言》

甫得江心成八阵，奈何天意要三分！——宋·白玉蟾《草庐》

乾坤重汤涤，奈何前星坠？——宋·敖陶孙《袁同史丈令赋所欲醉皓堂诗以为后日数椽张》

诸儿读书俱不多，又不力耕知奈何！——元·虞集《家兄孟修父输赋南还》

经秋谁念瘦维摩，酒渴风寒不奈何！——清·黄景仁《绮怀》

南山

揽弓捷鸣镝，长驱上南山。——三国魏·曹植《名都篇》

种豆南山下，草盛豆苗稀。——晋·陶渊明《归园田居》

采菊东篱下，悠然见南山。——晋·陶渊明《饮酒》

南山自言高，只与北山齐。——北朝《乐府民歌·幽州马客吟歌》

北斗挂城边，南山倚殿前。——唐·杜审言《蓬莱三殿侍宴奉敕咏终南山应制》

东顾望汉京，南山云雾里。——唐·陈子昂《赠赵六贞固》

北阙献书寝不报，南山种田时不登。——唐·王维《不遇咏》

清晓卷书坐，南山见高棱。——唐·韩愈《秋怀诗》

东涧水流西涧水，南山云起北山云。——唐·白居易《寄韬光禅师》

北朔霜凝竹，南山水入篱。——唐·贾岛《酬鄠县李廓少府见寄》

再拜为君寿，南山高且长。——唐·许浑《天街晓望》

北阙明如画，南山碧动人。——唐·刘得仁《春日雨后作》

极目不分天水色，南山南是岳阳城。——唐·崔峒《清江曲内一绝》

渡口树冥冥，南山渐隐青。——唐·孟贯《宿故人江居》

东方岁星大明宫，南山喜气摇晴空。——唐·鲍防《元日早朝行》

四月清和雨乍晴，南山当户转分明。——宋·司马光《客中初夏》

朝来白露如细雨，南山不见千寻刹。——宋·苏轼《九日黄楼作》

欲驾征车劝小留，南山南畔更逢秋。——宋·陆游《送范西叔赴召》
晨坐南堂双眼明，南山山色满柴荆。——宋·陆游《南堂独坐》
世事蒙蒙醉不知，南山秋意满东篱。——宋·文天祥《又三绝》

沿岸城廓开翠屏，南山毓秀欲腾云。——宋·邹应龙《登谢公楼》
悠然一见南山后，便觉世多尘句。——元·许有壬《摸鱼子·买坡塘旋载杨柳》
购得南山万岁杉。坚逾松柏健逾相。——元·沈禧《鹧鸪天·购得南山万岁杉》
南山多少悠悠意，千载无人会此心。——明·唐寅《渊明图》

年年

年年见霜雪，谁谓不知时。——晋·陶渊明《拟古》
日月望君归，年年不解綖。——南朝·鲍令晖《古意赠今人》
夜夜遥遥徒相思，年年望望情不歇。——南朝·释宝月《行路难》
寂寂寥寥扬子居，年年岁岁一床书。——唐·卢照邻《长安古意》
人生代代无穷已，江月年年只相似。——唐·张若虚《春江花月夜》
春草年年绿，王孙归不归？——唐·王维《送别》
秦楼月，年年柳色，灞陵伤别。——唐·李白《忆秦娥·箫声咽》
年年岁岁花相似，岁岁年年人不同。——唐·刘希夷《代悲白头翁》
为问新愁，何事年年有？——五代·冯延巳《蝶恋花·谁道闲情抛弃久》
璧月琼枝空夜夜，菊花人貌自年年。——宋·苏轼《浣溪沙·菊节》

料得年年肠断处，明月夜，短松冈。——宋·苏轼《江城子·乙卯正月二十日夜记梦》
年年底事不归去，怨月愁烟长为谁？——宋·晏几道《鹧鸪天·陌上濛濛残絮飞》
年年陌上生秋草，日日楼中到夕阳。——宋·晏几道《鹧鸪天·醉拍春衫惜旧香》

茱萸菊蕊年年事，十日还将九日看。——宋·黄庭坚《鹧鸪天·明月独酌自嘲呈史应之》

日日梁州薄媚，年年金菊茱萸。——宋·黄庭坚《清平乐·舞鬟娟好》

年年看塞雁，一十四番回。——宋·朱敦儒《临江仙·直自凤凰城破后》

年年雪里，常插梅花醉。挼尽梅花无好意，赢得满衣清泪！——宋·李清照《清平乐·年年雪里》

念桥边红药，年年知为谁生？——宋·姜夔《扬州慢·淮左名都》

年年岁岁望中秋，岁岁年年雾雨愁。——宋·曾几《癸未八月十四日至十六夜月色皆佳》

桃花净尽杏花空，开落年年约略同。——明·唐寅《落花诗》

花开花落年年事，不管愁人鬓又华。——明·朱权《宫词》

春花春月年年客，怜春又怕春离别。——清·纳兰性德《菩萨蛮·春花春月年年客》

都护近来长不调，年年烽火报生平。——清·纳兰性德《古北口》

年年后浪推前浪，江草江花处处鲜。——现代·毛泽东《七律·洪都》

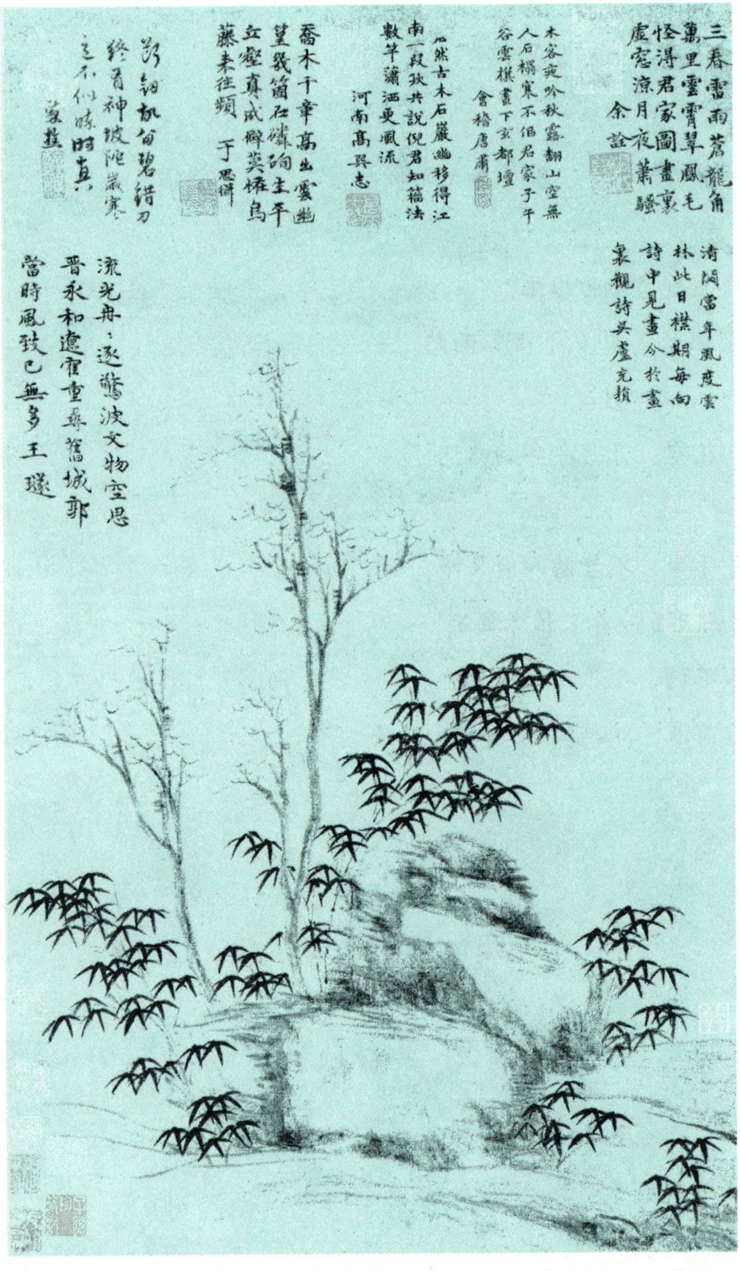

赵孟頫《竹石图》

偶然

偶然值青童，绿发双云鬟。——唐·李白《游泰山》

恐此复偶然，临风默惆怅。——唐·杜甫《剑门》

离别重相逢，偶然岂定期。——唐·杜甫《送殿中杨监赴蜀见相公》

我本偶然来，景物如相待。——唐·白居易《同韩侍郎游郑家池吟诗小饮》

信脚绕池行，偶然得幽致。——唐·白居易《睡后茶兴忆杨同州》

伴客销愁长日饮，偶然乘兴便醺醺。——唐·元稹《六年春遣怀》

贤达不相识，偶然交已深。——唐·常建《潭州留别》

忽尔思多穿壁处，偶然心尽断缨时。——唐·慕幽《灯》

祸福从来路不遥，偶然平地上烟霄。——唐·尹璞《题杨收相公宅》

王母相留不放回，偶然沉醉卧瑶台。——唐·曹唐《小游仙诗》

翠羽长将玉树期，偶然飞下肯多时。——唐·裴夷直《送王缋》

五柳先生本在山，偶然为客落人间。——唐·雍陶《和孙明府怀旧山》

闲补亡书见废兴，偶然前古也填膺。——唐·徐夤《偶题》

各据槁梧同不寐，偶然闻雨落阶除。——宋·王安石《示公佐》

或云灵境归贤者，又恐神功亦偶然。——宋·苏轼《次韵孙职方苍梧山》

此身流浪随沧溟，偶然相值两浮萍。——宋·苏轼《芙蓉城》

醉卧人家久未曾，偶然樽俎对青灯。——宋·黄庭坚《饮韩三家醉后始知夜雨》

万里纵横自在身，偶然来看剡溪春。——宋·陆游《有道流过门留与之语颇异口占赠之》

驾鹤孤飞万里风，偶然来憩大峨东。——宋·陆游《醉中作》

我亦从来薄世缘，偶然采药到西川。——宋·陆游《待青城道人不至》

久矣移家住鹿门，偶然信脚到桃源。——宋·陆游《石帆山下》

时危安乐是神仙，默有扶持岂偶然。——宋·艾可翁《淡圃兄生辰有诗次韵》

偶然案头余酒杯，偶然蹑履山僧来。——明·王世贞《梦中得百年那得更百年，今日还须爱今日》

偶赋凌云偶倦飞，偶然闲慕遂初衣。——清·龚自珍《己亥杂诗》

顾安《幽篁秀石图》

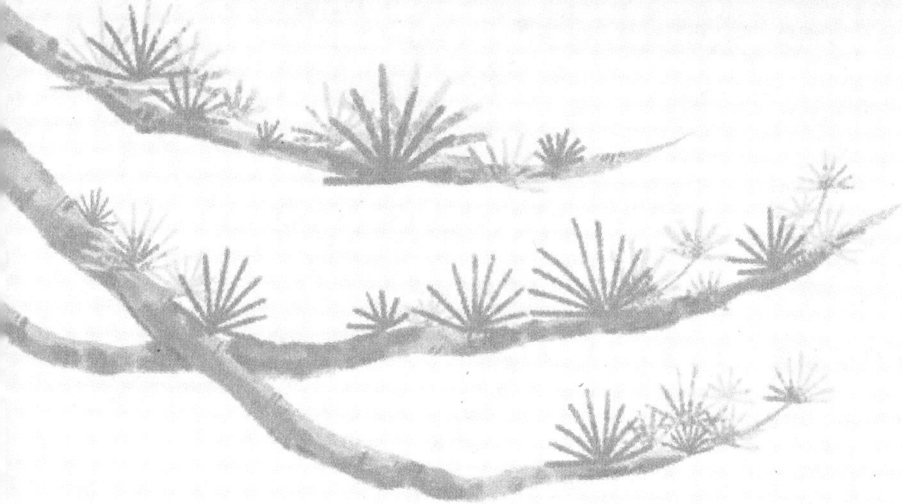

徘徊

孔雀东南飞，五里一徘徊。——汉《乐府歌·孔雀东南飞》

水深桥梁绝，中路正徘徊。——三国魏·曹操《苦寒行》

徘徊丘垄间，依依昔人居。——晋·陶渊明《归园田居》

春花春月正徘徊，一尊一弦当夜开。——南朝·陈叔宝《独酌谣》

正有江潭月，徘徊恋九华。——唐·张说《岳州作》

我歌月徘徊，我舞影零乱。——唐·李白《月下独酌四首》

方知黄鹤举，千里独徘徊。——唐·李白《古风》

惆怅客中月，徘徊江上楼。——唐·刘长卿《杪秋洞庭中，怀亡道士谢太虚》

玉珮不可亲，徘徊烟波夕。——唐·孟郊《湘妃怨》

倚杖息惭倦，徘徊恋微暄。——唐·温庭筠《春尽与友人入裴氏林探渔竿》

落日倚阑干，徘徊汨罗曲。——唐·齐己《吊汨罗》

便送江东去，徘徊只待君。——唐·李端《宿瓜洲寄柳中庸》

岂不念归路，徘徊畏简书。——唐·李德裕《忆平泉山居，赠沈吏部》

散漫愁巴峡，徘徊恋楚君。——唐·刘方平《巫山神女》

荡漾舟中客，徘徊楼上人。——宋·王安石《楼上》

念我遂初赋，徘徊月生裾。——宋·陈与义《再游八关》

慷慨赋诗还自恨，徘徊舒啸却生哀。——宋·陈与义《雨中再赋海山楼诗》

去留俱失意，徘徊感生离。——宋·文天祥《胡笳曲·十四拍》

犹是江南佳丽地，徘徊把酒看苍天。——宋·文天祥《中秋》

道傍为挥泪，徘徊秋风客。——宋·文天祥《楼桑》

向晚闻征鼓，徘徊倚小楼。——元·王冕《漫兴》

亦有江南未归客，徘徊终夜倚阑干。——元·萨都剌《秋夜闻笛》

只觉闭门后，徘徊似有人。——清·钱澄之《梅花》

蓬莱

乘飞龙。与偓期。东上蓬莱采灵芝。——三国魏·曹植《平陵东行》

朱门何足荣，未若托蓬莱。——晋·郭璞《游仙诗》

青衣上少室，童子向蓬莱。——北朝·庾信《道士步虚词》

沧洲趣不远，何必问蓬莱！——唐·孟浩然《韩大使东斋会岳上人诸学士》

新诗数岁即文雄，上书昔召蓬莱宫。——唐·李颀《送刘四赴夏县》

蓬莱文章建安骨，中间小谢又清发。——唐·李白《宣州谢朓楼饯别校书叔云》

蓬莱宫阙对南山，承露金茎霄汉间。——唐·杜甫《秋兴》

朝朝待诏青锁闱，中有万年之树蓬莱池。——唐·韦应物《送褚校书归旧山歌》

昔为瑶池侣，飞舞集蓬莱。——唐·刘禹锡《答表臣赠别》

桥转彩虹当绮殿，舰浮花鹢近蓬莱。——唐·李绅《忆春日太液池亭候对》

我是玉皇香案吏，谪居犹得住蓬莱。——唐·元稹《以州宅夸于乐天》

旋成醉倚蓬莱树，有个仙人拍我肩。——唐·李商隐《七月二十八日夜与王郑二秀才听雨后梦作》

蓬莱有路教人到，应亦年年税紫芝。——唐·陆龟蒙《新沙》

蓬莱院闭天台女，画堂昼寝人无语。——五代·李煜《菩萨蛮·蓬莱院闭天台女》

殷晴雷，云中鼓吹，游遍蓬莱。——宋·柳永《玉蝴蝶·渐觉芳郊明媚》

鹳鹊楼头日暖，蓬莱殿里花香。——宋·沈括《开元乐》

记得蓬莱路，端是旧曾游。——宋·朱敦儒《水调歌头·平生看明月》

断云托月天南东，梦魂初下蓬莱峰。——宋·李若水《竹宫长句》

神清骨秀，元是蓬莱谪仙流。——宋·卢炳《水调歌头·再拜识英度》
莫信蓬莱风浪隔，垂天自有扶摇力。——宋·辛弃疾《满江红·曲几蒲团》

五云缥缈隔蓬莱，仙子吹箫月下回。——元·王冕《素梅》
玉楼高对蓬莱雪，谁道宫中夜不寒。——明·何景明《宫词》
蓬莱清浅信推迁，回首乡关事可怜。——清·曾国藩《闻客话里中近事》
我从滟滪堆边至，君在蓬莱顶上行。——现代·聂绀弩《赠王观泉》

扁舟

扁舟已入浪，孤帆渐逼天。——南朝·朱超《别席中兵》
大江静犹浪，扁舟独且征。——南朝·阴铿《和傅郎岁暮还湘洲诗》
谁家今夜扁舟子？何处相思明月楼？——唐·张若虚《春江花月夜》
潮落江平未有风，扁舟共济与君同。——唐·孟浩然《渡浙江问舟中人》
扁舟泛湖海，长揖谢公卿。——唐·孟浩然《自洛之越》
武陵溪口驻扁舟，溪水随君向北流。——唐·王昌龄《卢溪主人》
横笛怨江月，扁舟何处寻？——唐·王昌龄《江上闻笛》
人生在世不称意，明朝散发弄扁舟。——唐·李白《宣州谢朓楼饯别校书叔云》
扁舟空老去，无补圣明朝。——唐·杜甫《野望》
扁舟沧浪叟，心与沧浪清。——唐·岑参《渔父》

功成献寿歌飘雪，谁爱扁舟水似蓝？——唐·贯休《读吴越春秋》
懒过前溪，闲舣扁舟看雁飞。——宋·晏几道《采桑子·湘妃浦口莲开尽》
为君唤起黄州梦，独载扁舟向五湖。——宋·黄庭坚《双井茶送子瞻》
扁舟日落驻平沙，茅屋竹篱三四家。——宋·苏辙《竹枝词》

柳花吹雪燕飞忙。生怕扁舟归去、断人肠。——宋·周邦彦《虞美人·淡云笼月松溪路》

去年今夜，相望千里一扁舟。——宋·韩元吉《水调歌头·次韵子云惠山见寄》

青琐紫微追昨梦，扁舟已具犹怜。——宋·赵彦端《临江仙·和洪景卢送行韵》

醉弄扁舟，不怕黏天浪。——宋·陆游《点绛唇·采药归来》

算五湖，今夜只扁舟，追千古。——宋·范成大《满江红·鬐画溪山》

莫上扁舟向剡溪。浅斟低唱正相宜。——宋·辛弃疾《鹧鸪天·莫上扁舟向剡溪》

明夜扁舟去，和月载离愁。——宋·辛弃疾《水调歌头·落日古城角》

掷地刘郎玉斗，挂帆西子扁舟。——宋·辛弃疾《破阵子·掷地刘郎玉斗》

殿上风霜生白简，下殿扁舟已具。——宋·刘克庄《贺新郎·跋唐伯玉奏稿》

扁舟来往无牵绊，沙鸥点点轻波远，荻港潇潇白昼寒。——清·郑燮《道情》

缥缈

参差远天际，缥缈晴霞外。——唐·李白《天门山》

青莹玉树色，缥缈羽人家。——唐·李白《改九子山为九华山联句》

不应空陂上，缥缈亲酒食。——唐·杜甫《南池》

世人不到君自到，缥缈仙都谁与俦。——唐·皎然《奉同颜使君真卿清风楼赋得洞庭歌送吴炼师归林屋洞》

奇采与幽姿，缥缈皆自然。——唐·权德舆《奉送韦起居老舅百日假满归嵩阳旧居》

我知游此多灵仙，缥缈月中飞下天。——唐·萧祜《游石堂观》

从容恣语言，缥缈离文字。——唐·白居易《题道宗上人十韵》

孙登啸一声，缥缈不可寻。——唐·贯休《拟齐梁酬所知见赠》

隐约可一梦，缥缈余千龄。——宋·王周《巫庙》

萧条烟岚上，缥缈浮青尖。——宋·王安石《和平甫舟中望九华山》

裴回月色留坛影，缥缈松香泛蜡烟。——宋·苏轼《次天字韵答岑岩起》

爱此山中人，缥缈如仙子。——宋·苏轼《自仙游回至黑水见居民姚氏山亭高绝可爱复憩》

云间铁瓮近青天，缥缈飞楼百尺连。——宋·米芾《望海楼》

悠然凌空去，缥缈随风还。——宋·陈与义《烧香》

苍苔白石两清幽，缥缈虹桥跨碧流。——宋·邓肃《偶成》

参差村舍穿林出，缥缈渔歌隔浦闻。——宋·陆游《新篱》

若耶北与镜湖通，缥缈飞桥跨半空。——宋·陆游《五云桥》

参差小市林边出，缥缈疏钟雨外来。——宋·陆游《夏末野兴》

杖藜携我恣遥望，缥缈霓裳飞碧空。——宋·李仁本《桂殿秋》

昔人来自天竺国，缥缈孤云伴飞锡。——元·周权《冷泉亭》

崔嵬古庙压危沙，缥缈飞楼入断霞。——元·傅若金《洞庭连天楼》

天风缥缈约飞泉，千尺晴红拂紫烟。——明·唐寅《题画》

日驭有不到，缥缈风云寒。——清·吴伟业《清凉山赞佛诗》

今日帘旌秋缥缈，长天飞去一秋鸿。——清·龚自珍《已亥杂诗》

飘飖

孤魂游穷暮，飘飖安所依？——汉·孔融《杂诗》

罗衣何飘飖，轻裾随风还。——三国魏·曹植《美女篇》

飘飖恍惚中，流盼顾我傍。——三国魏·阮籍《咏怀》

转蓬离本根，飘飖随长风。——三国魏·曹植《杂诗》

衣风飘飖起，车尘暗浪生。——南朝·戴暠《煌煌京洛行》

欲验丰年象，飘飖仙藻来。——唐·张说《奉和圣制野次喜雪应制》

芸阁朝来雪，飘飖正满空。——唐·包融《和陈校书省中玩雪》

玉女四五人，飘飖下九垓。——唐·李白《游泰山》

逸兴满吴云，飘飖浙江汜。——唐·李白《送王屋山人魏万还王屋》

出舞两美人，飘飖若云仙。——唐·李白《秋猎孟诸夜归置酒单父东楼观妓》

霓裳何飘飖，凤吹转绵邈。——唐·李白《赠嵩山焦炼师》

旷望延驻目，飘飖散疏襟。——唐·杜甫《上后园山脚》

飘飖风尘际，何地置老夫？——唐·杜甫《草堂》

玲珑云髻生花样，飘飖风袖蔷薇香。——唐·白居易《简简吟》

掩泪别乡里，飘飖将远行。——唐·白居易《续古诗》

帝子吹箫双得仙，五云飘飖飞上天。——唐·白居易《两朱阁·刺佛寺浸多也》

舞袖飘飖棹容与，忽疑身是梦中游。——唐·白居易《府中夜赏》

雨压残红一夜凋，晓来帘外正飘飖。——宋·胡宿《残花》

令尹鸣驺过石桥，想君寒梦正飘飖。——宋·黄庭坚《晓从任大夫祖行过石桥寄粹甫》

芙蕖争态度，杨柳学飘飖。——宋·卢祖皋《临江仙·南馆西池迎笑处》

水碧衫裙透骨鲜，飘飖机杼夜凉边。——宋·洪咨夔《促织》

山影飘飖落雁风，寒歌断续钓鱼翁。——元·艾性夫《寒山》

木叶飘飖涧水寒，田衣合事又驴鞍。——明·唐寅《题画》

风雨飘飖日，余怀范爱农。——现代·鲁迅《哀范君三章》

平生

虽为五载别，相与昧平生。——南朝·颜延之《秋胡诗》

弗睹朱颜改，徒想平生人。——南朝·任昉《出郡传舍哭范仆射》

故人倘思我，及此平生时。——北朝·庾信《寄徐陵》

平生一顾念，意气溢三军。——唐·骆宾王《从军行》

分手脱相赠，平生一片心。——唐·孟浩然《送朱大入秦》

平生渭水曲，谁识此老翁。——唐·李白《鞠歌行》

平生多感激，忠义非外奖。——唐·李白《酬裴侍御对雨感时见赠》

平生所娇儿，颜色白胜雪。——唐·杜甫《北征》

弦弦掩抑声声思，似诉平生不得志。——唐·白居易《琵琶行》

惟将终夜常开眼，报答平生未展眉。——唐·元稹《遣悲怀》

红笺小字，说尽平生意。——宋·晏殊《清平乐·红笺小字》

归来却怪丹青手，入眼平生几曾有？——宋·王安石《明妃曲》

竹杖芒鞋轻胜马，谁怕？一蓑烟雨任平生。——宋·苏轼《定风波·莫听穿林打叶声》

老子平生，江南江北，最爱临风曲。——宋·黄庭坚《念奴娇·断虹霁雨》

平生看明月，西北有高楼。——宋·朱敦儒《水调歌头·和海盐尉范行之》

平生颇惯，江海掀舞木兰舟。——宋·张元干《水调歌头·同徐师川泛太湖舟中作》

念远愁肠，伤春病思，自怪平生殊未曾。——宋·陆游《沁园春·一别秦楼》

平生自嫌亦自许，妙处可识不可夸。——宋·陆游《梅花》

平生许国今何有，且拟梁鸿赋五噫。——宋·陆游《秋思》

但放平生丘壑，莫管旁人嘲骂，深蛰要惊雷。——宋·辛弃疾《水调歌头·官事未易了》

试问平生，几番见、中秋明月。——宋·吴潜《满江红·试问平生》

平生肝胆向人倾，相识犹如不相识。——宋·释正觉《偈颂》

我是人间惆怅客，知君何事泪纵横。断肠声里忆平生。——清·纳兰性德《浣溪沙》

回首平生终负气，此身未死已销魂。——现代·陈寅恪《春日独游玉泉静明园》

后来有千日，谁与共平生？——现代·毛泽东《五古·挽易昌陶》

胡延晖《春山泛舟图》

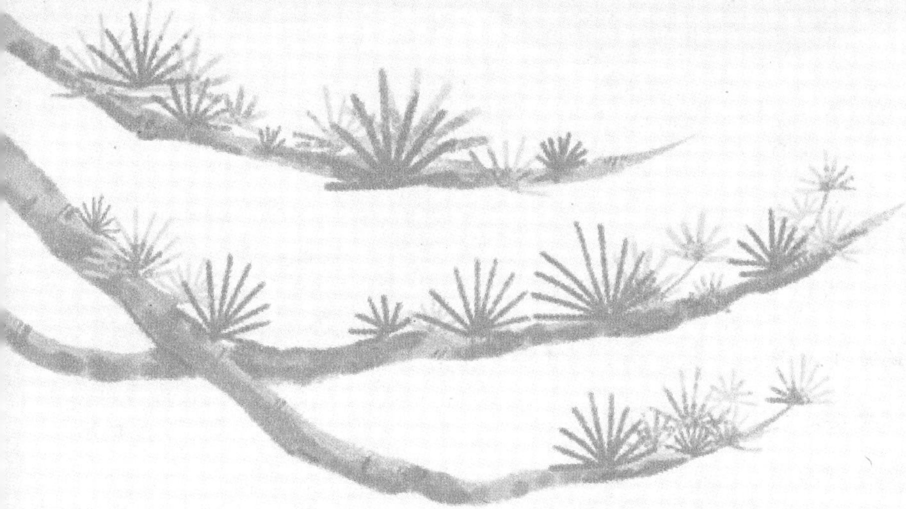

萋萋

袅袅秋风过，萋萋春草繁。——南朝·谢灵运《石门新营所住，四面高山，回溪石濑，茂林修竹》

王孙尚游衍，蕙草正萋萋。——南朝·谢灵运《登山曲》

春日迟迟，桑何萋萋。——南朝·谢惠连《秋胡行》

俯瞰长安道，萋萋御沟草。——唐·王勃《临高台》

上兰门外草萋萋，未央宫中花里栖。——唐·王维《听百舌鸟》

袅袅桑柘叶，萋萋柳垂荣。——唐·李白《古风》

扫尽更还生，萋萋满行迹。——唐·李白《自代内赠》

乐游古园崒森爽，烟绵碧草萋萋长。——唐·杜甫《乐游园歌》

又送王孙去，萋萋满别情。——唐·白居易《赋得古原草送别》

朝回珮马草萋萋，年少恩深卫霍齐。——唐·杜牧《贵游》

云中路杳杳，江畔草萋萋。——唐·赵嘏《昔昔盐》

妙迹奇名竟何在？下方烟暝草萋萋。——唐·温庭筠《清凉寺》

蝉噪秋风满古堤，荻花寒渡思萋萋。——唐·刘沧《浙江晚渡怀古》

到此绝车轮，萋萋草树春。——唐·于邺《寻山》

满城尘漠漠，隔岸草萋萋。——唐·杨夔《题甘露寺》

习习东风扇，萋萋草色新。——唐·王毂《春草碧色》

鱼钥兽环斜掩门，萋萋芳草忆王孙。——唐·赵光远《题妓莱儿壁》

春风堤上草萋萋，草软沙平护马蹄。——宋·陆游《春游》

萋萋幽草上墙绿，匆匆细水循阶鸣。——宋·陆游《东园晚兴》

梦入长安道，萋萋尽春草。——宋·吕本中《梦》

一片闲愁，芳草萋萋。——宋·辛弃疾《一翦梅·游蒋山呈叶丞相》

簌簌落红春似梦，萋萋柔绿愁如织。——宋·陈纪《倦寻芳》

冉冉欲遮蝼蚁穴。萋萋得近凤凰窠。——明·瞿佑《寄生草》

君行四月草萋萋，柳花桃花半委泥。——清·纳兰性德《送荪友》

城隈草萋萋，涔泪侵双题。——现代·毛泽东《挽易昌陶》

千里

舒吾陵霄羽，奋此千里足。——汉·郦炎《见志诗》

云山万重兮归路遐，疾风千里兮扬尘沙。——汉·蔡琰《胡笳十八拍》

老骥伏枥，志在千里。——三国魏·曹操《龟虽寿》

黄云蔽千里，游子何时还？——南朝·江淹《古离别》

欲穷千里目，更上一层楼。——唐·王之涣《登鹳雀楼》

一身转战三千里，一剑曾当百万师。——唐·王维《老将行》

回看射雕处，千里暮云平。——唐·王维《观猎》

朝辞白帝彩云间，千里江陵一日还。——唐·李白《早发白帝城》

故乡今夜思千里，愁鬓明朝又一年。——唐·高适《除夜作》

柴门鸟雀噪，归客千里至。——唐·杜甫《羌村》

故国三千里，深宫二十年。——唐·张祜《宫词·故国三千里》

千里莺啼绿映红，水村山郭酒旗风。——唐·杜牧《江南春》

欲寄相思千里月，溪边残照雨霏霏。——唐·杜牧《寄远》

四十年来家国，三千里地山河。——五代·李煜《破阵子·四十年来家国》

念去去，千里烟波，暮霭沉沉楚天阔。——宋·柳永《雨霖铃·寒蝉凄切》

故乡归去千里，佳处辄迟留。——宋·苏轼《水调歌头·安石在东海》
但愿人长久，千里共婵娟。——宋·苏轼《水调歌头·明月几时有》
三十功名尘与土，八千里路云和月。——宋·岳飞《满江红·写怀》
东望山阴何处是？往来一万三千里。——宋·陆游《渔家傲·寄仲高》
画图恰似归家梦，千里河山寸许长。——宋·辛弃疾《鹧鸪天·送元济之归豫章》

今年来看秦淮水，路隔西湖一千里。——元·王冕《梅花》
千里金城回不尽，万里洪涛喷薄。——清·郑燮《念奴娇·石头城》
北国风光，千里冰封，万里雪飘。——现代·毛泽东《沁园春·雪》
更喜岷山千里雪，三军过后尽开颜。——现代·毛泽东《七律·长征》
千里来寻故地，旧貌变新颜。——现代·毛泽东《水调歌头·重上井冈山》

憔悴

钱钱何难得，令我独憔悴。——汉《乐府歌·刺巴郡守诗》
繁华有憔悴，堂上生荆杞。——三国魏·阮籍《咏怀》
旅客长憔悴，春物自芳菲。——南朝·何逊《赠诸游旧诗》
交柯之木本同形，东枝憔悴西枝荣。——唐·李白《上留田行》
冠盖满京华，斯人独憔悴。——唐·杜甫《梦李白》
去年高枝犹压地，今年低枝已憔悴。——唐·罗隐《芳树》
此夜有情谁不极，隔墙梨雪又玲珑，玉容憔悴惹微红。——唐·韦庄《浣溪沙》
可惜旧欢携手地，思量一夕成憔悴。——五代·冯延巳《鹊踏枝·萧索清秋珠泪坠》
朱颜日日惊憔悴，多少离愁谁得会？——五代·冯延巳《应天长·朱颜日日惊憔悴》
双鬟不整云憔悴，泪沾红抹胸。——五代·李煜《谢新恩·樱花落尽阶前月》

衣带渐宽终不悔，为伊消得人憔悴。——宋·柳永《蝶恋花·伫倚危楼风细细》

一自绿窗偷见后，便憔悴、到如今。——宋·苏轼《江城子·腻红匀脸衬檀唇》

杏园憔悴杜鹃啼，无奈春归。——宋·秦观《画堂春·落红铺径水平池》

如今憔悴，天涯何处可销忧。——宋·朱敦儒《水调歌头·当年五陵下》

满地黄花堆积。憔悴损，如今有谁堪摘？——宋·李清照《声声慢·寻寻觅觅》

庭院深深深几许，云窗雾阁春迟，为谁憔悴损芳姿。——宋·李清照《临江仙·梅》

朗月清风，浓烟暗雨，天教憔悴度芳姿。——宋·李清照《多丽·咏白菊》

故园花柳，尽成憔悴难说。——宋·赵彦端《念奴娇·棠阴绿遍》

胡为素风生，白草同憔悴。——明·宋濂《和刘伯温秋怀韵》

他日差池春燕影，只今憔悴晚烟痕。——清·王士祯《秋柳》

斜倚西风无限恨，懒将憔悴舞纤腰，离思别绪一条条。——清·蒲松龄《浣溪沙》

何况文园憔悴后，非复酒垆风调。——清·纳兰性德《百字令·宿汉儿村》

泪眼观花泪易干，泪干春尽花憔悴。——清·曹雪芹《桃花行》

多谢素书珍重意，怜侬憔悴不如人。——清·苏曼殊《步元韵敬答云上人》

青山

余雪映青山，寒雾开白日。——南朝·谢朓《高斋视事》

旧宅青山远，归路白云深。——北朝·郑公超《送庾羽骑抱》

枯木期填海，青山望断河。——北朝·庾信《拟咏怀》

绿树村边合，青山郭外斜。——唐·孟浩然《过故人庄》

楼台晚映青山郭，罗绮晴骄绿水洲。——唐·孟浩然《登安阳城楼》

青山朝别暮还见，嘶马出门思旧乡。——唐·李颀《送陈章甫》

青山一道同云雨，明月何曾是两乡。——唐·王昌龄《送柴侍御》

城上青山如屋里，东家流水入西邻。——唐·王维《春日与裴迪过新昌里访吕逸人不遇》

两岸青山相对出，孤帆一片日边来。——唐·李白《望天门山》

青山横北郭，白水绕东城。——唐·李白《送友人》

吴歌楚舞欢未毕，青山欲衔半边日。——唐·李白《乌栖曲》

白水暮东流，青山犹哭声。——唐·杜甫《新安吏》

荷笠带斜阳，青山独归远。——唐·刘长卿《送灵澈上人》

青山隐隐水迢迢，秋尽江南草未凋。——唐·杜牧《寄扬州韩绰判官》

无可奈何新白发，不如归去旧青山。——宋·苏轼《浣溪沙》

水寒江静，满目青山，载月明归。——宋·黄庭坚《诉衷情·一波才动万波随》

百叠青山江一缕。十里人家，路绕南台去。——宋·李弥逊《蝶恋花·百叠青山江一缕》

世间鱼鸟各飞沉，茅屋青山无古今。——宋·陆游《杂感》

只因买得青山好，却恨归来白发多。——宋·辛弃疾《鹧鸪天·翠竹千寻上薜萝》

不共青山一笑，不与黄花一醉，怀抱向谁开！——宋·方岳《水调歌头·左手紫螯蟹》

山外青山楼外楼，西湖歌舞几时休？——宋·林升《题临安邸》

青山依旧在，几度夕阳红。——明·杨慎《临江仙·滚滚长江东逝水》

踏遍青山人未老，风景这边独好。——现代·毛泽东《清平乐·会昌》

绿水青山枉自多，华佗无奈小虫何！——现代·毛泽东《七律·送瘟神》

埋骨何须桑梓地，人生无处不青山。——现代·毛泽东《七绝·改诗赠父亲》

青天

江祖一片石，青天扫画屏。——唐·李白《秋浦歌》

巴水忽可尽，青天无到时。——唐·李白《上三峡》

牛渚西江夜，青天无片云。——唐·李白《夜泊牛渚怀古》

万里浮云卷碧山，青天中道流孤月。——唐·李白《答王十二寒夜独酌有怀》

黄金化尽方士死，青天欲上无缘由。——唐·武元衡《学仙难》

别有陶春日，青天云雾披。——唐·高峤《晦日重宴》

玉碗不磨著泥土，青天孔出白石补。——唐·韩愈《昼月》

漠漠轻阴晚自开，青天白日映楼台。——唐·韩愈《同水部张员外籍曲江春游寄白二十二舍人》

辛夷高花最先开，青天露坐始此回。——唐·韩愈《感春》

紫禁香如雾，青天月似霜。——唐·张仲素《思君恩》

小雏黄口未有知，青天不解高高飞。——唐·庄南杰《黄雀行》

绿崖下视千万寻，青天只据百余尺。——唐·邵谒《紫阁峰》

端居感慨忽自寤，青天闪烁无停晖。——宋·王安石《忆昨诗示诸外弟》

明月几时有？把酒问青天。——宋·苏轼《水调歌头·明月几时有》

绿发朱颜成异物，青天白日闭黄墟。——宋·黄庭坚《哀逝》

咸池洗日当青天，汉家自有中兴年。——宋·王庭圭《和周秀实田家行》

收尽浮云见素娥，青天脉脉映明河。——宋·陆游《秋夜独坐闻里中鼓吹声》

坐待西风迎素月，青天笑我独诗痴。——宋·白玉蟾《对月》

白日去如梦，青天知此心。——宋·文天祥《断雁》

中夜起看衣上月，青天如水露华新。——宋·文天祥《尘外》

雷霆万万古，青天看飞龙。——元·元好问《光武台》

白雾都收尽，青天无片云。——元·王冕《闸上》

拟携谢朓惊人句，来向青天颂数声。——清·袁枚《听诗叟》

风收云散波乍平，倒转青天作湖底。——清·查慎行《中秋夜洞庭湖对月歌》

清风

穆穆清风至，吹我罗衣裾。——汉《乐府民歌·穆穆清风至》

凝霜依玉除，清风飘飞阁。——三国魏·曹植《赠丁仪》

薄帷鉴明月，清风吹我襟。——三国魏·阮籍《咏怀》

幽兰生前庭，含熏待清风。——晋·陶渊明《饮酒》

迎清风以怯累，寄弱志于归波。——晋·陶渊明《闲情赋》

白云山上尽，清风松下歇。——南朝·张融《别诗》

开襟濯寒水，包带临清风。——南朝·沈约《游沈道士馆》

不觉初秋夜渐长，清风习习重凄凉。——唐·孟浩然《初秋》

清风无闲时，潇洒终日夕。——唐·李白《南轩松》

闲居清风亭，左右清风来。——唐·李白《陪族叔当涂宰游化城寺升公清风亭》

须信画堂绣阁，皓月清风，忍把光阴轻弃。——宋·柳永《玉女摇仙佩·佳人》

幸对清风皓月，苔茵展、云幕高张。——宋·苏轼《满庭芳·蜗角虚名》

清风明月无人管，并作南楼一味凉。——宋·黄庭坚《鄂州南楼书事》

饮时独对月明中，醉来还抱清风寝。——宋·徐积《李太白杂言》

白露收残月，清风散晓霞。——宋·仲殊《南柯子·十里青山远》

波上清风，画船明月人归后。——宋·魏夫人《点绛唇·波上清风》

朗月清风，浓烟暗雨，天教憔悴度芳姿。——宋·李清照《多丽·咏白菊》

清风掠地秋先到，赤日行天午不知。——宋·陆游《东湖新竹》

明月别枝惊鹊，清风半夜鸣蝉。——宋·辛弃疾《西江月·夜行黄沙道中》

老夫惟有，醒来明月，醉后清风。——元·元好问《人月圆·重冈已隔红尘断》

困坐南窗下，数对清风想念他。——元·关汉卿《大德歌·夏》

荷花十里，清风鉴水，明月天衣。——元·张可久《人月圆·会稽怀古》

清风阁，高凌霄汉，列岫如童。——清·顾太清《高山流水·次夫子清风阁落成韵》

对兹佳品酬佳节，桂拂清风菊带霜。——清·曹雪芹《螃蟹咏》

秋风

秋风起兮白云飞，草木黄落兮雁南归。——汉·刘彻《秋风辞》

秋风起兮木叶飞，吴江水兮鲈正肥。——晋·张翰《思吴江歌》

秋风木叶落，萧瑟管弦清。——南朝·何逊《铜雀妓》

秋风别苏武，寒水送荆轲。——北朝·庾信《拟咏怀》

复阁重楼向浦开，秋风明月度江来。——唐·王勃《寒夜怀友杂体》

明月沉珠浦，秋风濯锦川。——唐·王勃《重别薛华》

促织惊寒女，秋风感长年。——唐·孟浩然《题长安主人壁》

秋风吹不尽，总是玉关情。——唐·李白《子夜四时歌·秋歌》

落日心犹壮，秋风病欲疏。——唐·杜甫《江汉》

今日片帆城下去，秋风回首泪阑干。——唐·张继《重经巴丘》

夜雨须停棹，秋风暗入衣。——唐·皇甫冉《送裴陟归常州》

夜月降羌泪，秋风老将心。——唐·杨巨源《长城闻笛》

夜月红柑树，秋风白藕花。——唐·张籍《送从弟戴玄往苏州》

采莲将欲寄同心，秋风落花空复情。——唐·王適《江上有怀》

弓背霞明剑照霜，秋风走马出咸阳。——唐·令狐楚《少年行》

今日心情如往日，秋风气味似春风。——唐·白居易《偶饮》

往岁曾随江客船，秋风明月洞庭边。——唐·雍陶《望月怀江上旧游》

落日青山路，秋风白发人。——唐·吴融《旅中送迁客》

月没参横惜相违，秋风金井梧桐落。——宋·黄庭坚《二十八宿歌赠别无咎》

玉露团寒菊，秋风入败荷。——宋·张元干《南歌子·玉露团寒菊》

堪笑残生似蒲柳，秋风未到已先衰。——宋·陆游《老叹》

只在人间人不识，秋风又见雁南飞。——宋·陆游《道室杂咏》

野菊日烂漫，秋风随分开。——明·唐寅《菊花图》

一曲琵琶泪如把，况是秋风送别时。——明·唐寅《浔阳送别图》

去年

忽忆去年今日处，楚山欲尽见秦山。——唐·王质《和李平仲出郊》

去年别我向何处，有人传道游江东。——唐·李白《东鲁见狄博通》

忆昨逍遥供奉班，去年今日侍龙颜。——唐·杜甫《至日遣兴，奉寄北省旧阁老两院故人》

柳絮送人莺劝酒，去年今日别东都。——唐·白居易《三月二十八日赠周判官》

去年今日此门中，人面桃花相映红。——唐·崔护《题都城南庄》

去年今日湘南寺，独把寒梅愁断肠。——唐·李群玉《人日梅花病中作》

多少去年今日恨，御沟颜色洞庭来。——唐·崔橹《新柳》

四月十七，正是去年今日，别君时。——唐·韦庄《女冠子·四月十七》
去年今日到荣州，五骑红尘入郡楼。——唐·刘兼《去年今日》
去年今日到城都，城上芙蓉锦绣舒。——唐·张立《又咏》

记得去年今日，依前黄叶西风。——宋·晏殊《清平乐·春来秋去》
忆得去年今日，黄花已满东篱。——宋·晏殊《破阵子·忆得去年今日》
去年今日青松路，亦自闻蝉第一声。——宋·王安石《和惠思韵》
去年今日长干里，遥望钟山与此同。——宋·王安石《学士院燕侍郎画图》
去年今日王陵舍，鼓角秋风。——宋·李清臣《失调名》
去年今日到宣州，舟倚昭亭晚雨收。——宋·韦骧《去年今日》
去年今日关山路，细雨梅花正断魂。——宋·苏轼《十一月二十六日松风亭下梅花盛开》
碧楼帘影不遮愁，还似去年今日意。——宋·晏几道《玉楼春·东风又作无情计》
小鸭枯荷野艇冷，去年今日冻高邮。——宋·晁补之《题周廉彦所收李甲画三首三鸭》
人面桃花，去年今日津亭见。——宋·蔡伸《点绛唇·人面桃花》

去年今日遁崖山，望见龙舟咫尺间。——宋·文天祥《正月十三日》
去年今日关山路，疏雨断魂天气。——宋·刘辰翁《鹊桥仙·看人掷果》
去年今日雨潇潇，今日天晴雪尚消。——元·王冕《偶成》
君不见去年今日海子头，花帆锦缆黄龙舟。——明·戴冠《竞渡曲》
四百万人同一哭，去年今日割台湾。——清·丘逢甲《春愁》

黄公望《九峰雪霁图》

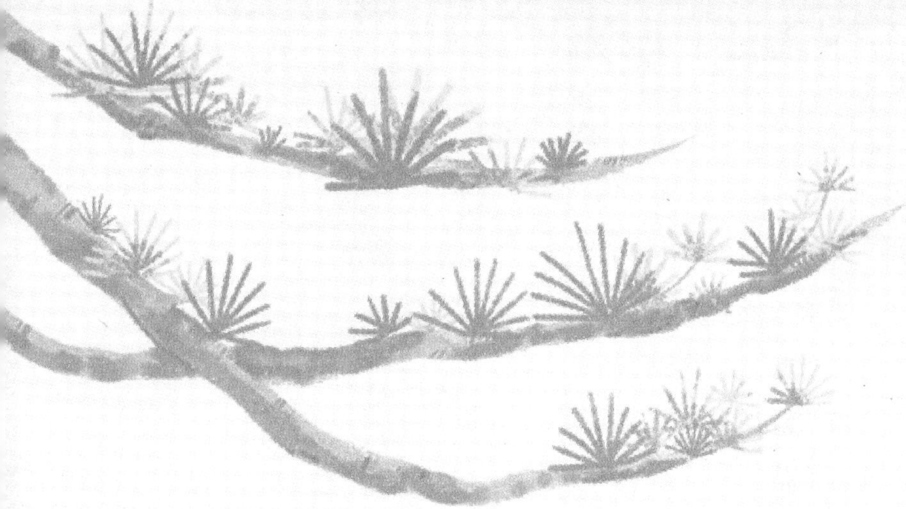

R

人间

初因避地去人间，及至成仙遂不还。——唐·王维《桃源行》

桃花流水窅然去，别有天地非人间。——唐·李白《山中问答》

秋浦锦驼鸟，人间天上稀。——唐·李白《秋浦歌》

此曲只应天上有，人间能得几回闻。——唐·杜甫《赠花卿》

天上秋期近，人间月影清。——唐·杜甫《月》

孤云将野鹤，岂向人间住！——唐·刘长卿《送上人》

但教心似金钿坚，天上人间会相见。——唐·白居易《长恨歌》

人间四月芳菲尽，山寺桃花始盛开。——唐·白居易《大林寺桃花》

羲和走驭趁年光，不许人间日月长。——唐·白居易《遣怀》

去年中使宣口敕，天上取样人间织。——唐·白居易《缭绫》

君看渡口淘沙处，渡却人间多少人！——唐·刘禹锡《浪淘沙》

门外若无南北路，人间应免别离愁。——唐·杜牧《赠别》

天意怜幽草，人间重晚晴。——唐·李商隐《晚晴》

流水落花春去也，天上人间。——五代·李煜《浪淘沙·帘外雨潺潺》

起舞弄清影，何似在人间！——宋·苏轼《水调歌头·明月几时有》

雪沫乳花浮午盏，蓼茸蒿笋试春盘。人间有味是清欢。——宋·苏轼《浣溪沙·细雨斜风作晓寒》

金风玉露一相逢，便胜却人间无数。——宋·秦观《鹊桥仙·纤云弄巧》

天荒地老行路难，谁传春色来人间。——元·王冕《梅花》

问人间谁是英雄？有酾酒临江，横槊曹公。——元·阿鲁威《蟾宫曲·问人间谁是英雄》

粉骨碎身全不怕，要留清白在人间。——明·于谦《石灰吟》

自是思量渠不与，人间总被思量误。——现代·王国维《蝶恋花·窗外绿阴添几许》

寂寞此人间，且喜身无主。——现代·瞿秋白《卜算子·寂寞此人间》

天若有情天亦老，人间正道是沧桑。——现代·毛泽东《七律·人民解放军占领南京》

横空出世，莽昆仑，阅尽人间春色。——现代·毛泽东《念奴娇·昆仑》

取义成仁今日事，人间遍种自由花。——现代·陈毅《梅岭三章》

如今

如今君心一朝异，对此长叹终百年。——南朝·鲍照《拟行路难》

如今正好同欢乐，君去容华谁得知？——唐·李白《江夏行》

如今足斟酌，且用慰迟暮。——唐·杜甫《羌村》

伊昔黄花酒，如今白发翁。——唐·杜甫《九日登梓州城》

如今白首乡心尽，万里归程在梦中。——唐·清江《送婆罗门》

如今直上银河去，同到牵牛织女家。——唐·刘禹锡《浪淘沙》

如今风摆花狼藉，绿叶成阴子满枝。——唐·杜牧《叹花》

如今俱是异乡人，相见更无因。——唐·韦庄《荷叶杯·记得那年花下》

如今却忆江南乐，当时年少春衫薄。——唐·韦庄的《菩萨蛮·如今却忆江南乐》

如今别馆添萧索，满面啼痕。——五代·冯延巳《采桑子·昭阳忆得神仙侣》

恰到如今，天长漏永，无端自家疏隔。——宋·柳永《浪淘沙·梦觉透窗风一线》

一自绿窗偷见后，便憔悴、到如今。——宋·苏轼《江城子·腻红匀脸衬檀唇》

如今不是梦，真个到伊行。——宋·晏几道《临江仙·浅浅余寒春半》

朝廷尚觅玄真子，何处如今更有诗？——宋·黄庭坚《鹧鸪天·西塞山边白鹭飞》

如今白发山城里，宴坐观空习断缘。——宋·晁冲之《次二十一兄季此韵》

如今但欲关门睡，一任梅花作雪飞。——宋·朱敦儒《鹧鸪天·曾为梅花醉不归》

如今风雨西楼夜，不听清歌也泪垂。——宋·周紫芝《鹧鸪天·一点残红欲尽时》

满地黄花堆积。憔悴损，如今有谁堪摘？——宋·李清照《声声慢·寻寻觅觅》

如今憔悴，风鬟霜鬓，怕见夜间出去。——宋·李清照《永遇乐·落日熔金》

关河自古无穷事，谁料如今袖手看！——宋·陆游《书愤》

憔悴如今谁领略，飘零已是无颜色。——宋·陆游《满江红·疏蕊幽香》

李白如今已仙去，月在青天几圆缺？——明·唐寅《把酒对月歌》

明月多情应笑我，笑我如今，辜负春心，独自闲行独自吟。——清·纳兰性德《采桑子·明月多情应笑我》

如今天下红遍，江山靠谁守？——现代·毛泽东《诉衷肠》

日暮

清晨发陇西，日暮飞狐谷。——南朝·吴均《答柳恽》

日暮山之幽，临风望羽客。——隋·杨素《山斋独坐赠薛内史》

故乡杳无际，日暮且孤征。——唐·陈子昂《晚次乐乡县》

移舟泊烟渚，日暮客愁新。——唐·孟浩然《宿建德江》

日暮征帆何处泊，天涯一望断人肠。——唐·孟浩然《送杜十四之江南》

山中相送罢，日暮掩柴扉。——唐·王维《山中送别》

疾风吹片帆，日暮千里隔。——唐·李白《江行寄远》

日暮乡关何处是，烟波江上使人愁。——唐·崔颢《黄鹤楼》

渭北春天树，江东日暮云。——唐·杜甫《春日忆李白》

笙歌日暮能留客，醉杀长安轻薄儿。——唐·贾至《春思》

日暮苍山远，天寒白屋贫。——唐·刘长卿《逢雪宿芙蓉山主人》

日暮汉宫传蜡烛，轻烟散入五侯家。——唐·韩翃《寒食》

日暮秋风起，萧萧枫树林。——唐·戴叔伦《过三闾庙》

日暮长廊闻燕语，轻寒微雨麦秋时。——宋·寇准《夏日》

明妃去时泪，洒向枝上花。狂风日暮起，飘泊落谁家？——宋·欧阳修《和王介甫明妃曲》

日暮北风吹雨去，数峰清瘦出云来。——宋·张耒《初见嵩山》

渔舟已入浦溆宿，客帆日暮犹争风。——宋·韩驹《题湖南清绝图》

行人日暮少，风雪乱山深。——宋·孔平仲《寄内》

我报路长嗟日暮，学诗谩有惊人句。——宋·李清照《渔家傲》

日暮诗成天又雪，与梅并作十分春。——宋·卢梅坡《雪梅》

日暮笙歌收拾去，万株杨柳属流莺。——宋·吴惟信《苏堤清明即事》

江东日暮云，渭北春天树，不知那答儿是春住处？——元·薛昂夫《楚天遥带过清江引》

路长羽翼短，日暮当如何？——明·刘基《旅兴》

日暮并舟归，鸬鹚方晒翅。——清·查慎行《青溪口号》

日月

瞻彼日月，悠悠我思。——先秦《国风·邶风·雄雉》

日月忽其不淹兮，春与秋其代序。——战国·屈原《离骚》

日月光华，旦复旦兮。——先秦《古歌·卿云歌》

日月之行，若出其中；星汉灿烂，若出其里。——三国魏·曹操《观沧海》

日月依辰至，举俗爱其名。——晋·陶渊明《九日闲居》

昼夜蔽日月，冬夏共霜雪。——南朝·谢灵运《登庐山绝顶望诸峤》

清明日月旦，萧索烟云涣。——唐·杨炯《奉和上元酺宴应诏》

年年重九庆，日月奉天长。——唐·沈佺期《九日临渭亭侍宴应制得长字》

青冥浩荡不见底，日月照耀金银台。——唐·李白《梦游天姥吟留别》

三峡楼台淹日月，五溪衣服共云山。——唐·杜甫《咏怀古迹》

南山塞天地，日月石上生。——唐·孟郊《游终南山》

知君用心如日月，事夫誓拟同生死。——唐·张籍《节妇吟·寄东平李司空师道》

昭阳殿里恩爱绝，蓬莱宫中日月长。——唐·白居易《长恨歌》

可怜国破忠臣死，日月东流生白波。——唐·许浑《姑苏怀古》

日月无情也有情，朝升夕没照均平。——唐·徐夤《日月无情》

眷令各有思归恨，日月相催雪满颠。——宋·黄庭坚《次元明韵寄子由》

乾坤扶持自今古，日月仿佛悬西东。——宋·郭祥正《金山行》

忠肝贯日月，浩气抉云霓。——宋·张镃《水调歌头·忠肝贯日月》

万事到白发，日月几西东。——宋·辛弃疾《水调歌头·和郑舜举蔗庵韵》

促取一年中日月，来归片刻之中。——元·牧常晁《临江仙·促取一年中日月》

循环日月，春秋变荣枯，几多相缀。——元·王吉昌《双双燕·循环日月》

月泉西出日泉东，日月光生二井中。——清·屈大均《日月二泉井》

一峰切云，出入日月。——清·陈文述《日月山铭》

日月依辰至，村居岁欲残。——清·吴巽《冬日村居读靖节先生日月依辰至句遂演成一律》

S

桑麻

相见无杂言，但道桑麻长。——晋·陶渊明《归园田居》

善邻谈谷稼。故老述桑麻。——南朝·何逊《南还道中送赠刘谘议别诗》

云雾含丹景，桑麻覆细田。——唐·薛曜《登绵州富乐山别李道士策》

稼穑岂云倦，桑麻今正繁。——唐·祖咏《田家即事》

行复见城市，宛然有桑麻。——唐·王维《渡河到清河作》

不知何处得鸡豕，就中仍见繁桑麻。——唐·李白《下途归石门旧居》

桑麻深雨露，燕雀半生成。——唐·杜甫《屏迹》

厚地植桑麻，所要济生民。——唐·白居易《秦中吟》

去县百余里，桑麻青氛氲。——唐·白居易《朱陈村》

烟火遥村落，桑麻隔稻畦。——唐·元稹《缘路》

雷雨依嵩岭，桑麻接楚田。——唐·李频《送姚郜先辈赴汝州辟》

溪边随事有桑麻，尽日山程十数家。——唐·司空图《漫书》

雨雪朝耕苦，桑麻岁计贫。——唐·崔涂《南涧耕叟》

天边眼力破万里，桑麻冥冥山四起。——宋·王安石《饮裴侯家》

厥田惟上上，桑麻十数州。——宋·黄庭坚《慈孝寺饯子敦席上奉同孔经父八韵》

箫鼓相闻村社密，桑麻无际岁时丰。——宋·陆游《题野人壁》

江头女儿双髻丫，常随阿母供桑麻。——宋·陆游《浣花女》

儿童牧鹅鸭，妇女治桑麻。——宋·陆游《泛湖至东泾》

九曲将穷眼豁然，桑麻雨露见平川。——宋·朱熹《九曲棹歌》

鸡鸭成群晚不收，桑麻长过屋山头。——宋·辛弃疾《鹧鸪天·戏题村会》

四望登原隰，桑麻蔚旆旆。——宋·文天祥《献州道中》

那得宽闲无点事，日搔短发问桑麻。——宋·艾性夫《意行》

事业新灯火，桑麻旧里村。——元·王冕《归家》

九州犹虎豹，四海未桑麻。——明·刘基《古戍》

山川

远游越山川，山川修且广。——晋·陆机《赴洛道中作》

山川千里外，言笑难为因。——晋·陶渊明《与殷晋安别》

途路盈千里，山川亘百重。——唐·杨炯《途中》

入郭登高楼，山川与云平。——唐·李白《自广平乘醉走马六十里至邯郸登城楼览古书怀》

我行山川异，忽在天一方。——唐·杜甫《成都府》

寒暑一何速，山川远间之。——唐·张说《赠赵公》

云雨分何处，山川共异方。——唐·白居易《江南喜逢萧九彻因话长安旧游戏赠五十韵》

郡邑移仙界，山川展画图。——唐·元稹《春分投简阳明洞天作》

歌管一尊酒，山川万里心。——唐·许浑《旅中别侄暐》

云雨暗更歌舞伴，山川不尽别离杯。——唐·赵嘏《登安陆西楼》

自此尘寰音信断，山川风月永相思。——唐·李群玉《送隐者归罗浮》

共说生前国步难，山川龙战血漫漫。——唐·胡曾《题周瑜将军庙》

岁月三年远，山川九泽长。——唐·王若岩《试越裳贡白雉》

草木已华滋，山川复清发。——宋·王安石《月夜》

雾鬓风鬟木叶衣，山川良是昔人非。——宋·苏轼《题毛女贞》

豺虎不能宽远俗，山川终要识诗人。——宋·陈与义《赠傅子文》

楼橹压湓口，山川蟠武昌。——宋·陆游《江上对酒作》

底事莺啼似骂春，山川失色花神赧。——宋·白玉蟾《题诸葛绣香园》

城郭谅非昔，山川俨如故。——宋·文天祥《题宣州叠嶂楼》

梦中了了说吴楚，山川如掌今羊肠。——宋·敖陶孙《送林伯农还鹿角山》

遥峰罨画，清流漱玉，故里好山川。——元·许有壬《太常引·次王居仁为寿韵》

山川亦自有声气，西湖不易与人热。——明·张明弼《六贤祠》

天地一何阔，山川杳茫茫。——明·刘基《感怀》

草木山川何限痛，只解征歌选色。——清·郑燮《念奴娇·宏光》

少年

少年见罗敷，脱帽著帩头。——汉《乐府歌·陌上桑》

名都多妖女，京洛出少年。——三国魏·曹植《名都篇》

幽并重骑射，少年好驰逐。——南朝·鲍照《拟古》

少年罕人事，游好在六经。——晋·陶渊明《饮酒》

此翁白头真可怜，伊昔红颜美少年。——唐·刘希夷《代悲白头翁》

长安少年游侠客，夜上戍楼看太白。——唐·王维《陇头吟》

少年落魄楚汉间，风尘萧瑟多苦颜。——唐·李白《驾去温泉后赠杨山人》

少年上人号怀素，草书天下称独步。——唐·李白《草书歌行》

同学少年多不贱，五陵衣马自轻肥。——唐·杜甫《秋兴》

夜深忽梦少年事，梦啼妆泪红阑干。——唐·白居易《琵琶行》

忆得少年长乞巧，竹竿头上愿丝多。——唐·白居易《七夕》

劝君莫惜金缕衣，劝君须惜少年时。——唐·杜秋娘《金缕衣》

请君莫向那岸边，少年，好花新满船。——唐·温庭筠《河传》

山川风景好，自古金陵道，少年看却老。——五代·冯延巳《醉花间·晴雪小园春未到》

老夫聊发少年狂，左牵黄，右擎苍，锦帽貂裘，千骑卷平冈。——宋·苏轼《江城子·密州出猎》

王孙开宴聚娇饶，越山洗愁碧。休说凤凰城里，少年时踪迹。——宋·朱敦儒《好事近·春雨挠元宵》

莫等闲，白了少年头，空悲切。——宋·岳飞《满江红·怒发冲冠》

赖有主人风味，识我少年狂态，乞与酒颜红。——宋·赵彦端《水调歌头·秋色忽如许》

家住东吴近帝乡。平生豪举少年场。——宋·陆游《鹧鸪天·家住东吴近帝乡》

尊前消尽少年狂，慵著送春语。——宋·陆游《好事近·客路苦思归》

少年心事，不知容易鬓边华。——宋·吴潜《水调歌头·过了中秋后》

老来事事消磨尽，只有尊前似少年。——元·元好问《鹧鸪天·饮量平常发兴偏》

好花难种不长开，少年易过不重来。——明·唐寅《花下酌酒歌》

恰同学少年，风华正茂；书生意气，挥斥方遒。——现代·毛泽东《沁园春·长沙》

少壮

少壮不努力，老大徒伤悲。——汉《乐府歌·长歌行》

忆我少壮时，无乐自欣豫。——晋·陶渊明《杂诗》

逢迎少壮非吾道，况乃今朝更祓除。——唐·杜甫《清明》

温温昔风味，少壮已书绅。——唐·杜甫《赠太子太师汝阳郡王琎》

荣华贵少壮，岂食楚江萍。——唐·杜甫《奉酬薛十二丈判官见赠》

劳我以少壮，息我以衰老。——唐·白居易《逸老》

安得长少壮？盛衰迫天时。——唐·白居易《秋怀》

青光好去莫惆怅，必斩长鲸须少壮。——唐·李涉《与弟渤新罗剑歌》

年颜各少壮，发绿齿尚齐。——唐·李商隐《戏题枢言草阁三十二韵》

辛勤今若是，少壮岂多时！——唐·马戴《幽上留别令狐侍郎》

离乡俱少壮，到碛减肌肤。——唐·曹松《塞上行》

勿言春尽春还至，少壮看花复几回？——唐·雍陶《送春》

别离俱自苦，少壮岂能闲。——唐·无可《秋日寄厉玄先辈》

殷郎月真听我语，少壮光阴能几许？——宋·徐铉《月真歌》

美君颜色愈少壮，外慕渐少由中充。——宋·苏轼《王颐赴建州钱监求诗及草书》

直须扶病营春事，老味难将少壮调。——宋·黄庭坚《次韵答蒲元礼病起》

定国精明过少壮，次公烦碎本雍容。——宋·毛滂《摊声浣溪沙》

丈夫少壮日，忍穷不自恕。——宋·陈与义《别岳州》

醉著面颜惊少壮，浇余胸次失峥嵘。——宋·陆游《独饮醉卧比觉已夜半矣戏作此诗》

倘得此生重少壮，临危敢爱不赀身！——宋·陆游《客去追记坐间所言》

少壮尚可力，老大真难堪。——宋·陆游《村舍小酌》

古人学问无遗力，少壮工夫老始成。——宋·陆游《冬夜读书示子聿》

人世几时能少壮？宦游何处计东西？——元·李齐贤《浣溪沙·早行》

百年日月水东流。少壮几时回首。——元·马需庵《西江月·调张季良文会馆》

暂息干戈易，重经少壮难。——清·吴伟业《中秋看月有感》

深处

厄磴层层上太华，白云深处有人家。——唐·李白《太华观》

纵使晴明无雨色，入云深处亦沾衣。——唐·张旭《山中留客》

菱叶萦波荷飐风，荷花深处小船通。——唐·白居易《采莲曲》

紫阁峰西清渭东，野烟深处夕阳中。——唐·白居易《县西郊秋寄赠马造》

此时晴烟最深处，舍南巷北遥相语。——唐·柳宗元《闻黄鹂》

芳草岸，各烟雾，谁在绿杨深处住？——五代·冯延巳《应天长·石城花落江楼雨》

去从闹市红尘去，归向白云深处归。——宋·释惟一《偈颂》

十里楼台倚翠微，百花深处杜鹃啼。——宋·晏几道《鹧鸪天·十里楼台倚翠微》

废沼夜来秋水满，茂林深处晚莺啼。——宋·苏轼《浣溪沙》

我欲穿花寻路，直入白云深处，浩气展虹霓。——宋·黄庭坚《水调歌头·瑶草一何碧》

醉漾轻舟，信流引到花深处。——宋·秦观《点绛唇·醉漾轻舟》

欲减罗衣寒未去，不卷珠帘，人在深深处。——宋·赵令畤《蝶恋花·欲减罗衣寒未去》

兴尽晚回舟，误入藕花深处。——宋·李清照《如梦令·常记溪亭日暮》

藕花深处，尚能同载麹生无？——宋·张元干《水调歌头·放浪形骸外》

总是向人深处，当时枉道无情。——宋·陆游《朝中措·怕歌愁舞懒逢迎》

且向武夷深处，坐对云烟开敛，逸思入微茫。——宋·陈亮《水调歌头·人物从来少》

独是大江深处，一片水晶世界，仿佛有微痕。——宋·李曾伯《水调歌头·可爱十分月》

薄暮归吟芳草路，落红深处鹧鸪声。——宋·赵长卿《浣溪沙·春深》
小庵深处，萧然无限修竹。——宋·沈瀛《念奴娇·万般照破》
一林枫叶堕愁红。归去暮烟深处，听疏钟。——宋·吕渭老《南歌子·策杖穿荒圃》

宝驾中天临百辟，五云深处仰龙颜。——明·朱权《宫词》
咯咯笑声郎仰面，竹林深处唤小名。——明·唐寅《无题》
一线天高不可升，穿云深处有梯登。——明·唐世靖《百步云梯》
曲阑深处重相见，匀泪偎人颤。——清·纳兰性德《虞美人·曲阑深处重相见》

时节

白露沾野草，时节忽复易。——汉·佚名《古诗十九首·明月皎夜光》
惨惨时节尽，兰叶复凋零。——三国魏·徐幹《室思》
天张云卷有时节，吾徒莫叹羝触藩。——唐·李白《留别于十一兄逖裴十三游塞垣》
好雨知时节，当春乃发生。——唐·杜甫《春夜喜雨》
正是江南好风景，落花时节又逢君。——唐·杜甫《江南逢李龟年》
水府沉沉行路绝，蛟龙出没无时节。——唐·韦应物《鼋头山神女歌》
唯有牡丹真国色，花开时节动京城。——唐·刘禹锡《赏牡丹》
清明时节雨纷纷，路上行人欲断魂。——唐·杜牧《清明》
门外马嘶郎欲别，正是落花时节。——唐·韦庄《清平乐·莺啼残月》
飞絮落花，时节近清明。——唐·张泌《江城子·碧阑干外小中庭》

宿酒醒来，不记归时节。——宋·欧阳修《蝶恋花·梨叶初红蝉韵歇》
采莲时节定来无。醉后满身花影、倩人扶。——宋·晏几道《虞美人·疏梅月下歌金缕》

青梅又是花时节。粉墙闲把青梅折。——宋·李之仪《菩萨蛮·青梅又是花时节》

正是少年佳意气，渐当故里春时节。——宋·晁补之《满江红·月上西窗》

长记海棠开后，正是伤春时节。——宋·李清照《好事近·风定落花深》

宾朋饭芋豆，时节羹藜藿。——宋·陆游《杂兴》

犹是晓晴风露下，采桑时节暂相逢。——宋·范成大《晚春田园杂兴》

说与依依王谢燕，应有凉风时节。——宋·姜夔《念奴娇·昔游未远》

黄梅时节家家雨，青草池塘处处蛙。——宋·赵师秀《约客》

岩花篱蕊开遍，时节正重阳。——宋·吴潜《水调歌头·宛水才停棹》

际会风云底时节，寒梭出蛰一声雷。——宋·释正觉《偈颂》

谁道飘零不可怜，旧游时节好花天，断肠人去自经年。——清·纳兰性德《浣溪沙》

烟软梨花，雨娇寒食，芳草催时节。——清·郑燮《念奴娇·桃叶渡》

人猿相揖别。只几个石头磨过，小儿时节。——现代·毛泽东《贺新郎·读史》

十分

石榴枝上花千朵，荷叶杯中酒十分。——唐·白居易《失题》

玉管朱弦莫急催，容听歌送十分杯。——唐·白居易《想夫怜》

容貌一日减一日，心情十分无九分。——唐·白居易《见元九》

五斗解酲犹恨少，十分飞盏未嫌多。——唐·元稹《放言》

为君蘸甲十分饮，应见离心一倍多。——唐·杜牧《后池泛舟送王十》

但看低昂烟雨里，不已。劝君休诉十分杯。——宋·苏轼《定风波·两两轻红半晕腮》

十分潋滟金樽凸，千杖敲铿羯鼓催。——宋·苏轼《有美堂暴雨》

良辰易去如弹指，金盏十分须尽意。——宋·晏几道《玉楼春》

去即十分去也，如何向千种思量。——宋·周邦彦《满庭芳·花扑鞭梢》
来宵虽道十分满，未必胜如此夜明。——宋·朱敦儒《鹧鸪天·凤烛星球初试灯》

桂月十分春正半，广寒宫殿葱葱。——宋·洪迈《临江仙·绮席流欢欢正洽》
一笑难逢身健，十分休惜颜酡。——宋·范成大《西江月·樱笋园林绿暗》
总有十分轻妙态，谁似旧时怜惜。——宋·朱淑真《念奴娇·鹅毛细翦》
祝公长似，十分今夜明月。——宋·辛弃疾《念奴娇·看公风骨》
清香雅韵十分足，俗态嚣尘一点无。——宋·陈亮《咏梅》
十分又是凄愁处，雨歇芭蕉小院凉。——宋·周端臣《古断肠曲》
晓来策杖过溪西，十分春在梅梢上。——宋·释了惠《偈颂》
醉我一壶玉，了此十分秋。——宋·方岳《水调歌头·醉我一壶玉》
劝君须尽眼中欢，绿酒十分千秋寿。——宋·李朝卿《玉楼春》
五湖春色十分肥，正是功圆果满时。——宋·释原妙《偈颂》

十分皓色花输月，一径幽香月让花。——明·唐寅《花月吟》
瘦石亭前倚晓风，十分凉意小桥东。——明·顾清《送徐中行南京工部》
春已十分宜，东风无是非。——清·纳兰性德《菩萨蛮·晓寒瘦著西南月》
野鹤闲云寄此生，暗香真到十分清。——清·张问陶《梅花》

十年

君行逾十年，孤妾常独栖。——三国魏·曹植《七哀诗》
奈何五十年，忽已亲此事。——晋·陶渊明《杂诗》
三旬九遇食，十年著一冠。——晋·陶渊明《拟古》
十年罢西笑，览镜如秋霜。——唐·李白《留别曹南群官之江南》

酒阑却忆十年事，肠断骊山清路尘。——唐·杜甫《九日》

岂堪沧海畔，为客十年来。——唐·刘长卿《早春》

十年离乱后，长大一相逢。——唐·李益《喜见外弟又言别》

十年曾一别，征路此相逢。——唐·权德舆《岭上逢久别者又别》

湘东行人长叹息，十年离家归未得。——唐·张籍《行路难》

仙游寺前别，别来十年余。——唐·白居易《哭王质夫》

十年磨一剑，霜刃未曾试。——唐·贾岛《剑客》

十年泉下无人问，九日樽前有所思。——唐·李商隐《九日》

莫怪乡心随魄断，十年为客在他州。——唐·杜秋娘《金缕衣》

十年生死两茫茫，不思量，自难忘。——宋·苏轼《江城子·乙卯正月二十日夜记梦》

十年一觉扬州梦，为报时人洗眼看。——宋·黄庭坚《鹧鸪天·紫菊黄花风露寒》

折桂归来懒觅官，十年风月醉家山。——宋·朱敦儒《浣溪沙·季钦拥双妙丽，使来求长短句，为赋》

五年作竹梢，十年作梅枝。——宋·陆游《梅花》

纵酒山南千日醉，看花剑外十年狂。——宋·陆游《遣兴》

细数十年事，十处过中秋。——宋·范成大《水调歌头·细数十年事》

十年花骨东风泪，几点螺香素壁尘。——宋·史达祖《鹧鸪天·搭柳阑干倚伫频》

回首十年事，解后衮衣乡。——宋·魏了翁《水调歌头·曾记武林日》

灯下採花春去早，竹间影月索归忙。十年前事费思量。——宋·吕渭老《浣溪沙·做得因缘不久长》

笑舞狂歌五十年，花中行乐月中眠。——明·唐寅《言怀》

背灯和月就花阴，已是十年踪迹十年心。——清·纳兰性德《虞美人·银床淅沥青梧老》

南国烽烟正十年，此头须向国门悬。——现代·陈毅《梅岭三章》

霜风

霜风乱飘叶，寒水细澄沙。——北朝·庾信《卫王赠桑落酒奉答诗》

是日霜风冻七泽，乌蛮落照衔赤壁。——唐·杜甫《醉歌行，赠公安颜少府请顾八题壁》

黄沙碛下八月时，霜风裂肤百草衰。——唐·戴叔伦《边城曲》

萧飒秋声楼上闻，霜风漠漠起阴云。——唐·权德舆《九日北楼宴集》

泠泠寒水带霜风，更在天桥夜景中。——唐·杜牧《洛阳秋夕》

劳歌一曲霜风暮，击折湘妃白玉簪。——唐·罗隐《湘中赠范郎》

高秋咸镐起霜风，秦汉荒陵树叶红。——唐·刘兼《咸阳怀古》

霜风凄紧正脱木，颍水清浅可立鹭。——宋·苏轼《送欧阳季默赴阙》

定知玉兔十分圆，已作霜风九月寒。——宋·苏轼《八月十五日看潮五绝》

霜风来时雨如泻，杷头出菌镰生衣。——宋·苏轼《吴中田妇叹》

霜风渐欲作重阳，熠熠溪边野菊香。——宋·苏轼《捕蝗至浮云岭山行疲苶有怀子由弟》

铜镜无情欺白发，霜风有力散酡颜。——宋·陆游《入临川境马上作》

床头有酒敌霜风，诗成老气尚如虹。——宋·陆游《醉歌》

霜风初高鹰隼击，天河下洗烟尘清。——宋·陆游《秋雨叹》

霜风尽脱千林叶，云气平沉一面山。——宋·陆游《行饭暮归》

霜风捣尽千林叶，闲倚筇枝数鹳巢。——宋·范成大《冬日田园杂兴》

霜风一动岭云开，云外樵歌暮更哀。——宋·杨万里《归路过南溪桥》

霜风吹船著淮阴，淮山高高淮水深。——宋·杨万里《舟中雪作，和沈虞卿寄雪诗韵》

霜风吹破梅花晓，雾月飞浮竹影窗。——宋·白玉蟾《睡起》

江南暗香都不住，霜风吹入罗浮村。——宋·文天祥《题张景召簿尉梅墅并饯入南》

寒日荧荧照枫叶，霜风槭槭飞芦花。——宋·蔡戡《长风沙》
霜风昨夜卷晴雪，山路今朝无碧苔。——元·艾性夫《落梅》
萧萧一夕霜风紧，却拥貂裘怨早寒。——清·纳兰性德《于中好》
霜风醒客梦，笳月起边愁。——清·吴琪《送别》

思量

有无更代事，劝汝熟思量。——唐·寒山《诗三百》
思量入道苦，自哂同婴孩。——唐·杜甫《山寺》
斜倚栏干背鹦鹉，思量何事不回头。——唐·白居易《春词》
顾念娇啼面，思量老病身。——唐·白居易《罗子》
别后曹家碑背上，思量好字断君肠。——唐·白居易《代谢好妓答崔员外》
今日竟相牵，思量偶然错。——唐·元稹《桐花落》
寻觅诗章在，思量岁月惊。——唐·元稹《遣行》
到晓不成梦，思量堪白头。——唐·杜牧《不寝》
六代精灵人不见，思量应在月明中。——唐·罗隐《金陵夜泊》
世事自随蓬转在，思量何处是飞蓬。——唐·罗隐《酬黄从事怀旧见寄》

举目纵然非我有，思量似在故山时。——唐·方干《旅次洋州寓居郝氏林亭》
唯有风光与踪迹，思量长是暗销魂。——唐·韩偓《踪迹》
闲坐细思量，唯吟不可忘。——唐·杜荀鹤《秋日寄吟友》
手把山中紫罗笔，思量点画龙蛇出。——唐·顾况《剡纸歌》

夜起沙月中，思量捕鱼策。——唐·顾况《白鹭汀》

十年生死两茫茫，不思量，自难忘。——宋·苏轼《江城子·乙卯正月二十日夜记梦》

不用思量今古，俯仰昔人非。——宋·苏轼《八声甘州·寄参寥子》

独自行来行去、好思量。——宋·苏轼《虞美人·深深庭院清明过》

莫嫌白发不思量，也须有、思量去里。——宋·辛弃疾《鹊桥仙·送粉卿行》

细思量，悲欢梦里，觉来总无寻处。——宋·辛弃疾《永遇乐·送陈仁和自便东归·陈至上饶之一年，得子甚喜》

自家无取他无求，思量何似当初莫。——宋·白玉蟾《安分歌》

风暖有人能作伴，日长无事可思量。——明·杨基《浣溪沙·上巳》

夜来欹枕细思量，独卧残灯漏夜长。——明·唐寅《夜读》

掌上明珠价几何？无心未曾思量著。——清·仓央嘉措《情诗》

四海

四海皆兄弟，谁为行路人？——汉·佚名《别诗》

凤兮凤兮归故乡，遨游四海求其凰。——汉·司马相如《凤求凰》

丈夫志四海，万里犹比邻。——三国魏·曹植《赠白马王彪》

雄心志四海，万里望风尘。——晋·傅玄《豫章行苦相篇》

丈夫志四海，我愿不知老。——晋·陶渊明《杂诗》

独步圣明世，四海称英雄。——晋·张华《壮士篇》

高志局四海，块然守空堂。——晋·左思《秋风何冽冽》

高眄邈四海，豪右何足陈？——晋·左思《咏史》

嘘八风而为气，吹四海而扬波。——南朝·王规《大言应令诗》

圆魄上寒空，皆言四海同。——唐·李峤《中秋月》

剑非万人敌，文窃四海声。——唐·李白《经乱离后天恩流夜郎忆旧游书怀赠江夏韦太守良宰》

阑风长雨秋纷纷，四海八荒同一云。——唐·杜甫《秋雨叹》

恭事四海人，甚于敬公卿。——唐·王建《赠王侍御》

四海无闲田，农夫犹饿死。——唐·李绅《悯农》

四海一家无一事，将军携镜泣霜毛。——唐·杜牧《长安杂题》

奈何四海尽滔滔，湛然一境平如砥。——唐·韦庄《秦妇吟》

四海清平耆旧见，五陵寒食小臣悲。——唐·罗衮《清明登奉先城楼》

君王游乐万机轻，一曲霓裳四海兵。——唐·李约《过华清宫》

十月五星聚，七年四海宾。——宋·王珪《咏汉高祖》

四海十年兵不解，胡尘直到江城。——宋·陈克《临江仙·四海十年兵不解》

黄河与函谷，四海通舟车。——宋·陆游《观大散关图有感》

踏遍万户千门，五湖四海，一样中秋月。——元·凌云翰《无俗念》

莫言四海皆兄长，骨肉而今冷眼看。——明·唐寅《败荷鹡鸰图》

四海翻腾云水怒，五洲震荡风雷激。——现代·毛泽东《满江红·和郭沫若同志》

松柏

东西植松柏，左右种梧桐。——汉《乐府歌·孔雀东南飞》

果欲结金兰，但看松柏林。——南朝《乐府歌·子夜四时歌·冬歌》

我心如松柏，君情复何似？——南朝《乐府歌·子夜四时歌·冬歌》

猛虎依深山，愿得松柏长。——北朝《乐府民歌·琅琊王歌》

白杨何萧萧，松柏夹广路。——汉·佚名《古诗十九首·驱车上东门》

岂不罹凝寒，松柏有本性。——三国魏·刘桢《赠从弟》

岁寒众木改，松柏心常在。——唐·张说《代书寄薛四》

芰荷薰讲席，松柏映香台。——唐·孟浩然《题融公兰若》

皇恩雪愤懑，松柏含荣滋。——唐·李白《窜夜郎，于乌江留别宗十六璟》

全天有青庙，松柏隐苍然。——唐·刘长卿《关门望华山》

鸳鸿得路争先翥，松柏凌寒独后凋。——唐·武元衡《送张六谏议归朝》

浪波沄沄去，松柏在山冈。——唐·韩愈《条山苍》

秋天笳鼓歇，松柏遍山鸣。——唐·韩愈《大行皇太后挽歌词》

晚来乘兴谒先师，松柏凄凄人不知。——唐·罗隐《谒文宣王庙》

妾怜松柏色，松柏色难凋。——唐·黄滔《寄友人》

虎狼遇猎难藏迹，松柏因风易举头。——唐·杜荀鹤《山中对雪有作》

苍苍远山际，松柏独宜寒。——唐·张南史《送朱大游塞》

浮丘山上见黄冠，松柏森森登古坛。——唐·护国《逢灵道士》

楩楠十围瑰，松柏百尺坚。——唐·欧阳詹《答韩十八驽骥吟》

金石兮水波，松柏兮雨霜。——宋·黄庭坚《龙眠操三章赠李元中》

草木怀元宠，松柏抱常心。——宋·黄庭坚《寄怀赵正夫奉议》

诗书新雨露，松柏老烟霞。——宋·文天祥《挽黎致政》

桃李眩春昼，松柏傲霜时。——宋·魏了翁《水调歌头》

太古岁寒松柏，尽春风、闹开桃李。——元·许有壬《水龙吟》

不怕帝，不怕贼。奇儿女，如松柏。——现代·毛泽东《杂言诗·八连颂》

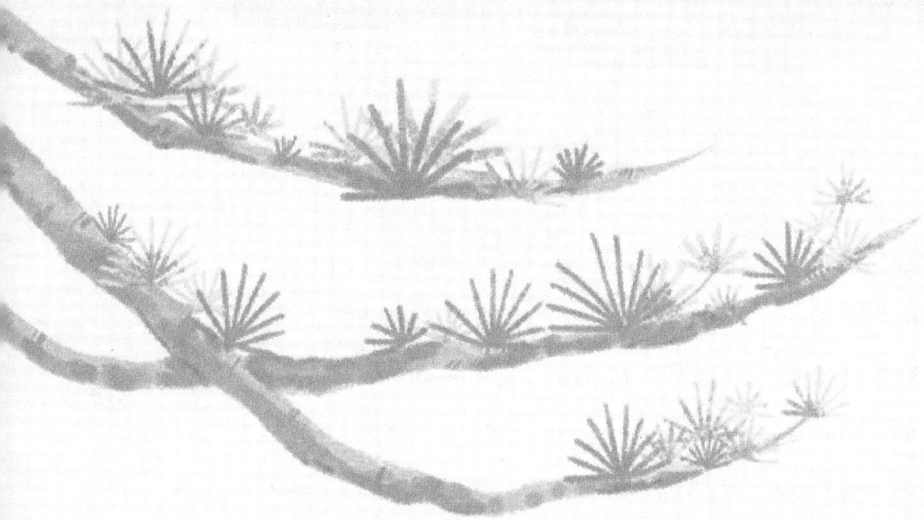

丁

桃花

衔悲揽涕别心知，桃花李花任风吹。——南朝·萧子显《春别》

柳叶带风转，桃花含雨开。——南朝·萧纲《侍游新亭应令》

沅水桃花色，湘流杜若香。——南朝·阴铿《渡青草湖》

桃花尽日随流水，洞在清溪何处边？——唐·张旭《桃花溪》

渔舟逐水爱山春，两岸桃花夹古津。——唐·王维《桃源行》

桃花潭水深千尺，不及汪伦送我情。——唐·李白《赠汪伦》

犬吠水声中，桃花带雨浓。——唐·李白《访戴天山道士不遇》

桃花一簇开无主，可爱深红爱浅红。——唐·杜甫《江畔独步寻花七绝句》

西塞山前白鹭飞，桃花流水鳜鱼肥。——唐·张志和《渔歌子》

兰溪三日桃花雨，半夜鲤鱼来上滩。——唐·戴叔伦《兰溪棹歌》

故人家在桃花岸，直到门前溪水流。——唐·常建《三日寻李九庄》

人间四月芳菲尽，山寺桃花始盛开。——唐·白居易《大林寺桃花》

人面不知何处去，桃花依旧笑春风。——唐·崔护《题都城南庄》

百亩庭中半是苔，桃花净尽菜花开。——唐·刘禹锡《再游玄都观》

山泉散漫绕阶流，万树桃花映小楼。——唐·元稹《离思》

况是青春日将暮，桃花乱落如红雨。——唐·李贺《将进酒·琉璃钟》

吴兴才人怨春风，桃花满陌千里红。——唐·李贺《送沈亚之歌》

他年我若为青帝，报与桃花一处开。——唐·黄巢《题菊花》

浪花有意千里雪，桃花无言一队春。——五代·李煜《渔父·浪花有意千里雪》

此会未阑须记取。桃花几度吹红雨。——宋·周邦彦《蝶恋花·鱼尾霞生明远树》

桃花落，闲池阁。——宋·陆游《钗头凤·红酥手》

桃花暖日茸茸笑，杨柳光风浅浅颦。——宋·范成大《鹧鸪天·荡漾西湖采绿苹》

禹门已准桃花浪，月殿先收桂子香。——宋·辛弃疾《鹧鸪天·白苎新袍入嫩凉》

鉴湖春好无人赋，夹岸桃花锦浪生。——元·元好问《论诗》

陶令不知何处去，桃花源里可耕田？——现代·毛泽东《七律·登庐山》

桃李

洛阳城东路，桃李生路旁。——汉·宋子侯《董娇饶》

榆柳荫后檐，桃李罗堂前。——晋·陶渊明《归园田居》

桃李成蹊径，桑榆荫道周。——南朝·谢朓《和徐都曹出新亭渚诗》

桃李佳人欲相照，摘叶牵花来并笑。——南朝·江总《梅花落》

万里烟尘客，三春桃李时。——唐·卢照邻《山行寄刘李二参军》

情催桃李艳，心寄管弦飞。——唐·张若虚《代答闺梦还》

洛阳城东桃李花，飞来飞去落谁家？——唐·刘希夷《代悲白头翁》

洞门高阁霭余辉，桃李阴阴柳絮飞。——唐·王维《酬郭给事》

桃李待日开，荣华照当年。——唐·李白《长歌行》

手种桃李非无主，野老墙低还似家。——唐·杜甫《绝句漫兴》

春风桃李花开日，秋雨梧桐叶落时。——唐·白居易《长恨歌》

山上层层桃李花，云间烟火是人家。——唐·刘禹锡《竹枝词》

是时春向暮，桃李生繁阴。——唐·柳宗元《觉衰》

桃李春风一杯酒，江湖夜雨十年灯。——宋·黄庭坚《寄黄幾复》

桃李不禁风，回首落英无限。——宋·秦观《如梦令·楼外残阳红满》

半落琼瑶天又惜，稍侵桃李蝶应愁。——宋·毛滂《浣溪沙·新春四夜松斋小饮，微雪复止》

桃李尽无语，波影动兰舟。——宋·叶梦得《水调歌头·修眉扫遥碧》

花信争先，暗将春意传桃李。——宋·李弥逊《点绛唇·花信争先》

十载长安桃李梦，年来镜净尘空。——宋·赵彦端《临江仙·十载长安桃李梦》

襦袴见歌咏，桃李藉栽培。——宋·张孝祥《水调歌头·天上掌纶手》

城中桃李愁风雨，春在溪头荠菜花。——宋·辛弃疾《鹧鸪天·陌上柔条初破芽》

所以芳桂枝，不争桃李春。——明·刘基《感怀》

细雨饧箫，斜阳牧笛，一径穿桃李。——清·郑燮《念奴娇·长干里》

香满春城梅不傲，更随桃李拜师来。——现代·老舍《赠申凤梅》

桃源

逍遥游桂苑，寂绝到桃源。——北朝·庾信《咏画屏风》

草色日向好，桃源人去稀。——唐·王维《送钱少府还蓝田》

薜带何辞楚，桃源堪避秦。——唐·李白《酬王补阙惠翼庄庙宋丞泚赠别》

茅屋还堪赋，桃源自可寻。——唐·杜甫《春日江村》

多垒满山谷，桃源无处求。——唐·杜甫《不寐》

兰渚催新幄，桃源识故蹊。——唐·刘长卿《和袁郎中破贼后军行过剡中山水谨上太尉》

渡口问渔家，桃源路深浅。——唐·刘长卿《湘中纪行·石围峰》

他日山中逢胜事，桃源洞里几人家。——唐·刘长卿《送常十九归嵩少故林》

重见太平身已老，桃源久住不能归。——唐·刘长卿《会赦后酬主簿所问》

柳市名犹在，桃源梦已稀。——唐·李端《闻吉道士还俗因而有赠》

蒲泽逢胡雁，桃源见晋人。——唐·李端《送郭参军赴绛州》

花萼连枝近，桃源去路深。——唐·戎昱《送陆秀才归觐省》

峡路猿声断，桃源犬吠深。——唐·武元衡《送严侍御》

待我休官了婚嫁，桃源洞里觅仙兄。——唐·张仲方《赠毛仙翁》

神仙有无何渺茫，桃源之说诚荒唐。——唐·韩愈《桃源图》

却笑霞楼紫芝侣，桃源深洞访仙才。——唐·广宣《寺中赏花应制》

浮世度千载，桃源方一春。——唐·于邺《赠王道士》

杜陵犹识汉，桃源不辨秦。——唐·乔侃《人日登高》

虚心闻地籁，妄意觅桃源。——宋·苏轼《风水洞二首和李节推》

处处皆堪隐，桃源莫问津。——宋·陆游《车中作》

杜曲桑麻犹郁郁，桃源鸡犬亦欣欣。——宋·陆游《鲁墟础》

乐岁家家俱自得，桃源未必是神仙。——宋·陆游《北园杂咏》

始知真隐意，何必入桃源。——清·吴绡《啸台》

从此桃源萦客梦，共谁桑海赏天才？——现代·老舍《诗三律》

天地

与天地兮同寿，与日月兮同光。——战国·屈原《九章·涉江》

先嫁得府吏，后嫁得郎君。否泰如天地，足以荣汝身。——汉《乐府歌·孔雀东南飞》

天地长不没，山川无改时。——晋·陶渊明《形影神》

大道自无穷，天地长且久。——晋·杨茗华《赠竺度》

念天地之悠悠，独怆然而涕下。——唐·陈子昂《登幽州台歌》

江流天地外，山色有无中。——唐·王维《汉江临眺》

赤日满天地，火云成山岳。——唐·王维《苦热行》

登高壮观天地间，大江茫茫去不还。——唐·李白《庐山谣寄卢侍御虚舟》
桃花流水窅然去，别有天地非人间。——唐·李白《山中问答》
天地一浮云，此身乃毫末。——唐·李白《赠别从甥高五》

飘飘何所似，天地一沙鸥。——唐·杜甫《旅夜书怀》
锦江春色来天地，玉垒浮云变古今。——唐·杜甫《登楼》
支离东北风尘际，漂泊西南天地间。——唐·杜甫《咏怀古迹》
浮云柳絮无根蒂，天地阔远随飞扬。——唐·韩愈《听颖师弹琴》
同此天地间，我岂异于人？——唐·白居易《咏拙》
天地英雄气，千秋尚凛然。——唐·刘禹锡《蜀先主庙》
楼上楼前尽珠翠，炫转荧煌照天地。——唐·元稹《连昌宫词》
天地涵容百川入，晨昏浮动两潮来。——宋·赵抃《次韵孔宪蓬莱阁》
雷惊天地龙蛇蛰，雨足郊原草木柔。——宋·黄庭坚《清明》
泽畔行吟处，天地一沙鸥。——宋·张元干《水调歌头·落景下青嶂》

白发萧萧卧泽中，秖凭天地鉴孤忠。——宋·陆游《书愤》
天地有正气，杂然赋流形。——宋·文天祥《正气歌》
怀贞岁华晚，只有天地知。——元·王冕《梅花》
神识独游天地外，低眉宁肯谒王公。——明·唐寅《抱琴归去图》
倜傥寄天地，樊笼非所欲。——清·纳兰性德《拟古》

天上

寄愁天上，埋忧地下。——汉·仲长统《见志诗》
君不见黄河之水天上来，奔流到海不复回。——唐·李白《将进酒》

此曲只应天上有，人间能得几回闻？——唐·杜甫《赠花卿》

春水船如天上坐，老年花似雾中看。——唐·杜甫《小寒食舟中作》

天上浮云如白衣，斯须改变如苍狗。——唐·杜甫《可叹》

佳期人不见，天上喜新秋。——唐·权德舆《七夕》

但教心似金钿坚，天上人间会相见。——唐·白居易《长恨歌》

天上分金镜，人间望玉钩。——唐·李贺《七夕》

说尽人间天上，两心知。——唐·韦庄《思帝乡·云髻坠》

天上嫦娥人不识，寄书何处觅？——唐·韦庄《谒金门·空相忆》

流水落花春去也，天上人间。——五代·李煜《浪淘沙·帘外雨潺潺》

不知天上宫阙，今夕是何年？——宋·苏轼《水调歌头·明月几时有》

年年牛女恨风波，拚此事、人间天上。——宋·黄庭坚《鹊桥仙·八年不见》

鸥起苹中，鱼惊荷底，画船天上来时。——宋·晁补之《满庭芳·鸥起苹中》

云近恰如天上坐，魂清疑向斗边来。——宋·毛滂《浣溪沙》

天上人间酒最尊，非甘非苦味通神。——宋·朱敦儒《鹧鸪天·天上人间酒最尊》

喜承天上语，来作主人公。——宋·史浩《临江仙·衮绣蝉联三重客》

天上人间真福相，画就描成好靥儿。——宋·辛弃疾《破阵子·菩萨丛中惠眼》

惊心天上双凤，接翅下高冈。——宋·吴潜《水调歌头·才惜季方去》

宫中先得阳和气，知是春从天上来。——明·朱权《宫词》

十里长亭无客走，九重天上现星辰。——明·吴承恩《一轮明月满乾坤》

辛苦最怜天上月，一夕如环，夕夕都成玦。——清·纳兰性德《蝶恋花·辛苦最怜天上月》

茫茫碧落，天上人间情一诺。——清·纳兰性德《减字木兰花·烛花摇影》

白水青山未尽思，人间天上两霏微。——清·苏曼殊《吴门十一》

天下

周公吐哺，天下归心。——三国魏·曹操《短歌行》

皇晋遘阳九，天下横氛雾。——南朝·江淹《刘太尉琨伤乱》

奈何许！天下人何限，慊慊只为汝！——南朝《乐府民歌·华山畿》

少年上人号怀素，草书天下称独步。——唐·李白《草书歌行》

安得广厦千万间，大庇天下寒士俱欢颜，风雨不动安如山。——唐·杜甫《茅屋为秋风所破歌》

黄河北岸海西军，椎鼓鸣钟天下闻。——唐·杜甫《黄河》

英豪共理天下晏，戎夷詟伏兵无战。——唐·韦应物《骊山行》

龙蛇百战争天下，各制雄心指此沟。——唐·张祜《鸿沟》

分忧若也皆如此，天下家家有剩春。——唐·贯休《归东阳临岐上杜使君》

胡尘一起乱天下，何处春风无别离？——唐·薛业《洪州客舍寄柳博士芳》

大禹未生门未凿，可能天下总无龙。——唐·张仲谋《题搔口》

身行万里半天下，僧卧一庵初白头。——宋·苏轼《龟山》

江东湖北行画图，鄂州南楼天下无。——宋·黄庭坚《庭坚以去岁九月至鄂登南楼叹其制作之美成长》

禁中夜半定天下，仁风义气彻修门。——宋·黄庭坚《病起荆江亭即事》

雷雨一日遍天下，父老感泣沾其胸。——宋·陈与义《雷行雨》

鲁连敢谓天下士，摩诘要是山中人。——宋·陆游《连阴欲雪排闷》

两眼欲读天下书，力虽不迨志有余。——宋·陆游《读书》

天下极知须隽杰，书生何恨死山林。——宋·陆游《客愁》

龙湫一派天下无，万口赞扬同一舌。——宋·楼钥《大龙湫》

三声四声天下白，褪尽残星与晓月。——明·朱元璋《无题》

天下兴亡凭揲策，一身进退类悬旌。——清·归庄《己丑元日》
宝笈三希萃法珍，好公天下寿贞珉。——清·爱新觉罗·弘历《阅古楼》
一泉飞跑自天下，五老从容席地谈。——现代·谢觉哉《游海会秀峰等处》
好八连，天下传。——现代·毛泽东《八连颂》

天涯

天涯一去无穷已，蓟门迢递三千里。——隋·卢思道《从军行》
海内存知己，天涯若比邻。——唐·王勃《送杜少府之任蜀川》
海上生明月，天涯共此时。——唐·张九龄《望月怀远》
日暮征帆何处泊，天涯一望断人肠。——唐·孟浩然《送杜十四之江南》
鸿雁向西北，因书报天涯。——唐·李白《千里思》
岁暮阴阳催短景，天涯霜雪霁寒宵。——唐·杜甫《阁夜》
海内风尘诸弟隔，天涯涕泪一身遥。——唐·杜甫《野望》
兼云封洞口，助月照天涯。——唐·韩愈《春雪》
同是天涯沦落人，相逢何必曾相识。——唐·白居易《琵琶行》
随波逐浪到天涯，迁客生还有几家？——唐·白居易《浪淘沙》

九曲黄河万里沙，浪淘风簸自天涯。——唐·刘禹锡《浪淘沙·九曲黄河万里沙》
锦壶催画箭，玉佩天涯远。——五代·冯延巳《菩萨蛮·娇鬟堆枕钗横凤》
昨夜西风凋碧树，独上高楼，望尽天涯路。——宋·晏殊《蝶恋花·槛菊愁烟兰泣露》
人言落日是天涯，望极天涯不见家。——宋·李觏《乡思》
故园三度群花谢，曼倩天涯犹未归。——宋·晏几道《鹧鸪天·陌上濛濛残絮飞》
天涯岂是无归意，争奈归期未可期。——宋·晏几道《鹧鸪天·十里楼台倚翠微》
梦到故园多少路，酒醒南望隔天涯。——宋·苏轼《浣溪沙·山色横侵蘸晕霞》

枝上柳绵吹又少，天涯何处无芳草。——宋·苏轼《蝶恋花·花褪残红青杏小》

无奈归心，暗随流水到天涯。——宋·秦观《望海潮·梅英疏淡》

今年海角天涯，萧萧两鬓生华。——宋·李清照《清平乐·年年雪里》

古道西风瘦马，夕阳西下，断肠人在天涯。——元·马致远《天净沙 秋思》

已惯天涯莫浪愁，寒云衰草渐成秋。——清·纳兰性德《浣溪沙》

浩荡离愁白日斜，吟鞭东指即天涯。——清·龚自珍《己亥杂诗》

阅尽天涯离别苦，不道归来，零落花如许。——现代·王国维《蝶恋花·阅尽天涯离别苦》

汽笛一声肠已断，从此天涯孤旅。——现代·毛泽东《贺新郎·别友》

同心

同心而离居，忧伤以终老。——汉·佚名《古诗十九首·涉江采芙蓉》

合欢锦带鸳鸯鸟，同心绮袖连理枝。——隋·江总《杂曲》

尧舜传天下，同心致太平。——唐·张说《东都酺宴》

并生怜共蒂，相示感同心。——唐·孟浩然《庭橘》

置酒长安道，同心与我违。——唐·王维《送綦毋潜落第还乡》

携手本同心，复叹忽分襟。——唐·王维《赠裴迪》

愿逢同心者，飞作紫鸳鸯。——唐·李白《拟古》

提封汉天下，万国尚同心。——唐·杜甫《提封》

间世生贤宰，同心奉至尊。——唐·刘长卿《奉和杜相公新移长兴宅，呈元相公》

芳信来相续，同心远更亲。——唐·钱起《再得华侍御书，闻巴中卧病》

一笑不可得，同心相见稀。——唐·钱起《秋夜梁七兵曹同宿》

暮齿忽将及，同心私自怜。——唐·白居易《新岁赠梦得》

不舒良有以，同心久离居。——唐·白居易《续古诗》

绝境应难别，同心岂易求！——唐·白居易《府西池北新葺水斋，即事招宾，偶题十六韵》

明月既能通忆梦，青山何用隔同心？——唐·钱起《七盘岭阻寇闻李端公先到南楚》

新样花文配蜀罗，同心双带蹙金蛾。——唐·张祜《送走马使》

无物结同心，烟花不堪剪。——唐·李贺《苏小小墓》

相逢在总角，与子即同心。——唐·李群玉《赠元绂》

性拙才非逸，同心友亦稀。——唐·李中《依韵酬智谦上人见寄》

采采欲为赠，何人是同心？——唐·贺兰进明《古意》

含笑盟春风，同心似偕老。——宋·陈与义《长干行》

美人睡起春思深，弹丝拊木写同心。——元·杨维桢《内人琴阮图》

谁料同心结不成，翻就相思结。——明·夏完淳《卜算子·断肠》

唤起工农千百万，同心干，不周山下红旗乱。——现代·毛泽东《渔家傲·反第一次大“围剿”》

盛懋《松石图》

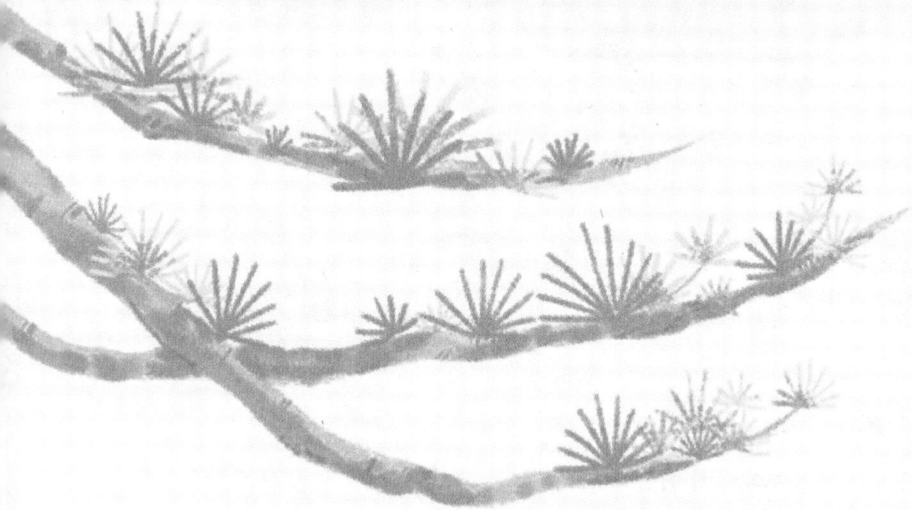

W

万里

炎光延万里，洪川荡湍濑。——三国魏·阮籍《咏怀》

振衣千仞冈，濯足万里流。——晋·左思《咏史》

凌厉越万里，逶迤过千城。——晋·陶渊明《咏荆轲》

长城地势险，万里与云平。——南朝·虞羲《咏霍将军北伐》

滟滟随波千万里，何处春江无月明！——唐·张若虚《春江花月夜》

秦时明月汉时关，万里长征人未还。——唐·王昌龄《出塞》

此地一为别，孤蓬万里征。——唐·李白《送友人》

长风万里送秋雁，对此可以酣高楼。——唐·李白《宣州谢朓楼饯别校书叔云》

窗含西岭千秋雪，门泊东吴万里船。——唐·杜甫《绝句》

万里悲秋常作客，百年多病独登台。——唐·杜甫《登高》

瞿塘峡口曲江头，万里风烟接素秋。——唐·杜甫《秋兴》

瀚海阑干百丈冰，愁云惨淡万里凝。——唐·岑参《白雪歌送武判官归京》

九曲黄河万里沙，浪淘风簸自天涯。——唐·刘禹锡《浪淘沙》

满宫明月梨花白，故人万里关山隔。——唐·温庭筠《菩萨蛮·满宫明月梨花白》

浊酒一杯家万里，燕然未勒归无计，羌管悠悠霜满地。——宋·范仲淹《渔家傲·塞下秋来风景异》

万里江山来醉眼，九秋天地入吟魂。——宋·王珪《游赏心亭》

万里归来年愈少，微笑，笑时犹带岭梅香。——宋·苏轼《定风波·常羡人间琢玉郎》

九万里风鹏正举，风休住，蓬舟吹取三山去！——宋·李清照《渔家傲·天接云涛连晓雾》

万里冰轮满，千丈玉盘浮。——宋·张元干《水调歌头·万里冰轮满》

想当年，金戈铁马，气吞万里如虎。——宋·辛弃疾《永遇乐·京口北固亭怀古》

须臾密雪布，咫尺如万里。——明·李流芳《南归诗》

寂寞嫦娥舒广袖，万里长空且为忠魂舞。——现代·毛泽东《蝶恋花·答李淑一》

才饮长沙水，又食武昌鱼。万里长江横渡，极目楚天舒。——现代·毛泽东《水调歌头·游泳》

坐地日行八万里，巡天遥看一千河。——现代·毛泽东《七律·送瘟神》

往事

往事既已谬，来者犹可追。——三国魏·嵇康《述志诗》

悠悠往事杯中物，赫赫时名扇外尘。——唐·戴叔伦《暮春感怀》

为君歌往事，岂敢辞劳虑？——唐·白居易《和三月三十日四十韵》

莫对月明思往事，损君颜色减君年。——唐·白居易《赠内》

回思往事纷如梦，转觉余生杳若浮。——唐·白居易《枕上作》

人世几回伤往事，山形依旧枕寒流。——唐·刘禹锡《西塞山怀古》

闲夜思君坐到明，追寻往事倍伤情。——唐·元稹《寄乐天》

故乡千里梦，往事万重悲。——唐·元稹《雪天》

当年还自惜，往事那堪忆！——唐·温庭筠《菩萨蛮·夜来皓月才当午》

年光往事如流水，休说情迷。——五代·冯延巳《采桑子·画堂昨夜愁无睡》

往事只堪哀，对景难排。——五代·李煜《浪淘沙·往事只堪哀》

往事前欢，未免萦方寸。——宋·晏殊《蝶恋花·南雁依稀回侧阵》

往事悠悠君莫问，回头。槛外长江空自流。——宋·王安石《南乡子·自古帝王州》

追思往事好沾巾。白头王建在，犹见咏诗人。——宋·晏几道《临江仙·东野亡来无丽句》

凉月送归思往事，落英飘去起新愁。——宋·晏几道《浣溪沙》

扬州全盛，往事今何处？——宋·晁补之《蓦山溪·扬州全盛》

平康巷陌，往事如花雨。——宋·周邦彦《蓦山溪·楼前疏柳》

十载悲欢如梦，抚掌惊呼相语，往事尽飞烟。——宋·叶梦得《水调歌头·江海渺千里》

黄昏院落，凄凄惶惶，酒醒时往事愁肠。——宋·李清照《行香子·天与秋光》

暗将往事思量遍，谁把多情恼乱他。——宋·辛弃疾《鹧鸪天·困不成眠奈夜何》

往事已同花褪褪，新欢闻似月常圆。——宋·王千秋《浣溪沙》

追往事，惜花残。残花往事总相关。——宋·赵长卿《鹧鸪天·谡谡东风作雨寒》

斜倚画屏思往事。皆不是、空作相思字。——清·纳兰性德《河传·春浅》

往事越千年，魏武挥鞭，东临碣石有遗篇。——现代·毛泽东《浪淘沙·北戴河》

唯有

唯有孤明月，犹能送远人。——南朝·陈昭《相和歌辞·明君词》

无复汉地关山月，唯有漠北蓟城云。——北朝·王褒《燕歌行》

家中何所有？唯有一床书。——唐·寒山《诗三百》

不见只今汾水上，唯有年年秋雁飞。——唐·李峤《汾阴行》

日月照之何不及此？唯有北风号怒天上来。——唐·李白《北风行》

西川供客眼，唯有此江郊。——唐·杜甫《题新津北桥楼得郊字》

相思晚望西林寺，唯有钟声出白云。——唐·刘长卿《舟中送李十八》

南方饶竹树，唯有青槐稀。——唐·白居易《庭槐》

此外复谁爱，唯有元微之。——唐·白居易《自吟拙什，因有所怀》

千冤万恨何人见，唯有空山鸟兽知。——唐·雍陶《哀蜀人为南蛮俘虏》

一群白鹤高飞上，唯有松风吹石坛。——唐·李群玉《紫极宫斋后》

何人更肯追高躅，唯有樵童戏藓床。——唐·罗邺《费拾遗书堂》

壶觞笑咏随风去，唯有声声蜀帝魂。——唐·方干《题故人废宅》

秦吴风俗昔难同，唯有才情事事通。——唐·皮日休《奉酬鲁望醉中戏赠》

江城曛黑人行绝，唯有啼乌伴夜碪。——唐·韩偓《曛黑》

百花长恨风吹落，唯有杨花独爱风。——唐·吴融《杨花》

无人惊岁晚，唯有暗蛩悲。——宋·苏轼《和子由记园中草木》

唯有黄茅根，堆垅生坳窊。——宋·苏轼《丙子重九》

暗想浮生何时好？唯有、清歌一曲倒金尊。——宋·欧阳修《定风波》

池上渐多枝上稀。唯有故人知。——宋·王安石《甘露歌》

沈香亭北又青苔。唯有当时蝴蝶、自飞来。——宋·姜夔《虞美人·赋牡丹》

自嗟老景光阴速，唯有佳时感怆多。——宋·朱淑真《对雪一律》

指点六朝形胜地，唯有青山如壁。——元·萨都剌《念奴娇·登石头城次东坡韵》

茫茫百感，凭高唯有清啸。——清·纳兰性德《百字令·宿汉儿村》

逶迤

凌厉越万里，逶迤过千城。——晋·陶渊明《咏荆轲》

萧疏野趣生，逶迤白云起。——南朝·谢惠连《泛南湖至石帆》

逶迤带绿水，迢递起朱楼。——南朝·谢灵运《入朝曲》

逶迤川上草，参差涧里薇 。——南朝·吴均《同柳吴兴何山集送刘余杭》

携笼长叹息，逶迤恋春色。——唐·刘希夷《相和歌辞·采桑》

坐叹青春别，逶迤碧水长。——唐·宋之问《送姚侍御出使江东》

昔日三朝路，逶迤四望车。——唐·张说《节义太子杨妃挽歌》

落日催行舫，逶迤洲渚间。——唐·张九龄《自湘水南行》

远近山河净，逶迤城阙重。——唐·李颀《望秦川》

逶迤巴山尽，摇曳楚云行。——唐·李白《荆门浮舟望蜀江》

恍惚寒山暮，逶迤白雾昏。——唐·杜甫《西阁夜》

相见耶溪路，逶迤入薜萝。——唐·刘长卿《送李校书适越谒杜中丞》

金景相照曜，逶迤升太空。——唐·吴筠《步虚词》

苍翠双阙间，逶迤清滩转。——唐·李德裕《早秋龙兴寺江亭闲眺忆龙门山居寄崔张旧从事》

缭绕藤轩密，逶迤竹径深。——唐·寇埴《题莹上人院》

日落天边望，逶迤入塞云。——唐·皎然《陇头水》

逶迤寻远迹，婉娈见遗貌。——宋·苏轼《留题峡州甘泉寺》

世俗自无常，徐公故逶迤。——宋·苏轼《次韵子由送陈侗知陕州》

轻舟短棹西湖好，绿水逶迤，芳草长堤，隐隐笙歌处处随。——宋·欧阳修《采桑子·轻舟短棹西湖好》

红旆转逶迤。悔无计、千里追随。——宋·黄庭坚《转调丑奴儿》

云物忽分散，余碧暮逶迤。——宋·陈与义《山斋》

逶迤十里平溪路，滴沥三重下漱泉。——明·唐寅《暮春林壑图》

逶迤曲巷，在春城斜角，绿杨荫里。——清·郑燮《念奴娇·长干里》

五岭逶迤腾细浪，乌蒙磅礴走泥丸。——现代·毛泽东《七律·长征》

无限

连山去无限，长洲望不极。——南朝·萧衍《天安寺疏圃堂诗》

斜月沉沉藏海雾，碣石潇湘无限路。——唐·张若虚《春江花月夜》

解释春风无限恨，沉香亭北倚阑干。——唐·李白《清平调》

祇残邺城不日得，独任朔方无限功。——唐·杜甫《洗兵马》

行人无限秋风思，隔水青山似故乡。——唐·戴叔伦《题稚川山水》

相送情无限，沾襟比散丝。——唐·韦应物《赋得暮雨送李曹》

花红易衰似郎意，水流无限似侬愁。——唐·刘禹锡《竹枝词》

城东桃李须臾尽，争似垂杨无限时。——唐·刘禹锡《杨柳枝》

春风无限潇湘意，欲采蘋花不自由。——唐·柳宗元《酬曹侍御过象县见寄》

楚山无限鸟飞迟，兰棹空伤别离。——唐·温庭筠《河渎神·河上望丛祠》

蕊黄无限当山额，宿妆隐笑纱窗隔。——唐·温庭筠《菩萨蛮·蕊黄无限当山额》

夕阳无限好，只是近黄昏。——唐·李商隐《登乐游原》

湘江竹上痕无限，岘首碑前洒几多？——唐·李商隐《泪》

会得离人无限意，千丝万絮惹春风。——唐·郑谷《柳》

独自莫凭栏，无限江山，别时容易见时难。——五代·李煜《浪淘沙·帘外雨潺潺》

多情翻却似无情，赢得百花无限妒。——宋·欧阳修《玉楼春》

无限事，许多情。四弦丝竹苦丁宁。——宋·苏轼《鹧鸪天·佳人》

别后悠悠君莫问，无限事，不言中。——宋·秦观《江城子·南来飞燕北归鸿》

手搓梅子笑迎人，欲语又休无限思。——宋·李清照《临江仙·庭院深深深几许》

杨柳院，秋千陌。无限事，成虚掷。——宋·陆游《满江红·危堞朱栏》

最忆当年，沈香亭北，无限春风恨。——宋·辛弃疾《念奴娇·对花何似》

兴亡无限惊心语，说向时人总不知。——宋·赵长卿《鹧鸪天·梁上双双海燕归》

寒蛩唧唧草间鸣，唤出新秋无限情。——明·朱权《宫词》

如线如丝无限恨，和风和烟。——清·郑燮《念奴娇·劳劳亭》

天生一个仙人洞，无限风光在险峰。——现代·毛泽东《七绝·为李进同志题所摄庐山仙人洞照》

西风

音尘绝，西风残照，汉家陵阙。——唐·李白《忆秦娥》

西风罗幕生翠波，铅华笑妾颦青蛾。——唐·李白《夜坐吟》

八月西风起，想君发扬子。——唐·李白《长干行》

稍待西风凉冷后，高寻白帝问真源。——唐·杜甫《望岳》

气酣日落西风来，愿吹野水添金杯。——唐·杜甫《苏端薛复筵简薛华醉歌》

九月西风兴，月冷霜华凝。——唐·白居易《长相思》

南浦凄凄别，西风袅袅秋。——唐·白居易《南浦别》

西风飘一叶，庭前飒已凉。——唐·白居易《新秋》

万树鸣蝉隔岸虹，乐游原上有西风。——唐·李商隐《乐游原》

堤南渴雁自飞久，芦花一夜吹西风。——唐·李商隐《河阳诗》

飒飒西风满院栽，蕊寒香冷蝶难来。——唐·黄巢《题菊花》

菡萏香销翠叶残，西风愁起绿波间。——五代·李璟《摊破浣溪沙·菡萏香销翠叶残》

昨夜西风凋碧树，独上高楼，望尽天涯路。——宋·晏殊《蝶恋花·槛菊愁烟兰泣露》

梧桐昨夜西风急，淡月胧明，好梦频惊，何处高楼雁一声？——宋·晏殊《采桑子·时光只解催人老》

明朝万一西风动，争向朱颜不耐秋。——宋·晏几道《鹧鸪天·守得莲开结伴游》

残绿断红香片片，长是西风堪怨。——宋·晏几道《清平乐·莲开欲遍》

龙山落帽千年事，我对西风犹整冠。——宋·黄庭坚《鹧鸪天·塞雁初来秋影寒》

帘卷西风，人比黄花瘦。——宋·李清照《醉花阴·薄雾浓云愁永昼》

休说鲈鱼堪脍，尽西风，季鹰归未？——宋·辛弃疾《水龙吟·登建康赏心亭》

已过西风重九，且要黄花入手，诗兴未关梅。——宋·辛弃疾《水调歌头·官事未易了》

壮年听雨客舟中，江阔云低，断雁叫西风。——宋·蒋捷《虞美人·听雨》
西风数点迎秋雨，六尺芙蓉满意凉。——元·元好问《鹧鸪天·澹澹青灯细细香》
古道西风瘦马，夕阳西下，断肠人在天涯。——元·马致远《天净沙·秋思》
正西风落叶下长安，飞鸣镝。——现代·毛泽东《满江红·和郭沫若同志》

夕阳

寒露衰北阜，夕阳破东山。——唐·宋之问《初到陆浑山庄》
夕阳度西岭，群壑倏已暝。——唐·孟浩然《宿业师山房期丁大不至》
空林网夕阳，寒鸟赴荒园。——唐·王昌龄《灞上闲居》
西上太白峰，夕阳穷登攀。——唐·李白《登太白峰》
夕阳薰细草，江色映疏帘。——唐·杜甫《晚晴》
夕阳依旧垒，寒磬满空林。——唐·刘长卿《秋日登吴公台上寺远眺》
夕阳留径草，新叶变庭柯。——唐·刘长卿《清明日青龙寺上方赋得多字》
阊闾城碧铺秋草，乌鹊桥红带夕阳。——唐·白居易《登阊门闲望》
朱雀桥边野草花，乌衣巷口夕阳斜。——唐·刘禹锡《乌衣巷》
横烟秋水上，疏雨夕阳中。——唐·杜牧《秋霁寄远》

夕阳无限好，只是近黄昏。——唐·李商隐《登乐游原》
今日乱离俱是梦，夕阳唯见水东流。——唐·韦庄《忆昔》
花前洒泪临寒食，醉里回头问夕阳。——唐·韩偓《夕阳》
东风渐急夕阳斜，一树夭桃数日花。——唐·来鹄《惜花》

东风料峭客帆远，落叶夕阳天际明。——唐·陆龟蒙《京口》

夕阳千里连芳草，萋萋愁煞王孙。——五代·冯延巳《临江仙·冷红飘起桃花片》

老牛粗了耕耘债，啮草坡头卧夕阳。——宋·孔平仲《禾熟》

白帝城边微雪过，青衣江上夕阳红。——宋·陆游《探梅·岁月相寻岂有穷》

竹摇清影罩幽窗，两两时禽噪夕阳。——宋·朱淑真《初夏》

风日晴和人意好，夕阳箫鼓几船归。——宋·徐元杰《湖上》

夕阳西下，断肠人在天涯。——元·马致远《天净沙·秋思》

塔影雷峰水边寺，夕阳时，画船无数围花市。——元·张可久《小桃红·湖上和刘时》

万顷玻璃浸玉壶，夕阳外荷花带雨。——元·张可久《沉醉东风·秋景》

是非成败转头空，青山依旧在，几度夕阳红。——明·杨慎《临江仙·滚滚长江东逝水》

雪飞寒食后，城闭夕阳中。——清·朱彝尊《晚次崞县》

细雨

长廊连紫殿，细雨应黄梅。——隋·薛道衡《梅夏应教诗》

和风偏应律，细雨不沾衣。——唐·张说《清明日诏宴宁王山池赋得飞字》

细雨春风花落时，挥鞭直就胡姬饮。——唐·李白《白鼻騧》

江南仲春天，细雨色如烟。——唐·谢良辅《状江南·仲春》

衰年催酿黍，细雨更移橙。——唐·杜甫《遣意》

远山方对枕，细雨莫回舟。——唐·皇甫冉《泊丹阳与诸人同舟至马林溪遇雨》

平阳不惜黄金埒，细雨花骢踏作泥。——唐·杨巨源《赠崔驸马》

空庭绿草结离念，细雨黄花赠所思。——唐·武元衡《秋灯对雨寄史近崔积》

春鸠鸣野树，细雨入池塘。——唐·李德裕《忆平泉杂咏·忆春雨》

远村寒食后，细雨度川来。——唐·李德裕《春暮思平泉杂咏》

南村小路桃花落，细雨斜风独自归。——唐·李群玉《南庄春晚》
寒江平楚外，细雨一鸿飞。——唐·贯休《登鄱阳寺阁》
春潮映杨柳，细雨入楼台。——唐·崔涂《春日登吴门》
别来客邸空翘首，细雨春风忆往年。——唐·唐彦谦《寄友》
孤舟北去暮心伤，细雨东风春草长。——唐·耿湋《发绵津驿》
和风装点锦城春，细雨如丝压玉尘。——唐·卓英英《锦城春望》
便风船尾香粳熟，细雨层头赤鲤跳。——唐·陆龟蒙《江南》
西风酒旗市，细雨菊花天。——宋·欧阳修《秋怀》
孤莺啼永昼，细雨湿高城。——宋·陈与义《春雨》
乱云交翠壁，细雨湿青林。——宋·陈与义《岸帻》

湿云生两屐，细雨暗孤篷。——宋·陆游《题传神》
新泥添燕垒，细雨湿莺衣。——宋·陆游《明日复欲出游而雨再用前韵》
云来云去状秋阴，细雨笼晴夕照沉。——宋·白玉蟾《早秋》
赤阑桥下记停桡，细雨菰蒲响暮潮。——元·郑韶《次韵陆友仁吴中》
明朝花落归鸿尽，细雨春寒闭小楼。——清·蒋春霖《鹧鸪天·杨柳乐塘溪水流》

相逢

相逢狭路间，道隘不容车。——汉《乐府歌·相逢行》
楼前相望不相知，陌上相逢讵相识？——唐·卢照邻《长安古意》
所是同袍者，相逢尽衰老。——唐·王昌龄《长歌行》
相逢不相识，出没绕通塘。——唐·李白《和卢侍御通塘曲》

今日时清两京道，相逢苦觉人情好。——唐·杜甫《戏赠阌乡秦少公短歌》

马上相逢无纸笔，凭君传语报平安。——唐·岑参《逢入京使》

同是天涯沦落人，相逢何必曾相识。——唐·白居易《琵琶行》

南陌东城春早时，相逢何处不依依？——唐·刘禹锡《杨柳枝词》

江海相逢客恨多，秋风叶下洞庭波。——唐·温庭筠《赠少年》

十年一别流光速，白首相逢。——宋·欧阳修《采桑子·十年一别流光速》

可恨相逢能几日，不知重会是何年。——宋·苏轼《浣溪沙·重九旧韵》

从别后，忆相逢，几回魂梦与君同。——宋·晏几道《鹧鸪天·彩袖殷勤捧玉钟》

今宵剩把银釭照，犹恐相逢是梦中。——宋·晏几道《鹧鸪天·彩袖殷勤捧玉钟》

金风玉露一相逢，便胜却人间无数。——宋·秦观《鹊桥仙·纤云弄巧》

不忍残红犹在臂，翻疑梦里相逢。——宋·秦观《临江仙·髻子偎人娇不整》

相逢不似长相忆，一度相逢一度愁。——宋·周紫芝《鹧鸪天·乌鹊桥边河汉流》

云阶月地，关锁千重。纵浮槎来，浮槎去，不相逢。——宋·李清照《行香子·草际鸣蛩》

犹是晓晴风露下，采桑时节暂相逢。——宋·范成大《晚春田园杂兴》

尊酒一笑相逢，与公臭味，菊茂兰须悦。——宋·辛弃疾《念奴娇·看公风骨》

竹树前溪风月，鸡酒东家父老，一笑偶相逢。——宋·辛弃疾《水调歌头·万事到白发》

赤手擘开无字印，冤家何处不相逢？——宋·宋释慧《远偈颂》

相逢可惜年少多，竞赏桃李夸豪奢。——元·王冕《梅花》

一壶浊酒喜相逢。古今多少事，都付笑谈中。——明·杨慎《临江仙·滚滚长江东逝水》

风暖香消翠帐柔，相逢偏喜得春稠。——明·唐寅《花降图》

相见

他乡各异县，辗转不相见。——汉《乐府歌·饮马长城窟行》

贱妾留空房，相见常日稀。——汉《乐府歌·孔雀东南飞》

行役在战场，相见未有期。——汉·苏武《留别妻》

相见无杂言，但道桑麻长。——晋·陶渊明《归园田居》

儿童相见不相识，笑问客从何处来？——唐·贺知章《回乡偶书》

田夫荷锄至，相见语依依。——唐·王维《渭川田家》

相思相见知何日？此时此夜难为情！——唐·李白《三五七言》

人生不相见，动如参与商。——唐·杜甫《赠卫八处士》

以我独沈久，愧君相见频。——唐·司空曙《喜外弟卢纶见宿》

遭遇同众流，低回愧相见。——唐·李益《游子吟》

何处遥相见，心无一事时。——唐·白居易《远师》

移船相近邀相见，添酒回灯重开宴。——唐·白居易《琵琶行》

但教心似金钿坚，天上人间会相见。——唐·白居易《长恨歌》

相见时难别亦难，东风无力百花残。——唐·李商隐《无题》

相见稀，相忆久，眉浅澹烟如柳。——唐·温庭筠《更漏子·相见稀》

何当重相见，樽酒慰离颜。——唐·温庭筠《送人东游》

如今俱是异乡人，相见更无因。——唐·韦庄《荷叶杯·记得那年花下》

忆昔花间相见后，只凭纤手，暗抛红豆。——唐·欧阳炯《贺明朝·忆昔花间相见后》

渔人相见不相问，长笛一声归岛门。——唐·谭用之《秋宿湘江遇雨》

相见处，晚晴天，刺桐花下越台前。——五代·李珣《南乡子·相见处》

相见争如不见，有情何似无情。——宋·司马光《西江月·宝髻松松挽就》

相见岭头相见少，北风吹却南翁倒。——宋·舒岳祥《归至相见岭喜见紫海》
当时相见恨晚，彼此萦心目。——宋·方千里《六幺令·照人明艳》
曲阑深处重相见，匀泪偎人颤。——清·纳兰性德《虞美人·曲阑深处重相见》

相思

怃然坐相思，秋风下庭绿。——南朝·王融《巫山高》
勤勤叙别离，慊慊道相思。——南朝·沈约《六忆诗》
复闻黄鸟声，全作相思曲。——南朝·王僧孺《春思》
谁家今夜扁舟子？何处相思明月楼？——唐·张若虚《春江花月夜》
情人怨遥夜，竟夕起相思。——唐·张九龄《望月怀古》
愿君多采撷，此物最相思。——唐·王维《红豆》
相思相见知何日？此时此夜难为情！——唐·李白《三五七言》
长相思，摧心肝！——唐·李白《长相思十一》
谁见汀洲上，相思愁白苹。——唐·刘长卿《饯别王十一南游》
相恨不如潮有信，相思始觉海非深。——唐·白居易《浪淘沙·借问江潮与海水》

此去更相思，江西少亲故。——唐·白居易《寄微之》
夜夜相思更漏残，伤心明月凭阑干。——唐·韦庄《浣溪沙·夜夜相思更漏残》
红豆不堪看，满眼相思泪。——唐·牛希济《生查子·新月曲如眉》
山远天高烟水寒，相思枫叶丹。——五代·李煜《长相思·一重山》
酒入愁肠，化作相思泪。——宋·范仲淹《苏幕遮·碧云天》
天涯地角有穷时，只有相思无尽处。——宋·晏殊《玉楼春·春恨》
花落花开，渐解相思瘦。——宋·苏轼《蝶恋花·一颗樱桃樊素口》
梦断魂销，一枕相思泪。——宋·苏轼《蝶恋花·昨夜秋风来万里》

只愿君心似我心，定不负相思意。——宋·李之仪《卜算子·我住长江头》
会折千日笑尊前，他日相思空损寿。——宋·黄庭坚《减字木兰花》

一种相思，两处闲愁。——宋·李清照《一剪梅·红藕香残玉簟秋》
肠已断，泪难收。相思重上小红楼。——宋·辛弃疾《鹧鸪天·晚日寒鸦一片愁》
相思了无益，悔当初相见。——清·朱彝尊《忆少年·飞花时节》
相思相望不相亲，天为谁春？——清·纳兰性德《画堂春·一生一代一双人》

消息

莫作瓶落井，一去无消息。——南朝·释宝月《估客乐》
一去无消息，那能惜马蹄。——隋·薛道衡《昔昔盐》
闻道春还未相识，走傍寒梅访消息。——唐·李白《早春寄王汉阳》
清渭东流剑阁深，去住彼此无消息。——唐·杜甫《哀江头》
江南瘴疠地，逐客无消息。——唐·杜甫《梦李白》
童稚情亲四十年，中间消息两茫然。——唐·杜甫《送路六侍御入朝》
曾与美人桥上别，恨无消息到今朝。——唐·刘禹锡《杨柳枝》
昆仑使者无消息，茂陵烟树生愁色。——唐·李贺《昆仑使者》
卷帘相待无消息，夜合花前日又西。——唐·杜秋娘《金缕衣》
曾是寂寥金烬暗，断无消息石榴红。——唐·李商隐《无题》

消息东郊木帝回，宫中行乐有新梅。——唐·李商隐《隋宫守岁》
雁门消息不归来，又飞回。——唐·温庭筠《蕃女怨·碛南沙上惊雁起》
消息远，梦魂狂，酒醒空断肠。——五代·冯延巳《更漏子·秋水平》

堪恨风流成薄幸，断无消息道归期。——宋·欧阳修《浣溪沙》

家人万里传消息，好在毡城莫相忆。——宋·王安石《明妃曲》

最惜香梅，凌寒偷绽，漏泄春消息。——宋·周邦彦《念奴娇·醉魂乍醒》

却上紫姑香火，问辽东消息。——宋·朱敦儒《好事近·春雨细如尘》

扶杖冻云深处，探溪梅消息。——宋·陆游《好事近·小倦带馀醒》

一笑闲身游物外，来访扁舟消息。——宋·范成大《念奴娇·吴波浮动》

贺老定场无消息，想沈香亭北繁华歇。——宋·辛弃疾《贺新郎·凤尾龙香拨》

消息谁传到拒霜？两行斜雁碧天长，晚秋风景倍凄凉。——清·纳兰性德《浣溪沙》

花解怜人花亦愁，隔帘消息风吹透。——清·曹雪芹《桃花行》

美人消息隔重关，川途弯复弯。——现代·王国维《阮郎归·美人消息隔重关》

临风莫问秋消息，雁不思归花落迟！——现代·老舍《内蒙即景》

萧萧

风萧萧兮易水寒，壮士一去兮不复还！——战国·荆轲《易水歌》

秋风萧萧愁杀人。出亦愁，入亦愁。——汉《乐府歌·古歌》

萧萧哀风逝，淡淡寒波生。——晋·陶渊明《咏荆轲》

秋寒依依风过河，白露萧萧洞庭波。——南朝·汤惠休《秋思引》

长风萧萧渡水来，归雁连连映天没。——隋·卢思道《从军行》

挥手自兹去，萧萧班马鸣。——唐·李白《送友人》

征马向边州，萧萧嘶不休。——唐·高适《送刘评事充朔方判官，赋得征马嘶》

袅袅啼虚壁，萧萧挂冷枝。——唐·杜甫《猿》

无边落木萧萧下，不尽长江滚滚来。——唐·杜甫《登高》

车辚辚，马萧萧，行人弓箭各在腰。——唐·杜甫《兵车行》

何事长江上，萧萧出塞吟。——唐·刘长卿《鄂渚听杜别驾弹胡琴》
惟忆新昌堂，萧萧北窗竹。——唐·白居易《思竹窗》
何处秋风至？萧萧送雁群。——唐·刘禹锡《秋风引》
今逢四海为家日，故垒萧萧芦荻秋。——唐·刘禹锡《西塞山怀古》
拔剑因高歌，萧萧北风至。——唐·陶翰《送朱大出关》
计日旌旄下，萧萧万马随。——唐·无可《寄羽林卢大夫将军》
寒日萧萧上锁窗，梧桐应恨夜来霜。——宋·李清照《鹧鸪天·寒日萧萧上琐窗》
今年海角天涯，萧萧两鬓生华。——宋·李清照《清平乐·年年雪里》
渺渺塘阴下鸥鹭，萧萧秋意满菰蒲。——宋·陆游《小阁纳凉》
小雨东郊气象新，萧萧清吹爽衣巾。——宋·陆游《郊行》

肃肃霜风劲，萧萧木叶声。——宋·陆游《独饮》
萧萧梧叶送寒声，江上秋风动客情。——宋·叶绍翁《夜书所见》
汹汹银涛朝拍岸，萧萧铁马夜还营。——宋·鲍寿孙《松声》
风萧萧兮秋气深，美人千里兮独沉吟。——清·曹雪芹《琴曲》

萧瑟

秋风萧瑟，洪波涌起。——三国魏·曹操《观沧海》
树木何萧瑟，北风声正悲。——三国魏·曹操《苦寒行》
秋风入前林，萧瑟鸣高枝。——唐·张九龄《在郡秋怀》
蓟庭萧瑟故人稀，何处登高且送归。——唐·王之涣《九日送别》

凉风吹夜雨，萧瑟动寒林。——唐·张说《幽州夜饮》

长松尔何知，萧瑟为谁吟。——唐·李白《独酌》

少年落魄楚汉间，风尘萧瑟多苦颜。——唐·李白《驾去温泉后赠杨山人》

寒松萧瑟如有声，阳台微茫如有情。——唐·李白《观元丹丘坐巫山屏风》

乾坤空峥嵘，粉墨且萧瑟。——唐·杜甫《画鹘行》

庾信平生最萧瑟，暮年诗赋动江关。——唐·杜甫《咏怀古迹》

山雪河冰野萧瑟，青是烽烟白人骨。——唐·杜甫《悲青坂》

苍茫秋山晦，萧瑟寒松悲。——唐·岑参《宿华阴东郭客舍忆阎防》

回风一萧瑟，林影久参差。——唐·刘禹锡《南涧中题》

旷朗半秋晓，萧瑟好风露。——唐·杜牧《题池州弄水亭》

烟暇共掩映，林野俱萧瑟。——唐·李百药《登叶县故城谒沈诸梁庙》

寒灯相对记畴昔，夜雨何时听萧瑟！——宋·苏轼《辛丑十一月十九日既与子由别于郑州西门之外》

今年又苦雨，两月秋萧瑟。——宋·苏轼《寒食雨》

幽怀眇无寄，萧瑟起悲歌。——宋·陈与义《小阁晚望》

竹风亦喜我，萧瑟至日夕。——宋·陈与义《印老索钝庵诗》

空蒙迷远望，萧瑟送寒声。——宋·陆游《秋雨排闷》

低回半枕梦，萧瑟一窗秋。——宋·陆游《初秋夜赋》

我居万竹间，萧瑟送此声。——宋·陆游《夜听竹间雨声》

松径风萧瑟，山腰路屈盘。——宋·倪偁《南歌子》

尘海苍茫沉百感，金风萧瑟走千官。——现代·鲁迅《亥年残秋偶作》

萧瑟秋风今又是，换了人间。——现代·毛泽东《浪淘沙·北戴河》

斜阳

斜阳照墟落，穷巷牛羊归。——唐·王维《渭川田家》

荷笠带斜阳，青山独归远。——唐·刘长卿《送灵澈上人》

澹烟疏雨间斜阳，江色鲜明海气凉。——唐·白居易《江楼晚眺景物鲜奇吟玩成篇寄水部张员外》

暮霭生深树，斜阳下小楼。——唐·杜牧《题扬州禅智寺》

雨后却斜阳，杏花零落香。——唐·温庭筠《菩萨蛮·南园满地堆轻絮》

斜阳澹澹柳阴阴，风袅寒丝映水深。——唐·罗隐《鹭鸶》

最怜瑟瑟斜阳下，花影相和满客衣。——唐·李建勋《竹》

暮蝉声尽落斜阳，银蟾影挂潇湘。——唐·毛文锡《临江仙·暮蝉声尽落斜阳》

山映斜阳天接水，芳草无情，更在斜阳外。——宋·范仲淹《苏幕遮·碧云天》

恼乱层波横一寸。斜阳只与黄昏近。——宋·赵令畤《蝶恋花·卷絮风头寒欲尽》

斜阳外，寒鸦万点，流水绕孤村。——宋·秦观《满庭芳·山抹微云》

烟水茫茫，千里斜阳暮。——宋·秦观《点绛唇·醉漾轻舟》

都城渐远，芳树隐斜阳。——宋·周邦彦《满庭芳·花扑鞭梢》

城上斜阳画角哀，沈园非复旧池台。——宋·陆游《沈园》

斜阳废苑朱门闭，吊兴亡、遗恨泪痕里。——宋·陆游《月上海棠·斜阳废苑朱门闭》

斜阳草树，寻常巷陌，人道寄奴曾住。——宋·辛弃疾《永遇乐·京口北固亭怀古》

朱雀桥边，何人会道，野草斜阳春燕飞。——宋·辛弃疾《沁园春·我醉狂吟》

谁知止酒停云老，独立斜阳数过鸿。——宋·辛弃疾《鹧鸪天·万事纷纷一笑中》

舟在绿杨堤下，蝉嘶欲尽斜阳。——宋·周紫芝《清平乐·芦州晚净》

溪山掩映斜阳里，楼台影动鸳鸯起。——宋·魏夫人《菩萨蛮·溪山掩映斜阳里》

斜阳明薄暮，暗雨霁凉秋。——宋·王之道《水调歌头·斜阳明薄暮》
呼它小艇过湖去，卧看斜阳江上峰。——明·唐寅《题画》
才见一抹斜阳，半堤香草，顿惹清愁起。——清·龚自珍《湘月·天风吹我》
雨后复斜阳，关山阵阵苍。——现代·毛泽东《菩萨蛮·大柏地》
蒙汉情深何忍别，天涯碧草话斜阳。——现代·老舍《内蒙东部纪游》

心事

心事俱已矣，江上徒离忧。——南朝·谢朓《新亭渚别范零陵云》
心事同漂泊，生涯共苦辛。——唐·王勃《别薛华》
当亦谢官去，岂令心事违。——唐·王维《送张五归山》
柳色惊心事，春风厌索居。——唐·高适《闲居》
功名万里外，心事一杯中。——唐·高适《送李侍御赴西安》
匡衡抗疏功名薄，刘向传经心事违。——唐·杜甫《秋兴》
身名同日授，心事一言知。——唐·白居易《代书诗一百韵寄微之》
莫将心事厌长沙，云到何方不是家。——唐·元稹《放言》
少年心事当拿云，谁念幽寒坐呜呃。——唐·李贺《致酒行》
楚国同游过十霜，万重心事几堪伤。——唐·杜牧《秋夜与友人宿》

心事竟谁知，月明花满枝。——唐·温庭筠《菩萨蛮·小山重叠金明灭》
长叹人间发易华，暗将心事许烟霞。——唐·陆龟蒙《自遣诗》
昔年无限伤心事，依旧东风。——五代·冯延巳《采桑子·洞房深夜笙歌散》
心事一春犹未见。红英落尽青苔院。——宋·欧阳修《蝶恋花·帘幕风轻双语燕》
明年岂无年，心事恐蹉跎。——宋·苏轼《守岁》
莫愁家住溪边，采莲心事年年。——宋·晏几道《清平乐·莲开欲遍》

征鸿过尽，万千心事难寄。——宋·李清照《念奴娇·萧条庭院》

欲将心事付瑶琴。知音少，弦断有谁听。——宋·岳飞《小重山·昨夜寒蛩不住鸣》

须信功名儿辈，谁识年来心事，古井不生波。——宋·辛弃疾《水调歌头·万事一杯酒》

欲笺心事，独语斜阑。——宋·唐琬《钗头凤·世情薄》

剔银灯欲将心事写，长吁气一声吹灭。——元·马致远《寿阳曲·云笼月》

难将心事和人说，说与青天明月知。——明·唐寅《美人对月》

吟到恩仇心事涌，江湖侠骨恐无多。——清·龚自珍《己亥杂诗》

心事浩茫连广宇，于无声处听惊雷。——现代·鲁迅《无题·万家墨面没蒿莱》

行人

柳条折尽花飞尽，借问行人归不归？——隋·无名氏《送别》

事胜感行人，贤哉岂常誉！——晋·陶渊明《咏二疏》

吹角动行人，喧喧行人起。——唐·王维《从军行·吹角动行人》

三春时有雁，万里少行人。——唐·王维《送刘司直赴安西》

倚门望行人，念君长城苦寒良可哀。——唐·李白《北风行》

洛阳二月梨花飞，秦地行人春忆归。——唐·崔颢《渭城少年行》

车辚辚，马萧萧，行人弓箭各在腰。——唐·杜甫《兵车行》

火山五月行人少，看君马去疾如鸟。——唐·岑参《武威送刘判官赴碛西行军》

行人杳杳看西月，归马萧萧向北风。——唐·刘长卿《送李录事兄归襄邓》

霜草苍苍虫切切，村南村北行人绝。——唐·白居易《村夜》

城外春风吹酒旗，行人挥袂日西时。——唐·刘禹锡《杨柳枝》

日暮行人争渡急，桨声幽轧满中流。——唐·刘禹锡《堤上行》

江南江北望烟波，入夜行人相应歌。——唐·刘禹锡《堤上行》

桥边一树伤离别，游荡行人莫攀折。——唐·李绅《过梅里七首家于无锡四十载，今敝庐数堵犹存》

清明时节雨纷纷，路上行人欲断魂。——唐·杜牧《清明》

日暖泥融雪半消，行人芳草马声骄。——唐·杜牧《宣州送裴坦判官往舒州时牧欲赴官归京》

为报行人休折尽，半留相送半迎归。——唐·李商隐《离亭赋得折杨柳》

百里阴云覆雪泥，行人只在雪云西。——唐·李商隐《西南行却寄相送者》

杏花红处青山缺，山畔行人山下歇。——宋·欧阳修《玉楼春·洛阳正值芳菲节》

鸣蝉更乱行人耳，正抱疏桐叶半黄。——宋·王安石《葛溪驿》

行人别有凄凉意，折幽香、谁与寄千里？——宋·陆游《月上海棠·斜阳废苑朱门闭》

行人来往得清凉，借问蚕姑无个在？——宋·王冕《陌上桑》

乔木他年怀故国，野烟何处望行人？——元·元好问《壬辰十二月车驾东狩后即事》

酒旗瘦马行人路，灯火荒鸡细雨中。——明·唐寅《题画》

虚心

人道恶高危，虚心戒盈荡。——唐·李世民《帝京篇》

高节人相重，虚心世所知。——唐·张九龄《和黄门卢侍御咏竹》

雅色素而黄，虚心轻且劲。——唐·张说《咏瓢》

积翳掩菱花，虚心蔽尘状。——唐·张说《咏镜》

虚心谁能见，直影非无端。——唐·王昌龄《段宥厅孤桐》

白雪乱纤手，绿水清虚心。——唐·李白《月夜听卢子顺弹琴》

高视收人表，虚心味道玄。——唐·杜甫《秋日夔府咏怀奉寄郑监李宾客一百韵》

守节偏凌御史霜，虚心愿比郎官笔。——唐·岑参《范公丛竹歌》

峻节可临戎，虚心宜待士。——唐·刘禹锡《令狐相公见示赠竹二十韵仍命继和》

缄书取直节，君子知虚心。——唐·钱起《裴侍郎湘川回，以青竹简相遗，因而赠之》

迸箨分苦节，轻筠抱虚心。——唐·柳宗元《苦竹桥》

东西那有碍，出处岂虚心。——唐·杜牧《云》

众类亦云茂，虚心能自持。——唐·薛涛《酬人雨后玩竹》

抱真唯守墨，求用每虚心。——唐·李山甫《古石砚》

自是子猷偏爱尔，虚心高节雪霜中。——唐·刘兼《新竹》

劲节生宫苑，虚心奉豫游。——宋·徐铉《竹》

虚心得处从天性，劲节知来在岁寒。——宋·曾巩《陈君式恭轩》

凌霄不屈己，得地本虚心。——宋·王安石《孤桐》

区区庸蜀支吴魏，不是虚心岂得贤！——宋·王安石《诸葛武侯》

虚心万物表，寒暑自四时。——宋·黄庭坚《颐轩诗》

虚心观万物，险易极变态。——宋·黄庭坚《次韵杨明叔见饯》

虚心相待莫相误，岁寒望君一来过。——宋·黄庭坚《竹枝词·塞上柳枝且莫歌》

燕雀漫教来唧噪，虚心终待凤凰栖。——宋·朱淑真《对竹一绝》

虚心足以容，坚节不挠物。——明·唐寅《孤竹图》

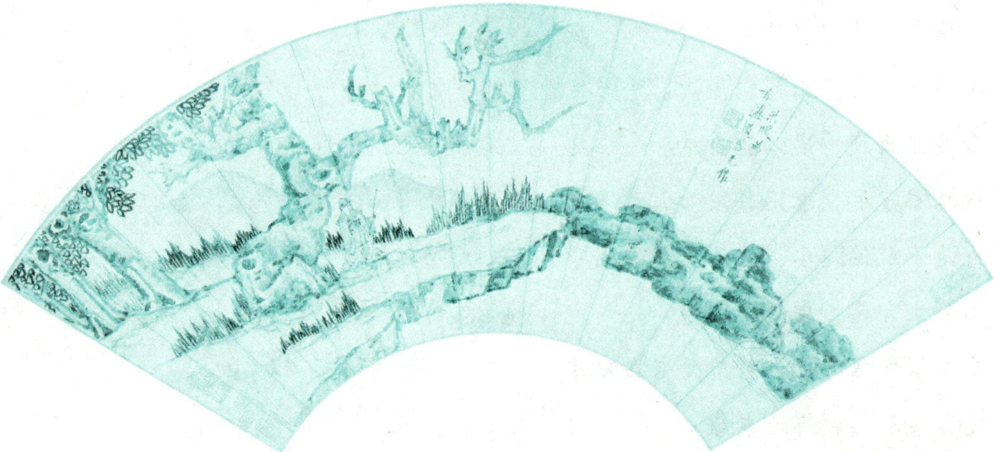

陈洪绶《林亭清话图》

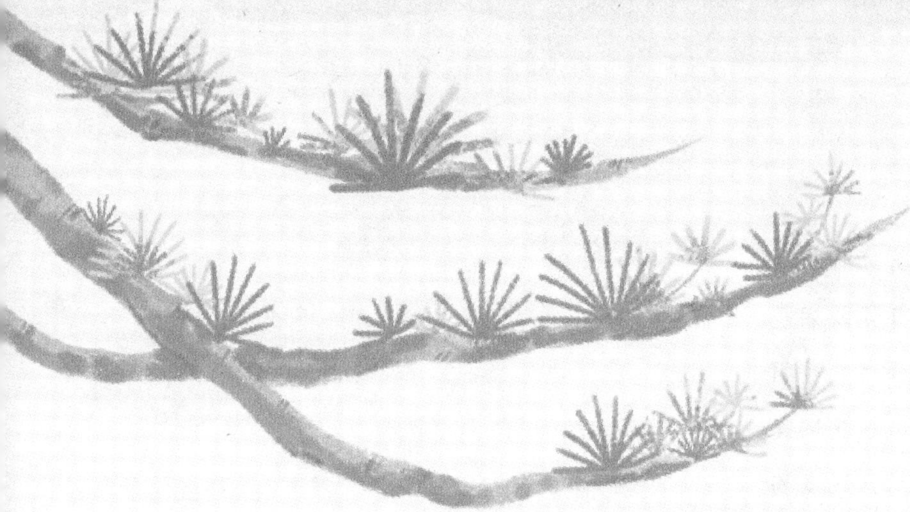

Y

烟霞

烟霞乍舒卷，蘅芳时断续。——南朝·王融《巫山高》

天末静波浪，日际敛烟霞。——南朝·何逊《南还道中送赠刘谘议别诗》

烟霞朝晚聚，猿鸟岁时闻。——唐·卢照邻《赤谷安禅师塔》

鸾情极霄汉，凤想疲烟霞。——唐·王勃《怀仙》

烟霞驻征盖，弦奏促飞觞。——唐·杨炯《送临津房少府》

惟觉时之枕席，失向来之烟霞。——唐·李白《梦游天姥吟留别》

本无轩裳契，素以烟霞亲。——唐·李白《颍阳别元丹丘之淮阳》

东道烟霞主，西江诗酒筵。——唐·李白《出妓金陵子呈卢六》

兰若山高处，烟霞嶂几重。——唐·杜甫《谒真谛寺禅师》

真得诗人趣，烟霞处处谙。——唐·杜牧《送荔浦蒋明府赴任》

紫泉宫殿锁烟霞，欲取芜城作帝家。——唐·李商隐《隋宫》

长啸披烟霞，高步寻兰若。——唐·上官仪《酬薛舍人万年宫晚景寓直怀友》

迢迢间风月，去去隔烟霞。——唐·武则天《赠胡天师》

赖得烟霞气，淹留攀桂人。——唐·乔侃《人日登高》

毕景至缑岭，岭上烟霞生。——唐·宋之问《奉使嵩山途经缑岭》

岁月人间促，烟霞此地多。——唐·朱放《题竹林寺》

乱猿啼处访高唐，路入烟霞草木香。——唐·薛涛《谒巫山庙》

洞府烟霞远，人间爪发枯。——宋·苏轼《过木枥观》

道人元是，道家风、来作烟霞中物。——宋·辛弃疾《念奴娇·用前韵和丹桂》

越溪阆苑繁华地，傍禁垣、珠翠烟霞。——宋·欧阳修《越溪春》

青芝素瀑，草舍儿、隐隐烟霞里。——宋·白玉蟾《菊花新·弱水去蓬莱》

楚门山色散烟霞，人到江南识永加。——元·李仕兴《抵楚门》

爱君笔底有烟霞，自拔金钗付酒家。——清·林佩环《赠外》

碧水青山曲径遐，薜罗门巷足烟霞。——清·郭敏《赠芹圃》

阳春

阳春布德泽，万物生光辉。——汉《乐府歌·长歌行》

始作阳春曲，终成苦寒歌。——南朝·沈约《昭君辞》

阳春二三月，杨柳齐作花。——北朝·胡太后《杨白花》

情合同云汉，葵藿仰阳春。——晋·傅玄《豫章行苦相篇》

华林满芳景，洛阳遍阳春。——唐·李世民《赋得樱桃》

登崖独立望九州，阳春欲奏谁相和？——唐·李白《答杜秀才五松见赠》

愁来饮酒二千石，寒灰重暖生阳春。——唐·李白《江夏赠韦南陵冰》

梅树成阳春，江沙浩明月。——唐·李白《淮海对雪赠傅霭》

燕歌落胡雁，郢曲回阳春。——唐·李白《对雪奉饯任城六父秩满归京》

白发知苦心，阳春见佳境。——唐·高适《同吕员外酬田著作幕门军西宿盘山秋夜作》

独有凤凰池上客，阳春一曲和皆难。——唐·岑参《奉和中书舍人贾至早朝大明宫》

欲歌当阳春，似觉天下秋。——唐·元结《闵荒诗》

紫凤朝衔五色书，阳春忽布网罗除。——唐·司空曙《酬张芬有赦后见赠》

封壤自人力，生条在阳春。——唐·韦应物《西涧种柳》

我有大裘君未见，宽广和暖如阳春。——唐·白居易《醉后狂言、酬赠萧、殷二协律》

始见青云干律吕，俄逢瑞雪应阳春。——唐·赵彦昭《苑中人日遇雪应制》

花间一曲奏阳春，应为芬芳比君子。——唐·权德舆《和李中丞慈恩寺清上人

院牡丹花歌》
若有知音见采，不辞遍唱阳春。——宋·晏殊《山亭柳·赠歌者》
龟鹤命长松寿远。阳春一曲情千万。——宋·晏殊《蝶恋花·一霎秋风惊画扇》
伫立望钟山，阳春更萧瑟。——宋·王安石《望锺山》

艳歌一曲回阳春，坐使高堂生暖热。——宋·苏轼《和柳子玉喜雪次韵仍呈述古》
更得一些香气浮，阳春总在君笔头。——宋·白玉蟾《友人陈槱得杨补之三昧赏之以诗》
天籁无声随物应，阳春有脚从中入。——宋·李曾伯《满江红·立雪寒窗》
青青不老真仙草，别有阳春雨露恩。——明·唐寅《画盆石菖蒲》

杨柳

昔我往矣，杨柳依依。——先秦《诗经·小雅·采薇》
杨柳乱成丝，攀折上春时。——南朝·萧纲《和湘东王横吹曲·折杨柳》
杨柳青青著地垂，杨花漫漫搅天飞。——隋·佚名《送别诗》
夜听胡笳折杨柳，教人意气忆长安。——唐·王翰《凉州词》
羌笛何须怨杨柳，春风不度玉门关。——唐·王之涣《凉州词》
杨柳东风树，青青夹御河。——唐·王之涣《送别》
忽见陌头杨柳色，悔教夫婿觅封侯。——唐·王昌龄《闺怨》
旧苑荒台杨柳新，菱歌清唱不胜春。——唐·李白《苏台览古》
昨夜东风入武阳，陌头杨柳黄金色。——唐·李白《早春寄王汉阳》
弹棋击筑白日晚，纵酒高歌杨柳春。——唐·高适《别韦参军》

杨柳青青江水平，闻郎江上唱歌声。——唐·刘禹锡《竹枝词》

请君莫奏前朝曲，听唱新翻杨柳枝。——唐·刘禹锡《杨柳枝词》

溪边杨柳色参差，攀折年年赠别离。——唐·杜牧《送别》

塞门三月犹萧索，纵有杨柳未觉春。——唐·温庭筠《杨柳枝》

杨柳千条拂面丝，绿烟金穗不胜吹。——唐·温庭筠《题柳》

杨柳路尽处，芙蓉湖上头。——唐·李商隐《代赠》

今宵酒醒何处？杨柳岸，晓风残月。——宋·柳永《雨霖铃·寒蝉凄切》

杨柳风轻，展尽黄金缕。——宋·晏殊《蝶恋花·六曲阑干偎碧树》

庭院深深深几许？杨柳堆烟，帘幕无重数。——宋·欧阳修《蝶恋花·庭院深深深几许》

到日长安花似雨，故关杨柳初飞絮。——宋·苏轼《渔家傲·一曲阳关情几许》

舞低杨柳楼心月，歌尽桃花扇底风。——宋·晏几道《鹧鸪天·彩袖殷勤捧玉钟》

桃花暖日茸茸笑，杨柳光风浅浅颦。——宋·范成大《鹧鸪天·荡漾西湖采绿苹》

睡雨海棠犹倚醉，舞风杨柳难成曲。——宋·辛弃疾《满江红·紫陌飞尘》

草长莺飞二月天，拂堤杨柳醉春烟。——清·高鼎《浣溪沙·村居》

我失骄杨君失柳，杨柳轻飏直上重霄九。——现代·毛泽东《蝶恋花·答李淑一》

窈窕

窈窕淑女，君子好逑。——先秦《诗经·周南·关雎》

两鬓何窈窕，一世良所无。——汉·辛延年《羽林郎》

东家有贤女，窈窕艳城郭。——汉《乐府歌·孔雀东南飞》

既窈窕以寻壑，亦崎岖而经丘。——晋·陶渊明《归去来兮辞》

侧径既窈窕，环洲亦玲珑。——南朝·谢灵运《于南山往北山经湖中瞻眺》

空濛朝气合，窈窕夕阳开。——唐·沈佺期《岳馆》

闻道白云居，窈窕青莲宇。——唐·陈子昂《酬晖上人夏日林泉》

行舟傍越岑，窈窕越溪深。——唐·张九龄《浈阳峡》

黄河从西来，窈窕入远山。——唐·李白《游泰山》

崔嵬枝干郊原古，窈窕丹青户牖空。——唐·杜甫《古柏行》

青荧陵陂麦，窈窕桃李花。——唐·杜甫《喜晴》

葱茏瑶台榭，窈窕双阙门。——唐·韦应物《登高望洛城作》

直廊抵曲房，窈窕深且虚。——唐·白居易《题西亭》

欹红醉浓露，窈窕留余春。——唐·柳宗元《戏题阶前芍药》

石城夸窈窕，花县更风流。——唐·李商隐《石城》

巴东有巫山，窈窕神女颜。——唐·张潮《江风行》

风流感异代，窈窕比同车。——唐·羊士谔《玩槿花》

踞堂俯视何所有，窈窕梯木垂楔櫨。——宋·王安石《示安大师》

崎岖世路最先回，窈窕华堂手自开。——宋·苏轼《杜介熙熙堂》

徘徊巧相觅，窈窕穿房栊。——宋·苏轼《中秋月寄子由》

缺月向人舒窈窕，三星当户照绸缪。——宋·苏轼《浣溪沙·新秋》

十里深窈窕，万瓦碧参差。——宋·辛弃疾《水调歌头·十里深窈窕》

逶迤溪南路，窈窕招仙谷。——宋·何中《招仙观》

起看历历楼台外，窈窕秋星或是君。——清·龚自珍《秋心》

杳杳

遥遥征驾远，杳杳白日晚。——南朝·鲍照《代东门行》

胡越方杳杳，车马何迟迟。——唐·张九龄《感遇》

杳杳山外日，茫茫江上天。——唐·李白《郢门秋怀》

扁舟欲往箭满眼，杳杳南国多旌旗。——唐·杜甫《乾元中寓居同谷县，作歌七首》

沧洲浮云暮，杳杳去帆发。——唐·刘长卿《奉饯郑中丞罢浙西节度还京》

苍苍竹林寺，杳杳钟声晚。——唐·刘长卿《送灵澈上人》

行人杳杳看西月，归马萧萧向北风。——唐·刘长卿《送李录事兄归襄邓》

欲为万里赠，杳杳山水隔。——唐·柳宗元《早梅》

长空碧杳杳，万古一飞鸟。——唐·杜牧《独酌》

丁丁在前涧，杳杳无寻处。——唐·陆龟蒙《樵人十咏·樵斧》

泠泠满虚壑，杳杳出寒云。——唐·吕温《终南精舍月中闻磬声诗》

霏霏空暮雨，杳杳映残阳。——唐·徐敞《虹藏不见》

悠悠汀渚长，杳杳蘋花晚。——唐·李骘《自惠山至吴下寄酬南徐从事》

断鸿隐隐归飞，江天杳杳。——宋·柳永《倾杯·冻水消痕》

高楼聊引望，杳杳一川平。——宋·寇准《春日登楼怀旧》

离心杳杳思迟迟，深院无人柳自垂。——宋·寇准《夏日》

凤城南陌他年忆，杳杳难随驿使来。——宋·王安石《与薛肇明奕棋赌梅花诗输一首》

杳杳天低鹘没处，青山一发是中原。——宋·苏轼《澄迈驿通潮阁》

东村隔烟寺，杳杳送钟声。——宋·陆游《晚行舍北》

渐高山愈出，杳杳浮云烟。——宋·陆游《登太平塔》

累累驿门堠，杳杳寺楼钟。——宋·陆游《驿壁偶题》

逝水东北流，杳杳无回期。——元·王冕《秋怀》

千里万里鸡犬绝，杳杳南国深蛮云。——元·杨维桢《征南谣》

人杳杳，思依依，更无芳树有乌啼。——清·纳兰性德《于中好·雁帖寒云次第飞》

一点

庭梅对我有怜意，先露枝头一点春。——隋·侯夫人《春日看梅花》

遥将一点泪，远寄如花人。——唐·李白《寄远》

五声宫漏初鸣夜，一点窗灯欲灭时。——唐·白居易《禁中夜作书与元九》

身无彩凤双飞翼，心有灵犀一点通。——唐·李商隐《无题》

金乌欲上海如血，翠色一点蓬莱光。——唐·李涉《寄河阳从事杨潜》

天高云卷绿罗低，一点君山碍人眼。——唐·张碧《秋日登岳阳楼晴望》

一点春心无限恨，罗衣印满啼妆粉。——五代·冯延巳《鹊踏枝·粉映墙头寒欲尽》

老舌百般倾耳听，深黄一点入烟流。——五代·李煜《秋莺》

谁知闲凭阑干处，芳草斜晖。水远烟微，一点沧洲白鹭飞。——宋·欧阳修《采桑子·何人解赏西湖好》

一点浩然气，千里快哉风。——宋·苏轼《水调歌头·黄州快哉亭赠张偓佺》

谩从今，一点在心头，空成忆。——宋·秦观《满江红·越艳风流》

一点暗红犹在，正不禁风色。——宋·辛弃疾《好事近·花月赏心天》

更无一点尘埃到，枕上听新蝉。——宋·陆游《乌夜啼·纨扇婵娟素月》

一点烽传散关信，两行雁带杜陵秋。——宋·陆游《秋晚登城北门》

半空舞倦居然嬾，一点风来特地忙。——宋·杨万里《观雪》

一点相思千点泪，眼前无限情伤，佳人犹自捧离觞。——宋·赵长卿《临江仙·枫叶白苹秋未老》

一点红尘都不染，罗列蟾宫玉女。——宋·吴潜《念奴娇·天然皓质》

可爱十分月，都无一点云。——宋·李曾伯《水调歌头·可爱十分月》

自送别，心难舍，一点相思几时绝？——元·关汉卿《四块玉·别情》

一点飞鸿影下。青山绿水，白草红叶黄花。——元·白朴《天净沙·秋》

眼前直下三行字，胸次全无一点尘。——明·于谦《观书》

一点芳心足未休，两般心事上眉头。——明·朱权《宫词》

芳心一点娇无力，倩影三更月有痕。——清·曹雪芹《咏白海棠》

但肯寻诗便有诗，灵犀一点是吾师。——清·袁枚《遣兴》

一片

涧底百重花。山根一片雨。——北朝·庾信《游山诗》

白云一片去悠悠，青枫浦上不胜愁。——唐·张若虚《春江花月夜》

黄河远上白云间，一片孤城万仞山。——唐·王之涣《凉州词》

洛阳亲友如相问，一片冰心在玉壶。——唐·王昌龄《芙蓉楼送辛渐》

秋风一片叶，朝镜数茎丝。——唐·王昌龄《奉酬睢阳路太守见贻之作》

两岸青山相对出，孤帆一片日边来。——唐·李白《望天门山》

落花一片天上来，随人直渡西江水。——唐·李白《示金陵子》

长安一片月，万户捣衣声。——唐·李白《子夜吴歌·秋歌》

一片花飞减却春，风飘万点正愁人。——唐·杜甫《曲江》

数枝门柳低衣桁，一片山花落笔床。——唐·岑参《山房春事》

东海一片白，列岳五点青。——唐·白居易《梦仙》

千寻铁锁沉江底，一片降幡出石头。——唐·刘禹锡《西塞山怀古》

可怜光彩一片玉，万里晴天何处来？——唐·杜牧《云》

心事数茎白发，生涯一片青山。——五代·李煜《开元乐·心事数茎白发》

关心只为牡丹红，一片春愁来梦里。——宋·欧阳修《玉楼春·常忆洛阳风景媚》

浅深山色高低树，一片江南水墨图。——宋·刘敞《微雨登城》

千年史册耻无名，一片丹心报天子。——宋·陆游《金错刀行》

可堪回首，佛狸祠下，一片神鸦社鼓。——宋·辛弃疾《永遇乐·京口北固亭怀古》
稻花香里说丰年，听取蛙声一片。——宋·辛弃疾《西江月·夜行黄沙道中》
臣心一片磁针石，不指南方不肯休。——宋·文天祥《扬子江·几日随风北海游》

余霞收尽寒烟绿。江山一片团明玉。——宋·李弥逊《菩萨蛮·馀霞收尽寒烟绿》
一片晕红才著雨，几丝柔绿乍和烟。——清·纳兰性德《浣溪沙·谁道飘零不可怜》
一片两片三四片，五六七八九十片。——清·郑燮《菩萨蛮·咏雪》
一片汪洋都不见，知向谁边？——现代·毛泽东《浪淘沙·北戴河》
收拾金瓯一片，分田分地真忙。——现代·毛泽东《清平乐·蒋桂战争》

一声

野花丛发好，谷鸟一声幽。——唐·王维《过感化寺昙兴上人山院》
孤舟似昨日，闻见同一声。——唐·杜甫《早行》
还栖碧树锁千门，春漏方残一声晓。——唐·韦应物《听莺曲》
曲终收拨当心画，四弦一声如裂帛。——唐·白居易《琵琶行》
晨光出照屋梁明，初打开门鼓一声。——唐·白居易《早兴》
烟销日出不见人，欸乃一声山水绿。——唐·柳宗元《渔翁》
也任一声催我老，堪听两耳畏吟休。——唐·贾岛《早蝉》
飞上九天歌一声，二十五郎吹管逐。——唐·元稹《连昌宫词》
我有迷魂招不得，雄鸡一声天下白。——唐·李贺《致酒行》
槿堕初开艳，蝉闻第一声。——唐·杜牧《东都送郑处诲校书归上都》

前山极远碧云合，清夜一声白雪微。——唐·杜牧《寄远》
银烛尽，玉绳低，一声村落鸡。——唐·温庭筠《更漏子·背江楼》

一声已动物皆静，四座无言星欲稀。——唐·李颀《琴歌》

残星几点雁横塞，长笛一声人倚楼。——唐·赵嘏《长安晚秋》

梧桐昨夜西风急，淡月胧明，好梦频惊，何处高楼雁一声？——宋·晏殊《采桑子·时光只解催人老》

水晶宫里，一声吹断横笛。——宋·苏轼《念奴娇·凭高眺远》

芳草绿杨堤畔，一声初听啼莺。——宋·朱敦儒《清平乐·乱红深翠》

一声长啸暮烟孤。袖手西湖归去。——宋·张孝祥《西江月·十里轻红自笑》

串玉一声歌，占断多情风调。——宋·辛弃疾《如梦令·韵胜仙风缥缈》

一声羌管何人见？无数梅花落野桥。——元·王冕《素梅·三月春风吹雪消》

一声梧叶一声秋，一点芭蕉一点愁，三更归梦三更后。——元·徐再思《水仙子·夜雨》

霜角一声草木哀，云头对起石门开。——明·戚继光《登盘山绝顶》

鸣鸡一声唱，汗漫东皋上。——现代·毛泽东《五古·挽易昌陶》

秋收时节暮云愁，霹雳一声暴动。——现代·毛泽东《西江月·秋收起义》

一声鸡唱，万怪烟消云落。——现代·毛泽东《念奴娇·井冈山》

一笑

忽逢平生友，一笑方在此。——唐·王昌龄《赠宇文中丞》

一笑皆生百媚，宸衷教在谁边？——唐·李白《清平乐·禁闱清夜》

此日此时人共得，一谈一笑俗相看。——唐·杜甫《人日两篇》

翻身向天仰射云，一笑正坠双飞翼。——唐·杜甫《哀江头》

回眸一笑百媚生，六宫粉黛无颜色。——唐·白居易《长恨歌》

何如买取胡孙弄，一笑君王便著绯。——唐·罗隐《感弄猴人赐朱绂》

尊酒相逢。乐事回头一笑空。——宋·苏轼《采桑子·多情多感仍多病》
浮生长恨欢娱少，肯爱千金轻一笑？——宋·宋祁《玉楼春·春景》
只知一笑能倾国，不信相看有断肠。——宋·欧阳修《鹧鸪天·学画宫眉细细长》
妆罢立春风，一笑千金少。——宋·晏几道《生查子·远山眉黛长》

未到江南先一笑，岳阳楼上对君山。——宋·黄庭坚《雨中登岳阳楼望君山》
坐对真成被花恼，出门一笑大江横。——宋·黄庭坚《王充道送水仙花五十支》
儿曹幸可团栾语，忧患如山一笑空。——宋·陆游《秋夜示儿辈》
黄花为我，一笑不管鬓霜羞。——宋·范成大《水调歌头·万里汉家使》
临风一笑，问群芳谁是，真香纯白。——宋·朱熹《念奴娇·临风一笑》
万事纷纷一笑中。渊明把菊对秋风。——宋·辛弃疾《鹧鸪天·和昌父》
掀髯把酒一笑，诗在片帆西。——宋·辛弃疾《水调歌头·造物故豪纵》
倚东风，一笑嫣然，转盼万花羞落。——宋·辛弃疾《瑞鹤仙·赋梅》
徙倚阑干角，一笑与云浮。——宋·吴潜《水调歌头·重九先三日》
老阮不狂谁会得？出门一笑大江横。——元·元好问《论诗》

记得相逢一笑迎，亲承指教夜谈兵。——明·袁崇焕《无题》
出门一笑莫心哀，浩荡襟怀到处开。——清·林则徐《赴戍登程，口占示家人》
一笑劝君输一著，非将此骨媚公卿。——清·龚自珍《己亥杂诗》
度尽劫波兄弟在，相逢一笑泯恩仇。——现代·鲁迅《题三义塔》

一枝

江南无所有，聊赠一枝春。——南朝·陆凯《赠范晔》
轻身蔽数叶，哀鸣抱一枝。——隋·卢思道《听鸣蝉》

桃花四面发，桃叶一枝开。——唐·王昌龄《古意》
一枝红艳露凝香，云雨巫山枉断肠。——唐·李白《清平调》
已忍伶俜十年事，强移栖息一枝安。——唐·杜甫《宿府》
玉容寂寞泪阑干，梨花一枝春带雨。——唐·白居易《长恨歌》
风吹千亩迎雨啸，鸟重一枝入酒尊。——唐·李贺《昌谷北园新笋》
晓迎秋露一枝新，不占园中最上春。——唐·杜牧《紫薇花》
双鬓翠霞金缕，一枝春艳浓。——唐·温庭筠《定西番·海燕欲飞调羽》
独敲初夜磬，闲倚一枝藤。——唐·李商隐《北青萝》

暗想玉容何所似？一枝春雪冻梅花，满身香雾簇朝霞。——唐·韦庄《浣溪沙》
湖水倒窥疏影动，屋檐斜入一枝低。——宋·林逋《梅花》
正好一枝娇艳，当筵独占韶华。——宋·晏几道《清平乐·千花百草》
古涧一枝梅，免被园林锁。——宋·朱敦儒《卜算子·古涧一枝梅》
卖花担上，买得一枝春欲放。——宋·李清照《减字木兰花·卖花担上》
杨柳不遮春色断，一枝红杏出墙头。——宋·陆游《马上作·平桥小陌雨初收》
映山红与昭亭紫，挽住行人赠一枝。——宋·杨万里《雨后田间杂纪》
折得一枝归绿鬓，冰容玉艳不相饶。——宋·向子諲《浣溪沙》
春色满园关不住，一枝红杏出墙来。——宋·叶绍翁《游园不值》
些小吾曹州县吏，一枝一叶总关情。——清·郑燮《潍县署中画竹呈年伯包大中丞括》

大宇东南久寂寥，甄陀罗出一枝箫。——清·龚自珍《己亥杂诗》
韭菜花开心一枝，花正黄时叶正肥。——清·梁启超《台湾竹枝词》
斑竹一枝千滴泪，红霞万朵百重衣。——现代·毛泽东《七律·答友人》
纤笔一枝谁与似？三千毛瑟精兵。——现代·毛泽东《临江仙·给丁玲同志》

一曲

角枕千娇荐芬香，若使琴心一曲奏。——南朝·江总《秋日新宠美人应令诗》

与君歌一曲，请君为我倾耳听。——唐·李白《将进酒》

主人有酒且莫斟，听我一曲悲来吟。——唐·李白《悲歌行》

清江一曲抱村流，长夏江村事事幽。——唐·杜甫《江村》

胡骑中宵堪北走，武陵一曲想南征。——唐·杜甫《吹笛》

琵琶一曲肠堪断，风萧萧兮夜漫漫。——唐·岑参《凉州馆中与诸判官夜集》

独有凤凰池上客，阳春一曲和皆难。——唐·岑参《和贾舍人早朝》

五陵年少争缠头，一曲红绡不知数。——唐·白居易《琵琶行》

从古无奈何，短歌听一曲。——唐·白居易《短歌行》

翠幕红筵高在云，歌钟一曲万家闻。——唐·白居易《钟陵饯送》

今日听君歌一曲，暂凭杯酒长精神。——唐·刘禹锡《酬乐天扬州初逢席上见赠》

春江一曲柳千条，二十年前旧板桥。——唐·刘禹锡《杨柳枝》

酒酣夜别淮阴市，月照高楼一曲歌。——唐·温庭筠《赠少年》

醉里不辞金爵满，阳关一曲肠千断。——五代·冯延巳《蝶恋花·窗外寒鸡天欲曙》

何当夜召入连昌，飞上九天歌一曲。——宋·柳永《木兰花》

一曲清歌满樽酒，人生何处不相逢！——宋·晏殊《金柅园·临川楼上柅园中》

一曲新词酒一杯，去年天气旧亭台，夕阳西下几时回？——宋·晏殊《浣溪沙·一曲新词酒一杯》

凝香窗下与谁看，一曲琵琶千万寿。——宋·黄庭坚《木兰花令》

一曲阳关情几许，知君欲向秦川去。——宋·苏轼《渔家傲·一曲阳关情几许》

江南好，千钟美酒，一曲《满庭芳》。——宋·苏轼《满庭芳·蜗角虚名》

当时倩得春留住。就锦屏一曲，种种断肠风度。——宋·辛弃疾《贺新郎·著厌霓裳素》

慷慨歌谣绝不传，穹庐一曲本天然。——元·元好问《论诗》

青衫司马太多情，一曲琵琶泪如雨。——明·宋濂《题李易安书琵琶行》

一曲高歌一樽酒，一人独钓一江秋。——清·王士祯《题秋江独钓图》

国际悲歌歌一曲，狂飙为我从天落。——现代·毛泽东《蝶恋花·从汀州向长沙》

依旧

入门依旧四壁空，老妻睹我颜色同。——唐·杜甫《百忧集行》

归来池苑皆依旧，太液芙蓉未央柳。——唐·白居易《长恨歌》

人面不知何处去，桃花依旧笑春风。——唐·崔护《题都城南庄》

人世几回伤往事，山形依旧枕寒流。——唐·刘禹锡《西塞山怀古》

无情最是台城柳，依旧烟笼十里堤。——唐·韦庄《台城》

雨恨云愁，江南依旧称佳丽。——宋·王禹偁《点绛唇·感兴》

人面不知何处，绿波依旧东流。——宋·晏殊《清平乐·红笺小字》

今年元夜时，月与灯依旧。——宋·欧阳修《生查子·元夕》

花信来时，恨无人似花依旧。——宋·晏几道《点绛唇·花信来时》

夜阑对酒处，依旧梦魂中。——宋·苏轼《临江仙·夜到扬州席上作》

依旧，依旧，人与绿杨俱瘦。——宋·秦观《如梦令·春景》

念多情、但有当时皓月，向人依旧。——宋·秦观《水龙吟·小楼连苑横空》

试问卷帘人，却道海棠依旧。——宋·李清照《如梦令·昨夜雨疏风骤》

关河离合，南北依旧照清愁。——宋·范成大《水调歌头·细数十年事》

尺素如今何处也，彩云依旧无踪迹。——宋·辛弃疾《满江红·暮春》

老僧拍手笑相夸，且喜青山依旧住。——宋·辛弃疾《玉楼春·戏赋云山》
明月入江依旧好，青山埋骨至今香。——宋·辛弃疾《忆李白》
不见又思量，见了还依旧。——宋·李之仪《谢池春·残寒销尽》
东风依旧，著意隋堤柳。——宋·刘弇《清平乐·东风依旧》
待到黄昏月上时，依旧柔肠断。——宋·程垓《卜算子·独自上层楼》

如今颜色还依旧，风雨江东月润三。——明·唐寅《牡丹图》
青山依旧在，几度夕阳红。——明·杨慎《临江仙·滚滚长江东逝水》
往事思量一晌空，飞絮无情，依旧烟笼。——明·夏完淳《一剪梅·咏柳》
陌上深深，依旧年时辙。——现代·王国维《蝶恋花·满地霜华浓似雪》
尊前谈笑人依旧，域外鸡虫事可哀。——现代·毛泽东《七律·和周世钊同志》

殷勤

恩爱苟不亏，在远分日亲。何必同衾帱，然后展殷勤。——三国魏·曹植《赠白马王彪》
区区诸老翁，为事诚殷勤。——晋·陶渊明《饮酒》
惆怅野中别，殷勤岐路言。——唐·孟浩然《送张子容进士赴举》
银筝夜久殷勤弄，心怯空房不忍归。——唐·王维《秋夜曲》
征人去日殷勤嘱，归雁来时数附书。——唐·王维《伊州歌》
殷勤一杯酒，珍重岁寒姿。——唐·李白《送友生游峡中》
豁达常推海内贤，殷勤但酌樽中酒。——唐·高适《崔司录宅燕大理李卿》
日旰山西逢驿使，殷勤南北送征衣。——唐·韦应物《突厥三台》
落魄俱耽酒，殷勤共爱诗。——唐·白居易《夜招周协律，兼答所赠》
慷慨临岐重相勉，殷勤别后加餐饭。——唐·白居易《醉后走笔酬刘五主簿长

句之赠，兼简张大贾二十四先辈昆季》

临别殷勤重寄词，词中有誓两心知。——唐·白居易《长恨歌》
凭寄还乡梦，殷勤入故园。——唐·柳宗元《零陵早春》
怅望送春杯，殷勤扫花帚。——唐·杜牧《惜春》
蓬山此去无多路，青鸟殷勤为探看。——唐·李商隐《无题·相见时难别亦难》
满目秋光还似镜，殷勤为我照衰颜。——唐·司空图《重阳山居》
赠子同心花，殷勤此何极。——唐·郭元振《子夜四时歌》
今夜灯前湘水怨，殷勤封在七条丝。——唐·裴夷直《赠美人琴弦》
红额少年遮道拜，殷勤认得旧将军。——唐·高骈《赴西川途经虢县作》
驿使今朝过五湖，殷勤为我报狂夫。——唐·张氏《寄夫》
却恐重来路不通，殷勤回首谢春风。——唐·曹唐《题武陵洞》

珍重还京使，殷勤话故人。——宋·徐铉《京使回自临川，得从兄书寄诗，依韵和》
殷勤昨夜三更雨，又得浮生一日凉。——宋·苏轼《鹧鸪天·林断山明竹隐墙》
闻天语，殷勤问我归何处？——宋·李清照《渔家傲·天接云涛连晓雾》
不辞寸断九回肠，殷勤更唱江南曲。——宋·贺铸《江南曲》
昨夜闺中远寄诗，殷勤劝进问佳期。——清·梁启超《纪事》

悠悠

瞻彼日月，悠悠我思。——先秦《诗经·邶风·雄雉》
青青子衿，悠悠我心。——三国魏·曹操《短歌行》
青青河边草，悠悠万里道。——晋·傅云《青青河边草篇》
漫漫悠悠天未晓，遥遥夜夜听寒更。——南朝·萧绎《燕歌行》

白云一片去悠悠，青枫浦上不胜愁。——唐·张若虚《春江花月夜》
闲云潭影日悠悠，物换星移几度秋。——唐·王勃《滕王阁诗》
念天地之悠悠，独怆然而涕下。——唐·陈子昂《登幽州台歌》
悠悠天宇旷，切切故乡情。——唐·张九龄《西江夜行》
悠悠清江水，水落沙屿出。——唐·孟浩然《登江中孤屿赠白云先生王迥》
黄鹤一去不复返，白云千载空悠悠。——唐·崔颢《黄鹤楼》

过此一壶外，悠悠非我心。——唐·李白《独酌》
戚戚去故里，悠悠赴交河。——唐·杜甫《前出塞》
悠悠乡关路，梦去身不随。——唐·白居易《思归》
过尽千帆皆不是，斜晖脉脉水悠悠，肠断白苹洲。——唐·温庭筠《忆江南·梳洗罢》
远书归梦两悠悠，只有空床敌素秋。——唐·李商隐《端居》
撩乱春愁如柳絮，悠悠梦里无寻处？——五代·冯延巳《蝶恋花·窗外寒鸡天欲曙》
浊酒一杯家万里，燕然未勒归无计。羌管悠悠霜满地。——宋·范仲淹《渔家傲·塞下秋来风景异》
一觉年华春梦促。往事悠悠，百种寻思足。——宋·欧阳修《蝶恋花·翠苑红芳晴满目》
穷秋风雨卧孤馆，万世悠悠百年短。——宋·陆游《读书》
今古悠悠多少事，莫思量。——宋·辛弃疾《浣溪沙·总把平生入醉乡》

千古兴亡多少事，悠悠，不尽长江滚滚流。——宋·辛弃疾《南乡子 登京口北固亭有怀》
世事悠悠天不管，春风花柳争妍。——元·元好问《临江仙·世事悠悠天不管》
镜里芙蓉夜不收，水光山色两悠悠。——明·杨基《登岳阳楼望君山》
晨昏滚滚水东流，今古悠悠日西坠。——明·钱福《明日歌》

鸳鸯

何缘交颈为鸳鸯，胡颉颃兮共翱翔。——汉·司马相如《琴歌》

中有双飞鸟，自名为鸳鸯。仰头相向鸣，夜夜达五更。——汉《乐府歌·孔雀东南飞》

鸳鸯七十二，罗列自成行。——汉《乐府歌·相逢行》

梦君如鸳鸯，比翼云间翔。——晋·傅云《青青河边草》

鸳鸯池上两两飞，凤凰楼下双双度。——唐·王勃《乐府杂曲·鼓吹曲辞·临高台》

愿作天池双鸳鸯，一朝飞去青云上。——唐·李白《白纻辞》

合昏尚知时，鸳鸯不独宿。——唐·杜甫《佳人》

玳瑁筵前翡翠栖，芙蓉池上鸳鸯斗。——唐·白居易《劝酒》

无端陌上狂风急，惊起鸳鸯出浪花。——唐·刘禹锡《浪淘沙》

尽日无人看微雨，鸳鸯相对浴红衣。——唐·杜牧《齐安郡后池绝句》

鸳鸯可羡头俱白，飞去飞来烟雨秋。——唐·李商隐《代赠》

比目鸳鸯真可羡，双去双来君不见。——唐·卢照邻《长安古意》

渔父酒醒重拨棹，鸳鸯飞去却回头。——宋·晏殊《浣溪沙》

红粉佳人翻丽唱。惊起鸳鸯，两两飞相向。——宋·欧阳修《蝶恋花·永日环堤乘彩舫》

莫怪鸳鸯绣带长，腰轻不胜舞衣裳。——宋·苏轼《定风波·感旧》

谁堪共展鸳鸯锦，同过西楼此夜寒。——宋·晏几道《鹧鸪天·一醉醒来春又残》

鸳鸯惊起不无愁。柳外一双飞去、却回头。——宋·秦观《虞美人·行行信马横塘畔》

水底明霞十顷光。天教铺锦衬鸳鸯。——宋·辛弃疾《鹧鸪天·水底明霞十顷光》

鸳鸯独宿何曾惯，化作西楼一缕云。——宋·姜夔《鹧鸪天·京洛风流绝代人》

情知今夜鸳鸯梦，不似孤篷宿雁边。——宋·赵长卿《鹧鸪天·门外寒江泊小船》

柳条到地莺声滑。鸳鸯睡稳清沟阔。——宋·陈克《菩萨蛮·柳条到地莺声滑》

辞汉曲，别高唐。芳心应解妒鸳鸯。——宋·晁端礼《鹧鸪天·并蒂芙蓉本自双》

鸳鸯只影江南岸，肠断枯荷夜雨声。——元·元好问《鹧鸪天·颜色如花画不成》

此情已自成追忆，零落鸳鸯。——清·纳兰性德《采桑子·谢家庭院残更立》

月明

莲披香稍上，月明光正来。——南朝·祖孙登《宫殿名登高台》

月明松下房栊静，日出云中鸡犬喧。——唐·王维《桃源行》

由来月明如白日，共道春灯胜百花。——唐·王维《同比部杨员外十五夜游有怀静者季》

曲终却从仙宫去，万户千门惟月明。——唐·李白《桂殿秋·仙女下》

雪净胡天牧马还，月明羌笛戍楼间。——唐·高适《塞上听吹笛》

月明垂叶露，云逐渡溪风。——唐·杜甫《秦州杂诗》

月明游子静，畏虎不得语。——唐·杜甫《宿青溪驿奉怀张员外十五兄之绪》

三湘愁鬓逢秋色，万里归心对月明。——唐·卢纶《晚次鄂州》

碛里征人三十万，一时回向月明看。——唐·李益《从军北征》

今夜月明人尽望，不知秋思落谁家？——唐·王建《十五夜望月》

思悠悠，恨悠悠，恨到归时方始休，月明人倚楼。——唐·白居易《长相思·汴水流》

独出门前望野田，月明荞麦花如雪。——唐·白居易《村夜》

应似天台山上月明前，四十五尺瀑布泉。——唐·白居易《缭绫》

弦清拨刺语铮铮，背却残灯就月明。——唐·白居易《琵琶》

一夕瘴烟风卷尽，月明初上浪西楼。——唐·贾岛《寄韩潮州愈》

花露月明残，锦衾知晓寒。——唐·温庭筠《菩萨蛮·夜来皓月才当午》

心事竟谁知，月明花满枝。——唐·温庭筠《菩萨蛮·蕊黄无限当山额》

双鬓翠霞金缕，一枝春艳浓。楼上月明三五，琐窗中。——唐·温庭筠《定西番·海燕欲飞调羽》

沧海月明珠有泪，蓝田日暖玉生烟。——唐·李商隐《锦瑟》

欲上秋千四体慵，拟教人送又心松，画堂帘幕月明风。——唐·韦庄《浣溪沙》

海风碧云，夜渚月明。——唐·司空图《二十四诗品》

残酒欲醒中夜起，月明如练天如水。——五代·冯延巳《蝶恋花·窗外寒鸡天欲曙》

只将菱角与鸡头。更有月明千顷、一时留。——宋·苏轼《南歌子·湖景》

凤箫声断月明中，举手谢、时人欲去。——宋·苏轼《鹊桥仙·七夕送陈令举》

谁管水流花谢，月明昨夜兰船。——宋·晏几道《清平乐·莲开欲遍》

今夜松江归路，月明愁满清辉。——宋·曹勋《清平乐·赵家燕燕》

花落月明庭院。悄无言、魂消肠断。——宋·陆游《水龙吟·荣南作》

月明秋晓。翠盖团团好。——宋·辛弃疾《清平乐·赋木犀词》

凄凉别后两应同，最是不胜清怨月明中。——清·纳兰性德《虞美人·曲阑深处重相见》

夏叔文《柳汀聚禽图》

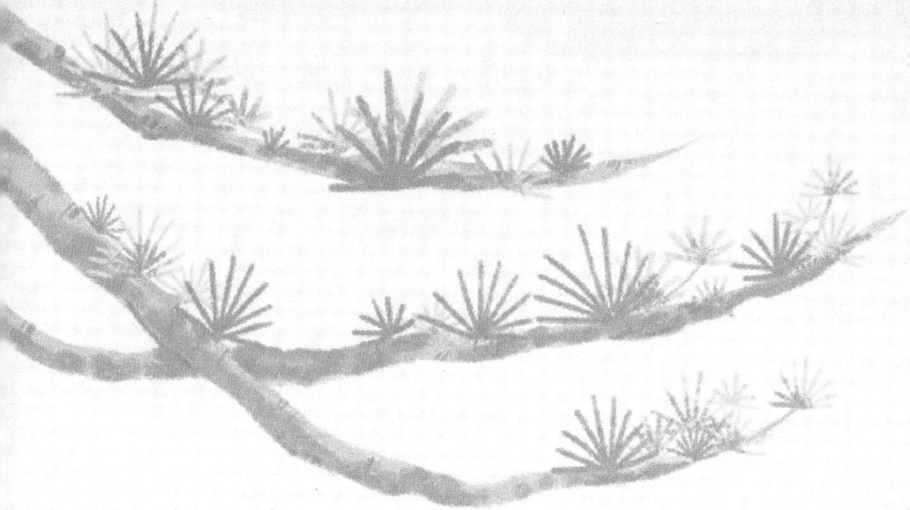

Z

峥嵘

虚泛径千载，峥嵘非一朝。——南朝·谢灵运《石室山》

苍翠望寒山，峥嵘瞰平罢。——南朝·谢朓《冬日晚郡事隙》

黯黮凝黛色，峥嵘当曙空。——唐·孟浩然《彭蠡湖中望庐山》

万壑与千岩，峥嵘镜湖里。——唐·李白《送王屋山人魏万还王屋》

峥嵘赤云西，日脚下平地。——唐·杜甫《羌村》

突兀压神州，峥嵘如鬼工。——唐·岑参《与高适薛据同登慈恩寺浮图》

大雪压梧桐，折柴堕峥嵘。——唐·孟郊《饥雪吟》

皓夜千树寒，峥嵘万岩雪。——唐·李群玉《湘西寺霁夜》

还有酸寒堪笑处，拟夸朱绂更峥嵘。——唐·司空图《力疾山下吴村看杏花》

天目连天搏秀气，峥嵘作起新城地。——唐·贯休《杜侯行》

更有上方难上处，紫苔红藓绕峥嵘。——唐·齐己《题南岳般若寺》

幼眇文章宜和寡，峥嵘肝肺亦交难。——宋·苏轼《次韵刘景文赠傅羲秀才》

酒浇胸次不能平，吐出苍竹岁峥嵘。——宋·黄庭坚《次韵黄斌老所画横竹》

复殿重楼堕杳冥，故基乔木尚峥嵘。——宋·黄庭坚《白鹤观》

客还次第阅春夏，坐见岁序寒峥嵘。——宋·黄庭坚《答王道济寺丞观许道宁山水图》

登高忽平旷，回首失峥嵘。——宋·陆游《幽居院》

藏冰一出卖满市，玉璞堆积寒峥嵘。——宋·陆游《蒸暑思梁州述怀》

暑退凉生君勿喜，一年光景又峥嵘。——宋·陆游《秋声》

寂寞山深处，峥嵘岁暮时。——宋·陆游《杜门》

胡雁叫群寒夜长，峥嵘北斗天中央。——宋·陆游《夜饮示坐中》

流落丹心天肯未，峥嵘青眼古来稀。——宋·文天祥《宣州罢任再赠》

山根插入彭蠡湖，峥嵘背杀三江势。——明·李梦阳《白鹿洞别诸生》

生长海门狎江水，腹中泰岱亦峥嵘。——清·范当世《过泰山下》

携来百侣曾游，忆往昔峥嵘岁月稠。——现代·毛泽东《沁园春·长沙》

尊前

未尽尊前酒，妾泪已千行。——南朝·范云《送别》

檐外长天尽，尊前独鸟来。——唐·高适《陪窦侍御灵云南亭宴诗，得雷字》

匆复尊前酒，离居剩凄戚。——唐·刘长卿《送元八游汝南》

舞处重看花满面，尊前还有锦缠头。——唐·杜甫《春日戏题恼郝使君兄》

尊前柏叶休随酒，胜里金花巧耐寒。——唐·杜甫《人日》

耻将名利托交亲，只向尊前乐此身。——唐·卢纶《无题》

犹有桃花流水上，无辞竹叶醉尊前。——唐·刘禹锡《忆江南·春去也》

莫厌尊前醉，相看未白首。——唐·柳宗元《法华寺西亭夜饮》

多情却似总无情，唯觉尊前笑不成。——唐·杜牧《赠别》

莫向尊前奏花落，凉风只在殿西头。——唐·李商隐《宫辞》

翠袖倚风萦柳絮，绛唇得酒烂樱珠。尊前呵手镊霜须。——宋·苏轼《浣溪沙》

且乐尊前见在，休思走马章台。——宋·黄庭坚《清平乐·黄花当户》

尊前忽听当时曲，侧帽停杯泪满巾。——宋·朱敦儒《鹧鸪天·唱得梨园绝代声》

尊前心事人谁问，花底闲愁春又归。——宋·周紫芝《鹧鸪天·花褪残红绿满枝》

不如随分尊前醉，莫负东篱菊蕊黄。——宋·李清照《鹧鸪天·寒日萧萧上锁窗》

寂寞尊前席上，唯愁海角天涯。——宋·李清照《转调满庭芳·芳草池塘》

尊前消尽少年狂，慵著送春语。——宋·陆游《好事近·客路苦思归》

与卿俱是江南客，剩欲尊前说故乡。——宋·陆游《梅花》

数朵桂，香尤胜。向尊前一笑，几多清兴。——宋·吴潜《满江红·岁岁登高》

曲里春山情不浅，尊前秋水意何长。——宋·王之道《浣溪沙》

老来事事消磨尽，只有尊前似少年。——元·元好问《鹧鸪天·饮量平常发兴偏》

尊前贵客觅大书，左右从官催进绢。——元·王冕《有感》

江上征帆，尊前别泪，眼底多情友。——清·郑燮《念奴娇·劳劳亭》

尊前谈笑人依旧，域外鸡虫事可哀。——现代·毛泽东《七律·和周世钊同志》

纵横

白骨不知谁，纵横莫覆盖。——汉·蔡琰《悲愤诗》

天汉回西流，三五正纵横。——三国魏·曹丕《杂诗》

猛将怀暴怒，胆气正纵横。——三国魏·曹丕《广陵于马上作》

隐轸经济策，纵横建安作。——唐·王昌龄《淇上酬薛据兼寄郭微》

浩荡深谋喷江海，纵横逸气走风雷。——唐·李白《述德兼陈情上哥舒大夫》

感激一然诺，纵横两无疑。——唐·李白《宣城送刘副使入秦》

庾信文章老更成，凌云健笔意纵横。——唐·杜甫《戏为六绝句》

夙昔乐山意，纵横南浦波。——唐·武元衡《晨兴寄赠窦使君》

山川古今路，纵横无断绝。——唐·孟郊《古离别》

譬如浮江木，纵横岂自知。——唐·韩愈《送李翱》

左右修文郎，纵横洒篇翰。——唐·陆龟蒙《次追和清远道士诗韵》

南北唯闻战，纵横未胜农。——唐·陆龟蒙《江墅言怀》

料峭采莲船，纵横簸天浪。——唐·陆龟蒙《记事》

澹薄虽师古，纵横得意新。——唐·郑谷《读故许昌薛尚书诗集》

酒里诗中三十年，纵横唐突世喧喧。——唐·段成式《哭李群玉》

宿雨初收见夕阳，纵横流水入陂塘。——宋·陆游《自上灶过陶山》

断续更筹传古戍，纵横河汉接高城。——宋·陆游《夜半池上作》

老树霜余已尽红，纵横落叶满庭中。——宋·陆游《冬夜戏书》

狼藉鸦挤壑，纵横叶满园。——宋·陆游《大风》

内外无为常抱朴，纵横海外与人间。——宋·陈朴《望江南·丹九转》

万古文章有坦途，纵横谁似玉川卢？——金·元好问《论诗》

中外通喉舌，纵横积货财。——清·黄遵宪《香港感怀》

月明江阔天如水。夜深残烛纵横泪。——元·许有壬《菩萨蛮·宿造口用稼轩韵》

怀抱芳馨兰一握，纵横宙合雾千重。——清·康有为《出都留别诸公》

昨夜

昨夜见军帖，可汗大点兵，军书十二卷，卷卷有爷名。——北朝《乐府民歌·木兰诗》

昨夜宿南陵，今旦入芦洲。——南朝·鲍照《上浔阳还都道中作诗》

昨夜鸟声春，惊鸣动四邻。——北朝·庾信《咏画屏风》

昨夜闲潭梦落花，可怜春半不还家。——唐·张若虚《春江花月夜》

昨夜风开露井桃，未央前殿月轮高。——唐·王昌龄《春宫怨》

昨夜东风入武阳，陌头杨柳黄金色。——唐·李白《早春寄王汉阳》

昨夜离心正郁陶，三更白露西风高。——唐·高适《送别》

府帖昨夜下，次选中男行。——唐·杜甫《新安吏》

羽书昨夜过渠黎，单于已在金山西。——唐·岑参《轮台歌奉送封大夫出师西征》

婵娟昨夜月，还向波中见。——唐·韦应物《再游西郊渡》

忽然太行雪，昨夜飞入来。——唐·孟郊《雪》

昨夜江楼上，吟君数十篇。——唐·白居易《江楼夜吟元九律诗成三十韵》

南行步步远浮尘，更近青山昨夜邻。——唐·杜牧《宿长庆寺》

昨夜星辰昨夜风，画楼西畔桂堂东。——唐·李商隐《无题》

昨夜风兼雨，帘帏飒飒秋声。——五代·李煜《乌夜啼·昨夜风兼雨》

春信今年早，江头昨夜寒。——宋·陆游《梅花》

昨夜十分霜重，晓来千里书传。——宋·李之仪《西江月·昨夜十分霜重》

田中有人至，昨夜盈尺雨。——宋·苏辙《遗老斋》

南山雨过北山出，昨夜月明今日晴。——宋·张继先《庵居杂咏》

中秋昨夜，明月千里满西楼。——宋·王之道《水调歌头·颢气遍寰宇》

明朝梅岭花飞雪，未必都因昨夜风。——宋·黄庚《闻角》

江村昨夜西风起，木叶萧萧堕江水。——明·于谦《题画》

昨夜汲洞庭，君山青入瓶。——清·释敬安《梦洞庭》

昨夜新看北固山，今朝又上广陵船。——现代·王国维《浣溪沙》

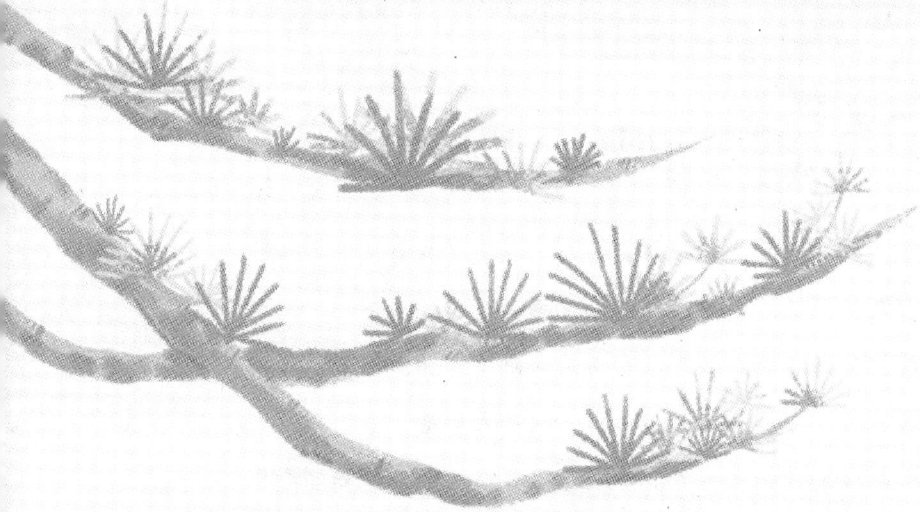

组合

动物＋花

寂寂春花烟色暮，檐燕双双落花度。——唐·崔液《代春闺》

春去花还在，人来鸟不惊。——唐·王维《画》

桃花细逐杨花落，黄鸟时兼白鸟飞。——唐·杜甫《曲江对酒》

惟见林花落，莺啼送客闻。——唐·杜甫《别房太尉墓》

黄雀始欲衔花来，君家种桃花未开。——唐·岑参《春兴戏题赠李侯》

西塞山前白鹭飞，桃花流水鳜鱼肥。——唐·张志和《渔歌子》

燕子不归春事晚，一汀烟雨杏花寒。——唐·戴叔伦《苏溪亭》

君不见芳树枝，春花落尽蜂不窥。——唐·贺兰进明《行路难》

春风得意马蹄疾，一日看尽长安花。——唐·孟郊《登科后》

鹤发杏花相映好，羡君终日醉如泥。——唐·权德舆《酬赵尚书杏园花下醉后见寄》

中庭地白树栖鸦，冷露无声湿桂花。——唐·王建《十五夜望月寄杜郎中》

乱花渐欲迷人眼，浅草才能没马蹄。——唐·白居易《钱塘湖春行》

朱雀桥边野草花，乌衣巷口夕阳斜。——唐·刘禹锡《乌衣巷》

日暮东风怨啼鸟，落花犹似坠楼人。——唐·杜牧《金谷园》

粥香饧白杏花天，省对流莺坐绮筵。——唐·李商隐《评事翁寄赐饧粥走笔为答》

花落更同悲木落，莺声相续即蝉声。——唐·司空图《上方》

燕子来时新社，梨花落后清明。——宋·晏殊《破阵子·春景》

无可奈何花落去，似曾相识燕归来。——宋·晏殊《浣溪沙》

竹外桃花三两枝，春江水暖鸭先知。——宋·苏轼《惠崇春江晚景》

儿童急走追黄蝶，飞入菜花无处寻。——宋·杨万里《宿新市徐公店》

稻花香里说丰年，听取蛙声一片。——宋·辛弃疾《西江月·夜行黄沙道中》

几时却似鸳鸯旧，九十日春花在手。——宋·元好问《惜分飞戏王鼎玉同年》
满地芦花和我老，旧家燕子傍谁飞？——宋·文天祥《金陵驿》

数字＋年

种桑长江边，三年望当采。——晋·陶渊明《拟古》
同行十二年，不知木兰是女郎。——北朝《乐府民歌·木兰诗》
三年谪宦此栖迟，万古惟留楚客悲。——唐·刘长卿《长沙过贾谊宅》
去年花里逢君别，今日花开又一年。——唐·韦应物《寄李儋元锡》
日销月铄就埋没，六年西顾空吟哦。——唐·韩愈《石鼓歌》
最是一年春好处，绝胜烟柳满皇都。——唐·韩愈《早春》
浔阳来早晚，明日是三年。——唐·白居易《除夜》
五年不见面，三年不得书。——唐·白居易《续古诗》
两地江山蹋得遍，五年风月咏将残。——唐·白居易《咏怀》
二句三年得，一吟双泪流。——唐·贾岛《题诗后》

巴山楚水凄凉地，二十三年弃置身。——唐·刘禹锡《酬乐天扬州初逢席上见赠》
故国三千里，深宫二十年。——唐·张祜《宫词》
唯有春风最相惜，一年一度一归来。——宋·王安石《梅花》
十年生死两茫茫，不思量，自难忘。——宋·苏轼《江城子·乙卯正月二十四夜记梦》
万里来游还望远，三年多难更凭危。——宋·陈与义《登岳阳楼》
遗民泪尽胡尘里，南望王师又一年。——宋·陆游《秋夜将晓出篱门迎凉有感》
五年作竹梢，十年作梅枝。——宋·陆游《梅花》
饱识三千余岁事，已为七十四年人。——宋·陆游《读书》
归来今四年，似早其实迟。——宋·杨万里《饮酒》

寻得桃源好避秦，桃红又是一年春。——宋·谢枋得《庆全庵桃花》

四十三年，望中犹记，烽火扬州路。——宋·辛弃疾《永遇乐·京口北固亭怀古》

三十八年过去，弹指一挥间。——现代·毛泽东《水调歌头·重上井冈山》

一万年太久，只争朝夕。——现代·毛泽东《满江红·和郭沫若同志》

自信人生二百年，会当击水三千里。——现代·毛泽东《六言诗·自信人生》

为人民，几十年。拒腐蚀，永不沾。——现代·毛泽东《八连颂》

数字+月

七月流火，九月授衣。——先秦《诗经·豳风·七月》

五月斯螽动股，六月莎鸡振羽。——先秦《诗经·豳风·七月》

解落三秋叶，能开二月花。——唐·李峤《风》

不知细叶谁裁出，二月春风似剪刀。——唐·贺知章《咏柳》

八月湖水平，涵虚混太清。——唐·孟浩然《临洞庭湖赠张丞相》

故人西辞黄鹤楼，烟花三月下扬州。——唐·李白《黄鹤楼送孟浩然之广陵》

烽火连三月，家书抵万金。——唐·杜甫《春望》

八月秋高风怒号，卷我屋上三重茅。——唐·杜甫《茅屋为秋风所破歌》

北风卷地白草折，胡天八月即飞雪。——唐·岑参《白雪歌送武判官归京》

新年都未有芳华，二月初惊见草芽。——唐·韩愈《春雪》

可怜九月初三夜，露似真珠月似弓。——唐·白居易《暮江吟》

人间四月芳菲尽，山寺桃花始盛开。——唐·白居易《大林寺桃花》

田家少闲月，五月人倍忙。——唐·白居易《观刈麦》

八月涛声吼地来，头高数丈触山回。——唐·刘禹锡《浪淘沙》
停车坐爱枫林晚，霜叶红于二月花。——唐·杜牧《山行》
待到秋来九月八，我花开后百花杀。——唐·黄巢《不第后赋菊》
三月牡丹呈艳态。壮观人间春世界。——宋·杜安世《玉楼春》
五月黄梅肥，终朝密雨微。——宋·梅尧臣《宣州杂诗》
不见隐君子，一月比三秋。——宋·李弥逊《水调歌头》
新春犹一月，已觉日微长。——宋·陆游《晨起》

十月谁云春小，一年两见风娇。——宋·范成大《西江月·十月谁云春小》
毕竟西湖六月中，风光不与四时同。——宋·杨万里《晓出净慈寺送林子方》
乡村四月闲人少，才了蚕桑又插田。——宋·翁卷《乡村四月》
二月春光明媚，是处花酣柳醉。——宋·释师范《偈颂》
江南十月天雨霜，人间草木不敢芳。——元·王冕《梅花》
草长莺飞二月天，拂堤杨柳醉春烟。——清·高鼎《村居》
六月天兵征腐恶，万丈长缨要把鲲鹏缚。——现代·毛泽东《蝶恋花·从汀州向长沙》

数字+日

彼采萧兮，一日不见，如三秋兮！——先秦《诗经·王风·采葛》
九月九日望乡台，他席他乡送客杯。——唐·王勃《蜀中九日》
朝辞白帝彩云间，千里江陵一日还。——唐·李白《早发白帝城》
百年三万六千日，一日须倾三百杯。——唐·李白《襄阳歌》
人好千场醉，花无百日开。——唐·刘长卿《早春》
三月三日天气新，长安水边多丽人。——唐·杜甫《丽人行》

千家山郭静朝晖，日日江楼坐翠微。——唐·杜甫《秋兴》
庭前八月梨枣熟，一日上树能千回。——唐·杜甫《百忧集行》
春风得意马蹄疾，一日看尽长安花。——唐·孟郊《登科后》
枝枝如雪南关外，一日休闲尽属花。——唐·窦群《假日寻花》

初闻守郡远，一日卧空床。——唐·王建《秋日送杜虔州》
中途安得返，一日不可更。——唐·韩愈《此日足可惜赠张籍》
七月七日长生殿，夜半无人私语时——唐·白居易《长恨歌》
春衫细薄马蹄轻，一日迟迟进一程。——唐·白居易《寿安歇马重吟》
一年年觉此身衰，一日日知前事非。——唐·白居易《将归渭村先寄舍弟》
岁中三百日，常恐风雨多。——唐·刘禹锡《苦雨行》
恩深百日泽，雨借九秋寒。——唐·张登《重阳宴集同用寒字》
百年养不足，一日毁有余。——宋·王安石《寓言九首》
殷勤昨夜三更雨，又得浮生一日凉。——宋·苏轼《鹧鸪天·林断山明竹隐墙》
幽囚无与乐，百日看不已。——宋·苏轼《柏》

过江西来二百日，冷落山水愁吴姝。——宋·苏轼《喜刘景文至》
千年往事如飞鸟，一日倾愁对夕阳。——宋·黄庭坚《初至叶县》
三年乡校趋晨鼓，一日边城听夜刁。——宋·黄庭坚《送杨瓘雁门省亲》
燕公楼下繁华树，一日遥看一百回。——宋·陈与义《望燕公楼下李花》
放翁一病又百日，回视新春如隔生。——宋·陆游《病中杂咏》
三年相伴锦江头，一日翩然不可留。——宋·陆游《送华师从剑州张秘书之招》
跌宕三十年，一日造此理。——宋·陆游《睡起作帖数行》
兼旬不雨亦常阴，一日新晴抵万金。——宋·陆游《新晴》
厄运一百日，危机九十遭。——宋·文天祥《入浙东》
三年海峤拥貔貅，一日蹉跎白尽头。——宋·文天祥《自叹》

六载远相忆，一日似三秋。——元·谢应芳《水调歌头·再和寄酬袁子英萧寺》

有生一日，皆报恩时。有生一日，皆伴亲时。——现代·毛泽东《四言诗·祭母文》

七百里驱十五日，赣水苍茫闽山碧，横扫千军如卷席。——现代·毛泽东《渔家傲·反第二次大“围剿”》

数字+花（花+数字）

余既滋兰之九畹兮，又树蕙之百亩。——战国·屈原《离骚》

梅花一时艳，竹叶千年色。——南朝·鲍照《中兴歌》

庭梅对我有怜意，先露枝头一点春。——隋·侯夫人《春日看梅》

梅花欲开不自觉，棣萼一别永相望。——唐·杜甫《至后》

丛菊两开他日泪，孤舟一系故园心。——唐·杜甫《秋兴》

人间四月芳菲尽，山寺桃花始盛开。——唐·白居易《大林寺桃花》

玉容寂寞泪阑干，梨花一枝春带雨。——唐·白居易《长恨歌》

停车坐爱枫林晚，霜叶红于二月花。——唐·杜牧《山行》

越嶂远分丁字水，腊梅迟见二年花。——唐·杜牧《正初奉酬歙州刺史邢群》

待到秋来九月八，我花开后百花杀。——唐·黄巢《不第后赋菊》

他年我若为青帝，报与桃花一处开。——唐·黄巢《题菊花》

到处因循缘嗜酒，一生惆怅为判花。——唐·韦庄《出关》

万雉城东春水阔，千人乡北晚花深。——唐·韩翃《送李湜下第归卫州便游河北》

相思一夜梅花发，忽到窗前疑是君。——唐·卢仝《有所思》

一壶村酒无求处，数朵庭花见落时。——唐·杜荀鹤《闲居即事》
古道槐花满树开，入关时节一蝉催。——唐·罗邺《入关》
最好当年二三月，上阳宫树千花发。——唐·顾况《洛阳行送洛阳韦七明府》
有三秋桂子，十里荷花。——宋·柳永《望海潮·东南形胜》
一朵芙蕖，开过尚盈盈。——宋·苏轼《江神子·江景》
竹外桃花三两枝，春江水暖鸭先知。——宋·苏轼《惠崇春江晚景》

梅须逊雪三分白，雪却输梅一段香。——宋·卢梅坡《雪梅》
春色满园关不住，一枝红杏出墙来。——宋·叶绍翁《游园不值》
飞花两岸照船红，百里榆堤半日风。——宋·陈与义《襄邑道中》
千里稻花应秀色，五更桐叶最佳音。——宋·曾几《苏秀道中》
一段好春藏不住，粉墙斜露杏花梢。——宋·张良臣《偶题》
何方可化身千亿，一树梅花一放翁。——宋·陆游《梅花绝句》
一夜雨声凉到梦，万荷叶上送秋来。——清·陈文述《夏日杂诗》

颜色+花

四月南风大麦黄，枣花未落桐阴长。——唐·李颀《送陈章甫》
晓看红湿处，花重锦官城。——唐·杜甫《春夜喜雨》
黄四娘家花满蹊，千朵万朵压枝低。——唐·杜甫《江畔独步寻花》
桃花细逐杨花落，黄鸟时兼白鸟飞。——唐·杜甫《曲江对酒》
桃花一簇开无主，可爱深红爱浅红。——唐·杜甫《江畔独步寻花》
江碧鸟逾白，山青花欲燃。——唐·杜甫《绝句》
西塞山前白鹭飞，桃花流水鳜鱼肥。——唐·张志和《渔歌子》

日出江花红胜火，春来江水绿如蓝。——唐·白居易《忆江南》
红袖织绫夸柿蒂，青旗沽酒趁梨花。——唐·白居易《杭州春望》
去年今日此门中，人面桃花相映红。——唐·崔护《题都城南庄》

停车坐爱枫林晚，霜叶红于二月花。——唐·杜牧《山行》
一树寒梅白玉条，迥临村路傍溪桥。——唐·张谓《早梅》
草色青青柳色黄，桃花历乱李花香。——唐·贾至《春思》
棠梨叶落胭脂色，荞麦花开白雪香。——宋·王禹偁《村行》
泪眼问花花不语，乱红飞过秋千去。——宋·欧阳修《蝶恋花》
梨花淡白柳深青，柳絮飞时花满城。——宋·苏轼《东栏梨花》
桃花香，李花香，浅白深红，一一斗新妆。——宋·秦观《江城子·清明天气》
春沟水动茶花白，夏谷云生荔子红。——宋·晁冲之《送惠纯上人游闽》
莫道不销魂，帘卷西风，人比黄花瘦。——宋·李清照《醉花》
飞花两岸照船红，百里榆堤半日风。——宋·陈与义《襄邑道中》

惟有山茶偏耐久，绿丛又放数枝红。——宋·陆游《山茶一树自冬至清明后着花不已》
梅子金黄杏子肥，麦花雪白菜花稀。——宋·范成大《四时田园杂兴》
接天莲叶无穷碧，映日荷花别样红。——宋·杨万里《晓出净慈寺送林子方》
儿童急走追黄蝶，飞入菜花无处寻。——宋·杨万里《宿新市徐公店》
风急桃花也似愁，点点飞红雨。——宋·如晦《楚天遥过清江引》
最爱东风木芍药，淡红深紫两相宜。——金·党怀英《花品》
一点飞鸿影下，青山绿水，白草红叶黄花。——元·白朴《天净沙·秋》
落红不是无情物，化做春泥更护花。——清·龚自珍《己亥杂诗》

反义词

少壮不努力，老大徒伤悲。——汉《乐府歌·长歌行》

少小离家老大回，乡音无改鬓毛衰。——唐·贺知章《回乡偶书》

前不见古人，后不见来者。——唐·陈子昂《登幽州台歌》

夜来风雨声，花落知多少。——唐·孟浩然《春晓》

远看山有色，近听水无声。——唐·王维《画》

江流天地外，山色有无中。——唐·王维《汉江临眺》

举头望明月，低头思故乡。——唐·李白《静夜思》

笑入荷花去，佯羞不出来。——唐·李白《越女词》

今人不见古时月，今月曾经照古人。——唐·李白《把酒问月》

但见新人笑，那闻旧人哭。——唐·杜甫《佳人》

亲朋无一字，老病有孤舟。——唐·杜甫《登岳阳楼》

天长地久有时尽，此恨绵绵无绝期。——唐·白居易《长恨歌》

大弦嘈嘈如急雨，小弦切切如私语。——唐·白居易《琵琶行》

南朝四百八十寺，多少楼台烟雨中。——唐·杜牧《江南春》

身无彩凤双飞翼，心有灵犀一点通。——唐·李商隐《无题》

江上往来人，但爱鲈鱼美。——宋·范仲淹《江上渔者》

照人无奈月华明，潜身欲恨花深浅。——宋·欧阳修《踏莎行·碧藓回廊》

横看成岭侧成峰，远近高低各不同。——宋·苏轼《题西林壁》

人有悲欢离合，月有阴晴圆缺。——宋·苏轼《水调歌头·明月几时有》

欲把西湖比西子，淡妆浓抹总相宜。——宋·苏轼《饮湖上初晴后雨》

十年生死两茫茫，不思量，自难忘。——宋·苏轼《江城子·乙卯正月二十日夜记梦》

忘了临行，酒盏深和浅。——宋·李清照《蝶恋花·泪湿罗衣脂粉满》

生当作人杰，死亦为鬼雄。——宋·李清照《夏日绝句》

昼出耘田夜绩麻，村庄儿女各当家。——宋·范成大《四时田园杂兴》

山重水复疑无路，柳暗花明又一村。——宋·陆游《游山西村》

遥想楚云深，人远天涯近。—— 宋·朱淑真《生查子·不载》

问世间情是何物，直教人生死相许。——元·元好问《摸鱼儿·雁丘词》

城市

羌笛何须怨杨柳，春风不度玉门关。——唐·王之涣《凉州词》

气蒸云梦泽，波撼岳阳城。——唐·孟浩然《临洞庭上张丞相》

洛阳亲友如相问，一片冰心在玉壶。——唐·王昌龄《芙蓉楼送辛渐》

青海长云暗雪山，孤城遥望玉门关。——唐·王昌龄《从军行》

但使龙城飞将在，不教胡马度阴山。——唐·王昌龄《出塞》

朝辞白帝彩云间，千里江陵一日还。——唐·李白《早发白帝城》

故人西辞黄鹤楼，烟花三月下扬州。——唐·李白《送孟浩然之广陵》

闻道长安似弈棋，百年世事不胜悲。——唐·杜甫《秋兴》

即从巴峡穿巫峡，便下襄阳向洛阳。——唐·杜甫《闻官军收河南河北》

耶娘妻子走相送，尘埃不见咸阳桥。——唐·杜甫《兵车行》

姑苏城外寒山寺，夜半钟声到客船。——唐·张继《枫桥夜泊》

春风得意马蹄疾，一日看尽长安花。——唐·孟郊《登科后》

洛阳城里见秋风，欲作家书意万重。——唐·张籍《秋思》

回头下望人寰处，不见长安见尘雾。——唐·白居易《长恨歌》

江南忆，最忆是杭州。——唐·白居易《忆江南·江南忆》

去年十月过苏州，琼来拜问郎不识。——唐·元稹《和乐天示杨琼》

秋风生渭水，落叶满长安。——唐·贾岛《忆江上吴处士》

长安陌上无穷树，唯有垂杨管别离。——唐·刘禹锡《杨柳枝》

苏州十万户，尽作婴儿啼。——唐·刘禹锡《白太守行》

客舍并州已十霜，归心日夜忆咸阳。——唐·刘皂《旅次朔方》

长安回望绣成堆，山顶千门次第开。——唐·杜牧《过华清宫》

长安有贫者，为瑞不宜多。——唐·罗隐《雪》

咫尺画堂深似海，忆来惟把旧书看，几时携手入长安？——唐·韦庄《浣溪沙》

塞下秋来风景异，衡阳雁去无留意。——宋·范仲淹《渔家傲·塞下秋来风景异》

洛阳春日最繁华，红绿阴中十万家。——宋·司马光《看花四绝句》

京口瓜洲一水间，钟山只隔数重山。——宋·王安石《泊船瓜洲》

才饮长沙水，又食武昌鱼。——现代·毛泽东《水调歌头·游泳》

心情

何以解忧？唯有杜康。——三国魏·曹操《短歌行》

白云一片去悠悠，青枫浦上不胜愁。——唐·张若虚《春江花月夜》

洛阳亲友如相问，一片冰心在玉壶。——唐·王昌龄《芙蓉楼送辛渐》

秋风吹不尽，总是玉关情。——唐·李白《子夜四时歌·秋歌》

君不见高堂明镜悲白发，朝如青丝暮成雪。——唐·李白《将进酒》

仰天大笑出门去，我辈岂是蓬蒿人。——唐·李白《南陵别儿童入京》

日暮乡关何处是？烟波江上使人愁。——唐·崔颢《黄鹤楼》

感时花溅泪，恨别鸟惊心。——唐·杜甫《春望》

千秋万岁名，寂寞身后事。——唐·杜甫《梦李白》

却看妻子愁何在，漫卷诗书喜欲狂。——唐·杜甫《闻官军收河南河北》

万里悲秋常作客，百年多病独登台。——唐·杜甫《登高》

寂寞空庭春欲晚，梨花满地不开门。——唐·刘方平《春怨》

春风得意马蹄疾，一日看尽长安花。——唐·孟郊《登科后》

自古逢秋悲寂寥，我言秋日胜春朝。——唐·刘禹锡《秋词》

相见时难别亦难，东风无力百花残。——唐·李商隐《无题》

晓镜但愁云鬓改，夜吟应觉月光寒。——唐·李商隐《无题》

如今却忆江南乐，当时年少春衫薄。——唐·韦庄《菩萨蛮·如今却忆江南乐》

月落乌啼霜满天，江枫渔火对愁眠。——唐·张继《枫桥夜泊》

多情自古伤离别，更那堪冷落清秋节！——宋·柳永《雨霖铃·寒蝉凄切》

无可奈何花落去，似曾相识燕归来。——宋·晏殊《浣溪沙·一曲新词酒一杯》

满目山河空念远，落花风雨更伤春。——宋·晏殊《浣溪沙·一向年光有限身》

世事一场大梦，人生几度秋凉？——宋·苏轼《西江月·世事一场大梦》

这次第，怎一个愁字了得！——宋·李清照《声声慢·寻寻觅觅》

东风恶，欢情薄。一怀愁绪，几年离索。——宋·陆游《钗头凤·红酥手》

死去元知万事空，但悲不见九州同。——宋·陆游《示儿》

古道西风瘦马，夕阳西下，断肠人在天涯。——元·马致远《天净沙·秋思》

花开易见落难寻，阶前愁杀葬花人。——清·曹雪芹《葬花吟》

更喜岷山千里雪，三军过后尽开颜。——现代·毛泽东《七律·长征》

编者简介

顾问：

赵宗乙，男，山东龙口人，1986年毕业于哈尔滨师范大学中文系。曾任齐齐哈尔师范学院黑河分校副校长，黑河市二届政协副主席，九届全国人大代表，1997年晋升为教授，先后于国家及省级学术刊物上发表论文40多篇。出版专著《淮南子译注》《淮南子札记》《论语解读》《论语札记》《说文解字部首详解》5部，另有主编、副主编《通假大字典》等6部图书。

赵榕生，男，福建福州人，1980年毕业于福建师范大学政教系，曾任乡镇副镇长、镇长、镇党委书记、副区长、区委常委、区委副书记、纪委书记等职。2012年任宁德市教育局党组副书记、局长，2016年任宁德市教育局党组书记、局长，现任中共宁德市委教育工委书记，宁德市教育局党组书记、局长。

陈更，女，陕西咸阳人，《中国诗词大会》第四季冠军，北京大学一般力学与力学基础专业在读博士生，全国妇联家庭和儿童工作部"'书香飘万家'亲子阅读活动推广大使"。畅销书《几生修得到梅花》作者，作品曾发表于《光明日报》等媒体，现为《北京晚报》《意林》专栏作者。

彭敏，男，湖南衡阳人，北京大学中文系硕士毕业，现为《诗刊》杂志社编辑部副主任。曾获人民文学短篇小说年度新人奖、《中国成语大会》冠军、《中国诗词大会》第五季冠军。出版励志散文集《被嘲笑过的梦想，总有一天会让你闪闪发光》，经营公众号"彭敏先森"。

主编：

阮蔚蕉，男，福建罗源人，主任编辑，1960年毕业于福建师范学院中文系。长期坚持中国古诗词研究。已出版编著《不读诗何以解茶 · 历代茶诗选注》《诗出有茗 · 福建茶诗选注》等8部图书。论文《唐五代福建诗人初识》《关于中国最早的涉茶诗》等30余篇散见于海内外报刊。

常务副主编：

谢兆文，男，福建罗源人，1991 年毕业于福建师范大学教育系，历任大中专教师，长期坚持中国汉字规范书写与中国古诗词研究。现任宁德市人民政府教育督导室督学，宁德市语言文字工作委员会办公室主任。多次组织、辅导并带队参加《中国诗词大会》《中国汉字听写大会》《汉字风云会》等。

副主编：

杨秀芳，女，福建古田人，福建省作家协会会员，海子诗社、北美国际诗社等十多家诗社会员。高级教师，专长古诗词和地方古楹联研究，长期致力于散文和诗歌创作，一千多件作品发表于各杂志、刊物以及网络媒体。

温志拔，男，南京大学文学博士，福建师范大学福清分校汉语言文学专业主任，副教授，硕士生导师。曾主持 2013 年度国家社会科学基金项目《南宋考据学研究》，第 54 批中国博士后科学基金一等面上资助项目《两宋之际的学术世界》，并于 2014 年、2017 年先后入选“福建省青年杰出科研人才支持培育计划”“福建省高校新世纪优秀人才支持计划”。

主要参考书目

【1】逯钦立 . 先秦汉魏晋南北朝诗 [M]. 北京：中华书局，1983.

【2】[清] 彭定求 . 全唐诗 [M]. 上海：上海辞书出版社，1986.

【3】陈尚君 . 全唐诗补编 [M]. 北京：中华书局，1992.

【4】张璋，黄畬 . 全唐五代词 [M]. 上海：上海古籍出版社，1986.

【5】傅璇琮 . 全宋诗 [M]. 北京：北京大学出版社，1991.

【6】吴之振 . 宋诗钞 [M]. 北京：中华书局，1986.

【7】唐圭璋 . 全宋词 [M]. 北京：中华书局，1986.

【8】[清] 张豫章 . 御选宋金元明四朝 四库全书钞本 .

【9】钱仲联，章培恒，陈祥耀，等 . 元明清诗鉴赏辞典 (清 . 近代)[M]. 上海：上海辞书出版社，1994.

【10】周振甫 . 诗经译注 [M]. 北京：中华书局，2002.

【11】姜亮夫，夏传才，赵逵夫，等 . 先秦诗鉴赏辞典 [M]. 上海：上海辞书出版社，1998.

【12】吴小如，王运熙，章培恒，等 . 汉魏六朝诗鉴赏辞典 [M]. 上海：上海辞书出版社，1992.

【13】萧涤非，程千帆，马茂元，等 . 唐诗鉴赏辞典 [M]. 上海：上海辞书出版社，1983.

【14】缪钺，霍松林，周振甫，等 . 宋诗鉴赏辞典 [M]. 上海：上海辞书出版社，1986.

【15】贺新辉，霍松林，等 . 宋诗鉴赏辞典 [M]. 北京：北京燕山出版社，1987.

【16】周汝昌，唐圭璋，宛敏灏，等 . 唐宋词鉴赏辞典 [M]. 上海：上海

辞书出版社，1988.

【17】钱仲联，章培恒，陈祥耀，等 . 元明清诗鉴赏辞典（辽 . 金 . 元 . 明）[M]. 上海：上海辞书出版社，1994.

图书在版编目(CIP)数据

超级飞花令/谢兆文,杨秀芳编著. —福州:海峡文艺出版社,2019.8(2022.10 重印)
(《诗词大赛系列宝典》丛书)
ISBN 978-7-5550-1875-9

Ⅰ.①超… Ⅱ.①谢…②杨… Ⅲ.①古典诗歌—诗歌欣赏—中国 Ⅳ.①I207.2

中国版本图书馆 CIP 数据核字(2019)第 100629 号

《诗词大赛系列宝典》丛书
超级飞花令

谢兆文 杨秀芳 编著
责任编辑 何 莉
出版发行 海峡文艺出版社
经　　销 福建新华发行(集团)有限责任公司
社　　址 福州市东水路 76 号 14 层 **邮编** 350001
发 行 部 0591—87536797
印　　刷 中闻集团福州印务有限公司 **邮编** 350001
厂　　址 福州市鼓楼区鼓屏路 33 号
开　　本 720 毫米×1000 毫米 1/16
字　　数 350 千字
印　　张 18.25
版　　次 2019 年 8 月第 1 版
印　　次 2022 年 10 月第 5 次印刷
书　　号 ISBN 978-7-5550-1875-9
定　　价 45.00 元